Katajun Amirpur

Iran ohne Islam

Katajun Amirpur

Iran ohne Islam

Der Aufstand
gegen den Gottesstaat

C.H.Beck

© Verlag C.H.Beck oHG, München 2023
www.chbeck.de
Umschlaggestaltung: geviert.com/Michaela Kneißl
Umschlagabbildung: Protestierende ziehen am 26. Oktober 2022 in Sadeq (Kurdistan, Iran) zum Grab von Mahsa Amini, die vierzig Tage zuvor, am 16. September, im Gewahrsam der Sittenpolizei ums Leben kam. © picture alliance/ZUMAPRESS.com/Social Networks
Satz: C.H.Beck.Media.Solutions, Nördlingen
Druck und Bindung: CPI – Ebner & Spiegel, Ulm
Gedruckt auf säurefreiem und alterungsbeständigem Papier
Printed in Germany
ISBN 978 3 406 80306 2

myclimate
klimaneutral produziert
www.chbeck.de/nachhaltig

Inhalt

Einleitung: Der Aufstand gegen den Gottesstaat 9
Ein revolutionärer Prozess 11
Warum der Aufstand scheitern kann 16
Widerstand gegen den Islamismus, Abwendung vom Islam 19

1. Nach der Revolution: Macht und Ohnmacht der Literatur 27
Huschang Golschiri und die Zensur 27
«Kunst wird geboren aus Schmerz» 29

2. Politische Wandlungen nach Khomeini 35
Rafsandschanis Scheitern stärkt die Hardliner 36
Lichtblicke für Kulturfreunde 38
Mai 1997: Ein Reformer wird Präsident 41
Soroush und die Frage der Menschenrechte 42
Unerhörte Töne wider die politische Allmacht 52
Plädoyer für einen spirituellen Islam 55
Eine emanzipatorische Frauenbewegung entsteht 58

3. Freimut und Frustration: Auf dem Weg ins neue Jahrtausend 67
Der große Satan USA 67
Kettenmorde und Reformstau 71
Akbar Gandschi: Irans letzter Held 74
Das Attentat auf Hajjarian und der Pressecrackdown 77
Gadamer lesen in Teheran 80

Die Berlin-Konferenz   84
Ein Präsident der Frauen?   89
Entfesselter Absolutismus   91
Iran und der 11. September   96

4. Spielräume kritischen Denkens   99
Zu Recht auf der Achse des Bösen?   99
Hoffnungsort Nadschaf   103
Habermas in Iran: Hier werden meine Bücher gelesen   108
Ein Volk verschwindet   109
Hosein Khomeini sucht die Hilfe der Amerikaner   112
Der Friedensnobelpreis für Shirin Ebadi   113

5. Hardliner in der Wagenburg   117
Blockierte Kandidaten, apathische Wähler,
Abgeordnete im Sitzstreik   117
Drogen, Druck und Depressionen   120
Schuhputzer der Nation: Ahmadinedschad gewinnt
die Wahl   125
«Israel must be wiped off the map»   127
Der Philosoph der Islamisten   132
Das größte Opfer dieser Theokratie ist Gott   135
Die Inquisition in der Islamischen Republik   137
Mit dem Schwert in der Hand   139
«Der Islam ist keine aggressive Religion»   141
Ahmadinedschads Heiligenschein   142
Kein persischer Frühling   145
Die größte Legitimationskrise seit der Revolution   150

6. W wie weiblich. W wie Widerstand   163
Men in Hijabs   163
Nur ein Stück Stoff?   166
Islamischer Feminismus   169
Ein Ayatollah für Frauenrechte   180

7. Eine zweite Kulturrevolution? Ideologien sind out! 189
  «Wir haben unsere Stimme zurückgewonnen» 190
  Rohani, ein Wolf im Schafspelz? 194
  Selbst Moscheen dürfen zertrümmert werden 196

8. Sanktionen, Corona und die Flucht vor dem Islam 201
  Solange der Basar nicht schließt ... 201
  Die neue Macht der Revolutionsgarden 204
  Habe ich die Revolution verpasst? 209
  Trump und die iranischen Falken 212
  Veilchenöl gegen das Coronavirus 218

Epilog: Nur eine islamische Revolution konnte die islamischen Wurzeln ausreißen 221

  Literatur 231
  Dank 235
  Personenregister 237

Einleitung: Der Aufstand gegen den Gottesstaat

Nach meiner Kindheit in Iran in den siebziger Jahren habe ich das Land 1991 zum ersten Mal wieder besucht. Ich war erstaunt, wie anders Iran ist, als ich angenommen hatte. Zwei Jahre nach dem Tod des Revolutionsführers Khomeini war Iran zwar eine Diktatur, aber eine, in der sich die Menschen erstaunlich viele Freiräume erkämpften. Nie werde ich ein Erlebnis beim Zoll am Teheraner Flughafen nach meiner ersten Einreise vergessen. Mein Koffer war beim Umsteigen verloren gegangen und wurde nachgesendet, und so musste ich nach Mehrabad, um ihn abzuholen. Als ich dort in einer endlos langen Schlange wartete, hörte ich auf einmal eine Frau losbrüllen, die ähnlich entnervt war wie ich: «Rafsandschani», schrie sie, «zieh dir ein paar ordentliche Klamotten an und deinen Turban aus und komm hierher und guck dir an, wie unfähig die hier sind, wie eure miese Verwaltung des Landes uns alle in den Wahnsinn treibt!» Ich befürchtete, man würde sie abführen, doch die Wachposten schauten weg, man meinte gar, ein zustimmendes Nicken zu sehen.

Das Beispiel zeigt, wie viel Widerspruch vom Regime hingenommen werden musste und muss, weil man mit der Unterdrückung nicht nachgekommen ist. Dieses Buch will zeigen, wie sich in den neunziger Jahren der Widerstand zu artikulieren begann, sich allmählich Spielräume erarbeitete und von einer intellektuellen Reformbewegung zu einer politischen Bewegung wurde, der viele Menschen vertrauten. Es geht aber auch um das Scheitern der Versuche, die Islamische Republik zu reformieren, sodass sich heute die Frage stellt, ob das Regime sich hält oder fällt – oder besser: wann der Aufstand gegen den selbsterklärten Gottesstaat Erfolg haben wird.

Wir sehen seit September 2022 die unbändige, nicht einzudämmende Wut von Zehntausenden jungen Menschen und ein Nein zum islamistischen, vergreisten Regime, das alle Teile der Gesellschaft erfasst. Jeder kann sich anschließen, geht wegen seines eigenen Leids, seiner eigenen Wut, seines eigenen Frusts auf die Straße: die Frauen, die federführend sind, aber auch die ethnischen, sprachlichen und religiösen Minderheiten sowie ganz unterschiedliche gesellschaftliche Gruppen – Arbeiter, Angestellte, Lehrer, Studenten, Professoren. Jeder denkt: Was Jina Mahsa Amini passiert ist, als sie am 16. September 2022 im Gewahrsam der Sittenpolizei zu Tode kam, hätte mir, meiner Mutter, meiner Schwester, meiner Cousine auch passieren können, es betrifft uns alle. Das ist anders als bei den bisherigen Protesten, die wir spätestens seit 2009 beobachten. Wir wissen durch Leaks der iranischen Hackergruppe *Black Reward*, dass das Regime gerade das Schichtenübergreifende des Protests als veritable Gefahr einschätzt.

Der Sänger Shervin hat in den ersten Tagen nach Beginn des Aufstands Twitter-Nachrichten der Demonstranten gesammelt und vertont. Die Protesthymne *Baraye* – auf Deutsch «Dafür», «Wegen» – fasst eindrucksvoll zusammen, worum es den Menschen geht: Der Aufstand richtet sich nicht nur gegen das Kopftuchgebot oder gegen die Misswirtschaft, er kämpft nicht nur für politische Freiheiten. Es ist ein Aufstand gegen den «Gottesstaat» in seiner Gesamtheit. Daher ist es ein feministischer Aufstand, denn dem Feminismus geht es nicht darum, Frauen anstelle von Männern an die Macht zu bringen, sondern um Selbstbestimmung für alle. Der Zwang zum Kopftuch ist für die Aufständischen ein Symbol für die Verweigerung von Selbstbestimmung. Deshalb reißen sich seit September 2022 junge Mädchen ihre Kopftücher herunter.

Es geht bei den Protesten nicht nur um das Recht, sich zu kleiden, wie man möchte. Es geht für die 50 Prozent der Iraner, deren Muttersprache nicht Persisch ist, darum, in der Schule in ihrer Muttersprache unterrichtet zu werden. Es geht für Lesben und Schwule darum, ihre sexuelle Orientierung ohne Angst leben zu können. Es geht für die Bahais darum, ihre Religion ausüben zu können. Es geht für die Juden und Christen darum, als Angehörige einer religiösen Minderheit vollkommen gleichberechtigt zu sein – und so weiter. In seinem Song hat Shervin diese Anliegen versammelt: Er singt für das Tanzen auf der Straße, für das Mädchen, das sich wünscht, ein Junge zu sein, für die Freiheit. Deshalb lautet der Slogan des Protests: «Frau, Leben, Freiheit» – *Zan, zendegi, azadi*. Ohne Frauen kein Leben. Ohne Frauen keine Freiheit.

Ein revolutionärer Prozess

Ist der Aufstand bereits eine Revolution? Das wird man erst im Rückblick sagen können. Mit Sicherheit sehen wir hier aber einen revolutionären Prozess. Der hat schon vor ein paar Jahren begonnen, manche meinen 2009, andere 2017 oder 2018/19. 2009 ging der Protest vor allem von der Mittelschicht aus, die sich angesichts einer gefälschten Wahl betrogen sah. 2017 und 2018/19 gingen Menschen aus der Unterschicht zum ersten Mal in größerer Zahl auf die Straße. Sie wandte sich gegen die soziale Ungerechtigkeit, aber damit auch gegen die Islamische Republik als Ganze. Denn immerhin war diese angetreten, um soziale Ungerechtigkeit zu beseitigen. Die Proteste der Unterschicht richteten sich deshalb gegen die Geistlichkeit ebenso wie gegen die Revolutionsgarden, gegen die Radikalen ebenso wie gegen die Reformer. Damit hatte sich die soziale Basis des Regimes gegen das Regime gestellt.

Unter Sozialwissenschaftlern ist umstritten, ob es sich bei diesen vorangegangenen Protestwellen um verzweifelte Formen der Unmutsäußerung oder bereits um politische Massenbewegungen handelte. Der in den Niederlanden lehrende Asef Bayat sieht die früheren Proteste als Bewegungen der Armen, die eigentlich eine Form von «Nichtbewegung» sei. «Non-movement» nennt er diese kollektive Aktion städtischer Unterschichten, des Volkszorns: eine kollektive Aktion nichtkollektiver Aktivisten. In dem Sinne sind die Proteste, so Bayat, das Ergebnis des Sozialverhaltens einer großen Zahl gewöhnlicher Menschen. Deren verstreute, aber einheitliche Aktionen können theoretisch weitreichende soziale Veränderungen bewirken, selbst wenn sie keiner Ideologie, Führung und Organisation unterliegen. Während Studenten oder Arbeiter ihre Forderungen im Rahmen einer Universität oder Gewerkschaft erheben können, sei für Arbeitslose, Hausfrauen und andere nichtorganisierte Gruppen die Straße die politische Arena, in der sie Forderungen artikulieren können. 2022 und 2023 sehen wir all das zusammenkommen: Wir sehen die Straße als Arena, aber ebenso die Universität, die Schule und den Bazar.

Die Proteste sind nicht neu und werden immer häufiger und intensiver. Das iranische Innenministerium selbst nennt unglaubliche Zahlen: In den ersten vier Jahren der Präsidentschaft von Hasan Rohani, das heißt seit August 2013, so ein Sprecher im Januar 2018, habe es 43 000 genehmigte und nicht genehmigte Kundgebungen gegeben. Das wären 30 pro Tag. Bei einem Treffen der Revolutionsgarden wurde im November 2021 aus einem Protokoll zitiert, demzufolge Protestversammlungen 2021 im Vergleich zum Vorjahr um 48 Prozent zugenommen hatten, die Zahl der Demonstranten war in diesem Zeitraum um 98 Prozent gestiegen.

Die Wut der Jugend wurde zudem durch ein Jahrzehnt voller Wirtschaftskrisen angeheizt. Gut ausgebildete Iraner warten nach dem Hochschulabschluss im Schnitt zweieinhalb Jahre auf ihren ersten Job. 2021 waren fast die Hälfte aller Frauen zwischen 20 und 30 Jahren mit einem Bachelorabschluss und ein Viertel ihrer männlichen Altersgenossen arbeitslos.

Entscheidender noch als die Zahl der Protestversammlungen und ihrer Teilnehmer ist deren berufliche und soziale Zusammensetzung. Von 2015 bis 2020 wurden laut der iranischen Nachrichtenagentur *IRNA* 57 Prozent der Proteste von Arbeitern getragen. Sie seien bedarfsorientiert und gewerkschaftlicher sowie politischer Natur gewesen. 717 000 Lehrer der 110 000 Schulen des Landes waren an diesen Protesten beteiligt. Sollte es in Iran zu Veränderungen kommen, so hängen sie von diesen beiden Gruppen ab: Die Arbeiter sind die größte soziale Gruppe, und die Lehrer sind gut vernetzt und organisiert. Hinzu kommen die Frauen. Sie stellen die Mehrheit der Gesellschaft – und sie bekommen internationale Unterstützung für ihre Anliegen.

Letzteres liegt maßgeblich an Masih Alinejad. Die in Iran aufgewachsene Journalistin, die heute in den USA lebt, hob 2014 die Facebook-Kampagne *My Stealthy Freedom*, «Meine heimliche Freiheit», aus der Taufe. Frauen posteten auf ihre Anregung hin Bilder von sich ohne Kopftuch. Damit beförderten sie im Internet das Aufbegehren gegen den Hidschab-Zwang. Hinzu kam die Aktion «Weißer Mittwoch», die sie ebenfalls initiierte. Alinejad ermutigte Frauen, mittwochs als Zeichen der Solidarität ein weißes Kopftuch zu tragen. Sie erklärt: «Das waren fast immer One-Women-Aktionen. Aber dann gingen diese Videos durchs Netz. Und plötzlich waren wir im Gespräch: ‹Hast du von denen mit den weißen Schleiern gehört?› Das hat eine riesige Debatte in Iran ausgelöst, bis hin zu den Freitagsgebeten. Da wurde natürlich gesagt: Diese Frauen mit den weißen Kopftüchern, das sind Prostituierte! Aber diese Verleumdungen haben uns nur noch stärker gemacht.» (www.emma.de/artikel/sie-war-die-erste-335645)

Außerdem startete die Kampagne «Die Mädchen der Revolutionsstraße». Auch sie begann als One-Woman-Show: Vida Movahed stellte sich auf einer der zentralen Straßen Teherans, der Enghelab-Straße, Revolutionsstraße, auf einen Stromverteilerkasten und schwenkte ihr Kopftuch wie eine Fahne an einem Stock. Viele Frauen folgten Vida Movaheds Beispiel. Als es im Herbst 2019 wegen der massiven Erhöhung des Benzinpreises wieder einmal zu Protesten kam, bei denen Frauen stark präsent waren, bezeichnete das Regime sie als Proteste von Feministinnen. Damit sollte unterstellt werden, sie seien vom Ausland gesteuert. Mitten in der Pandemie kam es 2020 zur nächsten Kampagne von Frauen. Wie die «MeToo»-Bewegung in westlichen Ländern machte sie sexuelle Gewalt zum Thema. Opfer fanden sich in allen Gesellschaftsschichten.

All diese Kampagnen trugen zum gesellschaftlichen Zusammenhalt bei.

Auch Künstler und Sportler zeigen viel Solidarität, gar Kampfeslust. Der beliebte Fußballer Ali Daei, ehemaliger Bayern-Spieler und mit 109 Toren für die iranische Nationalmannschaft der zweiterfolgreichste Länderspiel-Torschütze der Welt, veröffentlichte regimekritische *posts*. Die Kletterin Elnaz Rakabi und die Schachgroßmeisterin Sara Khadem traten trotz Verbots bei internationalen Wettkämpfen ohne Kopftuch an. Die Bogenschützin Parmida Ghassemi ging mitten in Teheran ohne Kopftuch auf die Tribüne und stand barhäuptig hinter einem Sport-Funktionär, als die Siegerehrung live übertragen wurde. Der Strandfußballspieler Saeed Piramun schnitt sich nach einem Tor symbolisch die Haare ab. Das Abschneiden der Haare galt im vorislamischen Iran als Zeichen der Trauer um Verstorbene. Film-Regisseure posteten Videos, in denen sie die Gewalt des Staates verurteilten, und der bekannteste Fußballkommentator des Landes, Adel Ferdousipur, trat in seiner früheren Universität, der Sharif-Universität, auf, die im Oktober 2022 von Einheiten des Regimes gestürmt worden war, und forderte die Freilassung der inhaftierten Studenten.

Der bekannte Radiosprecher Mohammad Omrani sorgte in den Social Media für Aufmerksamkeit, als er ebenfalls im Oktober 2022 ein Video von sich machte und sagte: «Ich schweige nicht länger, ich bin ein alter Mann, ich will in Frieden sterben. Ihr seid bewaffnet? Nun, auch wir sind bewaffnet.» Er nannte die Namen der Getöteten: Mahsa, Nika, Navid, und fuhr fort: «Unser Blut. Das ist unsere Waffe. Ihr müsst davon gehört haben, dass Blut über das Schwert siegt. Und nun werdet ihr es sehen. Welcher Schrei ist lauter als der unserer getöteten Kinder? Von Kurdistan bis Zahedan.» Dieser Radiosprecher hat eine Stimme, die einem in die Glieder fährt.

Das Eintreten der Celebrities aus Sport und Kultur für die Bewegung motiviert diese ungemein und verschafft ihr internationale Aufmerksamkeit. Wenn die weltbekannte Schauspielerin Taraneh

Alidusti verhaftet wird, weil sie sich ohne Kopftuch auf Instagram mit dem Slogan der Bewegung gezeigt hat, oder die Familie von Ali Daei an der Ausreise gehindert wird, macht der Aufstand gegen den Gottesstaat wieder internationale Schlagzeilen.

Die islamische Erziehung war das Ziel des Gottesstaates. Darauf zielten die Lehrpläne an den Universitäten und Schulen ab. Doch ausgerechnet an den Schulen und Universitäten regt sich der größte Protest. Schülerinnen reißen Khamenei-Bilder von der Wand, stellen sich mit offenen Haaren an die Tafeln, schreiben *Zan, zendegi, azadi* – «Frau, Leben, Freiheit» – darauf und jagen ihren Schuldirektor mit leeren Wasserflaschen vom Hof. Der Versuch der Islamisierung der gesamten Gesellschaft ist gescheitert.

Inzwischen solidarisieren sich auch eingeschworene Islamistinnen mit den Protesten, etwa die Tochter des ehemaligen Präsidenten Rafsandschani, Faezeh Hashemi. Sie gehört zu den Frauen, die das Kopftuch aus Überzeugung tragen. Und dennoch ging sie im Herbst 2022 auf die Straße, um für Frauen einzustehen, die den Hidschab nicht tragen wollen. Sie kam sofort ins Gefängnis für ihren Protest. Aufsehen erregte das Video der Nichte von Revolutionsführer Khamenei, Farideh Moradchani. Sie verurteilt das «Kinder tötende Regime» und schließt mit: *Zan, zendegi, azadi*. Ihre Mutter Badri hat sich von ihrem Bruder distanziert. «Ich stelle mich gegen das Handeln meines Bruders und erkläre mich solidarisch mit allen Müttern, die die Verbrechen der Islamischen Republik beweinen.» Frauen wie Fatemeh Sepehri, die so tief verschleiert sind, dass man keine Strähne mehr sieht, solidarisieren sich ebenfalls mit den Protestierenden. Die Tochter eines Geistlichen und Witwe eines Märtyrers aus dem Iran-Irak-Krieg erklärte nach dem Tod von Mahsa Amini im September 2022: Auch die, die noch einen Funken Hoffnung hatten, dass diese Islamische Republik sich zum Besseren wandeln könnte, haben diesen verloren: «Ich spreche dem iranischen Volk mein Beileid aus dafür, dass es jetzt Mahsa verloren hat wie vor Jahren Zahra Kazemi und immer weiter Menschen verlieren wird unter solchen Umständen.» Die Absage an die Islamische Republik hat eine breite gesellschaftliche Basis, die immer größer geworden ist. Dieser Entwicklung möchte dieses Buch nachspüren.

Warum der Aufstand scheitern kann

Gegen einen Erfolg des Aufstands spricht aber auch einiges: So lässt sich der Einwand nicht von der Hand weisen, die Revolutionsgarden seien stark und auf diese Proteste vorbereitet. Ja, Iran hat ein hochgerüstetes und dadurch stabiles Repressionsregime. Die Islamische Republik von Ali Khamenei ist eine mächtige Gegnerin. Aber auch noch am Vorabend der Revolution von 1978/79 hielten alle, wohlgemerkt alle, das Regime des Schahs für das stabilste im Nahen Osten. Niemand hat vorausgesehen, dass der iranische Monarch gestürzt werden könnte. Das Schah-Regime sah ein, dass es keine Chance mehr hatte, als klar wurde, dass die Armee sich weigern würde, auf die Demonstranten zu schießen. Die Streitkräfte ließen sich nicht gegen das eigene Volk einsetzen.

Khomeini hat daraus gelernt und eine Parallel-Armee aufgebaut, die seine Revolution schützt. Die sogenannten Revolutionswächter, Pasdaran, wurden eigens dazu gegründet, das Regime zu verteidigen. Diese Handlanger haben viel zu verlieren und zu fürchten – vor allem die Rache einer Bevölkerung, die sie jahrzehntelang terrorisiert haben. Das ist das größte Hindernis für einen Regimewechsel. Denn die Pasdaran werden für die Islamische Republik noch lange kämpfen, auch mit dem Rücken zur Wand. Das Regime besteht aus Revolutionären und weiß daher, dass es keinesfalls nachgeben darf, wenn es an der Macht bleiben will. Deshalb erstickt es jeden Protest im Keim. Schon Alexis de Tocqueville wusste, dass der gefährlichste Moment für eine schlechte Regierung der ist, in dem sie sich zu Reformen bereit erklärt.

Oft wird gegen die Erfolgsaussichten des Aufstands eingewendet, die Bevölkerung auf dem Land sei konservativer eingestellt, dem Islam mehr zugetan und somit auch einem Regime, das im Namen

Gottes regiert. Doch 74 Prozent aller Iraner leben in Städten, und die Unzufriedenheit ist überall gleich groß. 40 Prozent der Iraner leben offiziell unter der Armutsgrenze, viele sind ihr nahe, sagt selbst das Parlament, das regelmäßig eigene Studien veröffentlicht. Der sogenannte Elendsindex, die Summe aus Inflationsrate und Arbeitslosenquote, hat sich offiziellen Angaben zufolge von 2011 bis 2019 um 12,4 Prozent erhöht. Seit 2018 befindet sich die Wirtschaft in einer Rezession. Die staatliche Organisation für Planung und Budgetierung hat bekannt gegeben, dass 2020 die Einnahmen aus dem Erdölexport nur noch 8,9 Milliarden US-Dollar betrugen. Vor zehn Jahren lagen diese bei 110 Milliarden Dollar.

Laut der Nachrichtenagentur *Tasnim*, die den Revolutionsgarden nahesteht, sind in Iran 46 Organisationen für die Propagierung und Durchsetzung des Kopftuchzwangs zuständig. Es gebe dabei solche, denen mehr Geld zur Verfügung steht als manch einem Ministerium. Im September 2020 erklärte Mehdi Nassiri, Ex-Chefredakteur der konservativen Tageszeitung *Keyhan,* dass 70 Prozent der Iraner gegen die islamischen Kleidervorschriften seien. Er bezog sich hier auf eine Umfrage des Kulturministeriums. Selbst in den als besonders religiös geltenden Provinzen Süd-Khorasan und Qom – dort sind die beiden Pilgerstätten Irans – sei die Zahl der Gegner der Zwangsverschleierung ebenso hoch wie die der Befürworter.

Gegen eine positive Perspektive für einen neuen, anderen Iran wenden manche ein, dass dem multiethnischen Iran der Zerfall drohe: Es könnte nur der Kern übrig bleiben, die Provinz Fars, in der Persisch als Muttersprache gesprochen wird, während sich die umliegenden Provinzen Aserbaidschan, Kurdistan, Belutschistan, Turkmenistan und Khuzistan selbstständig machen oder sich den «Brudervölkern» jenseits der Grenze anschließen könnten. Ich habe diese Sorge in den vergangenen Jahrzehnten oft von Iranern gehört, gerade auch von solchen, die dem Regime keine Sympathien entgegenbringen. Sie fürchten eine Balkanisierung. Oft war dies ihr einziges Argument für die Islamische Republik. Sie garantiere wenigstens die staatliche Einheit. Genau dieses Argument wird auch vom

Regime immer eingesetzt, wenn die ethnischen und sprachlichen Minderheiten mehr Autonomie fordern. In den Regierungsmedien wird der Aufstand daher als politische Intrige dargestellt, von separatistischen Gruppen angezettelt, um Iran zu spalten. Das Regime setzte immer schon auf die Angst vor diesem Szenario und stellte sich als einzigen Garanten der nationalstaatlichen Einheit dar.

Die Möglichkeit des Zerfalls besteht, doch andererseits hat sich in den Monaten des Protests sogar ein größeres Zusammengehörigkeitsgefühl entwickelt. Das Nationalgefühl könnte gewachsen sein, wenn Kurden, Aseris, Araber und Belutschen so viel Solidarität miteinander zeigen. Der ursprünglich aus der kurdischen Arbeiterbewegung stammende Slogan *Zhin, zhiyan, azadi* – Frau, Leben, Freiheit – erklang auch in Belutschistan. Überall in Iran ist zu hören: *Az Zahedan ta Kordestan, janam fada-ye Iran* – «Von Zahedan (Hauptstadt der Provinz Sistan-Belutschistan) bis Kurdistan. Mein Herz gehört Iran.»

Pathetisch? Ja, vielleicht. Iraner sind aber nun mal sehr pathetisch. Auch ihre Dichtung ist voll von Pathos. Doch das gemeinsam erfahrene Leid, der geteilte Schmerz, die verbindende Wut bringen in Iran immer noch so viele Menschen auf die Straße, dass das Regime kippen könnte. Zu Tränen gerührt und zu noch mehr Wut geführt hat das Geständnis des gefolterten Rappers Tomadsch Salehi: «Ich habe das geschrieben, der Text ist ja da. Musik kann Gewalt hervorbringen», sagt er im Video: «Das war mein Fehler, ich entschuldige mich dafür bei Ihnen. Und bei der Gesellschaft. Weil ich Gewalt erzeugt habe. Jetzt kann ich mich nur entschuldigen. Könnte ich doch nur das Gegenteil erzeugen.» Das Regime produzierte sein erzwungenes Geständnis als Musik-Clip. Den geplanten Effekt hatte die Aktion nicht. Trauer, Wut, Ekel – das waren die Reaktionen. Alle Gruppierungen in Iran bemühen sich inzwischen um eine einheitliche Front. Es ist zu hoffen, dass dies anhält.

Iran hätte Glück, wenn sich eine Person fände, die Führung übernehmen könnte, ohne ein Führer wie Khomeini sein zu wollen. Am vertrauenswürdigsten scheint die Menschenrechtsanwältin und

Friedensnobelpreisträgerin Shirin Ebadi zu sein. Sie ist ein politisch kluger und strategisch denkender Mensch, der sich seine Integrität bewahrt hat. Libyen und Irak haben gezeigt, wie schwierig es ist, Länder nach dem Sturz eines Regimes wieder in ruhige Fahrwasser zu lenken. Zu Ebadi könnte eine feministische Außenpolitikerin Kontakt aufnehmen und fragen, welche Unterstützung sinnvoll, welche eher kontraproduktiv ist. Auch die Iraner im Land und im Exil sollten sich klarmachen, dass jetzt dafür gesorgt werden muss, dass Iran nach dem Sturz des Regimes nicht ins Chaos stürzt wie Libyen und der Irak und dass kein neuer starker Mann wie Khomeini an die Macht kommt.

Es könnte tatsächlich klappen. Das sieht man auch an der Uneinigkeit, mit der das Regime auf die Proteste reagiert. Während manche noch mehr Härte fordern, signalisieren andere Dialogbereitschaft, wenn sie auf die Studenten zugehen. Das zeigte sich, als im November eine Veranstaltung zugelassen wurde, bei der ein Studentenvertreter prominent zu Wort kam. Amin Madschidifar wurde sogar live im Fernsehen übertragen, als er sagte: «Akzeptieren Sie, dass manche Menschen in diesem Land nicht in den Rahmen passen, den Sie vorgegeben haben. Akzeptieren Sie, dass dieses System eine fundamentale Reform braucht.» Das Regime wird sich nun fragen, ob es die Studenten besänftigt, wenn sie ihren Unmut äußern dürfen. Oder ob es sie beflügelt.

Widerstand gegen den Islamismus, Abwendung vom Islam

Der Anspruch Khameneis, Staatsoberhaupt von Gottes Gnaden zu sein, einen Gottesstaat anzuführen und im Namen Gottes zu regieren, ließ viele Menschen lange vor Protesten zurückschrecken. Wer gegen eine weltliche Diktatur aufbegehrt, läuft Gefahr, sein diesseitiges Leben zu verlieren, doch manch einer in Iran sah auch sein jenseitiges Heil in Gefahr. Doch inzwischen glaubt dem Regime niemand mehr seinen Islam. Die Menschen glauben nicht mehr, dass sie «Krieg gegen Gott» führen, wenn sie sich auflehnen. Für dieses «Vergehen» wurden im Dezember 2022 die Demonstranten Mohsen Shekari und Madschidreza Rahnavard hingerichtet. Das Regime scheint sich selbst mit Gott zu verwechseln. Doch die ganz junge Generation, der die beiden angehörten und die jetzt weiter demonstriert, hat es so satt, gegängelt, gemaßregelt, kontrolliert zu werden, dass sie zurückschlägt, wenn die selbsternannten Vollstrecker Gottes auf sie einprügeln. Das sah man im Dezember 2022 auf vielen Videos, die über Social Media verbreitet werden.

Den größten Blutzoll haben bislang die Menschen in der Provinz Sistan-Belutschistan im Südosten entrichtet. Hier handelt es sich um einen Aufstand frommer sunnitischer Männer gegen einen schiitischen Staat, der sie aus religiösen Gründen diskriminiert und ihre Moscheen für Horte eines sunnitischen Extremismus hält. Sunniten stellen 9 Prozent der Bevölkerung im schiitischen Gottesstaat, sind also die größte Minderheit. Diese konfessionelle Minderheit fühlte sich nie durch den Staat der schiitischen Kleriker repräsentiert, der sie immer hat spüren lassen, dass sie – islamischer Einheitsgedanke hin oder her – nicht dazugehören. Sie sind Bürger zweiter Klasse. Angesichts des militärischen Vorgehens vor allem in dieser Region wie auch in Kurdistan wirkt die Bewegung hier am ehesten wie ein veritabler Aufstand.

Der Aufstand gegen den Gottesstaat ist nicht grundsätzlich antiislamisch, auch wenn «Turbanschubsen» – den Mullahs den Turban vom Kopf hauen – zu einem beliebten Volkssport in Iran geworden ist und Frauen ihr Kopftuch verbrennen. Aber er ist antiislamisch, insofern er den Islam zurückweist, den sich die iranischen Machthaber zurechtgelegt haben und den sie den «reinen mohammedanischen Islam» nennen. Was wir hier sehen, ist eine postislamistische Bewegung. Schon lange ist die heutige iranische Gesellschaft postislamistisch, eben weil in Iran das erste islamistische Experiment in der Region praktiziert worden ist. Die zentrale Aussage aller Islamisten weltweit ist: «Der Islam ist die Lösung» – *Al-Islam huwa al-hall*. Das wird auch auf die Politik bezogen. Der Islamismus wird so zu einer Ideologie, die Staat und Islam in eins setzt. Iraner gehen heute auf die Straße, um dem eine Absage zu erteilen. Nach über vierzig Jahren real erlebtem Islamismus sagen sie heute: Der Islam ist nicht die Lösung, er ist Teil des Problems.

Vom Widerstand gegen den Islamismus zur Abwendung vom Islam ist es für viele Iranerinnen und Iraner offenbar nur ein kleiner Schritt. Das zeigt sich an der Hinwendung zu anderen Religionen, vor allem zum Zoroastrismus, aber auch zu Buddhismus und zu Christentum. Das in den Niederlanden ansässige Institut GAMAAN (The Group for Analyzing and Measuring Attitudes in IRAN) hat im Juni 2020 eine repräsentative Umfrage durchgeführt, an der 50000 Menschen teilnahmen, von denen 90 Prozent in Iran lebten. Die Hälfte erklärte, sie hätten ihren Glauben verloren. Immerhin 8 Prozent antworteten auf die Frage nach ihrer Religionszugehörigkeit, dass sie sich als Zoroastrier verstehen. Das wären bei einer Einwohnerzahl von fast 85 Millionen in Iran um die 6,8 Millionen Zoroastrier. Eine interessante Zahl, wenn man bedenkt, dass nach offiziellen Angaben nur rund 15 000 Zoroastrier in Iran leben. Anderen Umfragen zufolge bezeichnen sich nur 30 bis 40 Prozent der Iraner noch als Muslime. Die Islamische Republik war somit nicht nur der größte Treiber der Säkularisierung, sondern auch der Absage an den Islam als persönliche religiöse Orientierung.

Was das Selbstverständnis als Zoroastrier bedeutet, bleibt dabei unklar. Vielleicht kommt es dabei gar nicht so sehr auf die Religion an, denn häufig geht das Bekenntnis zum Zoroastrismus, der Religion Irans vor der Islamisierung, mit der Aussage einher, Iraner zu sein und kein Araber. Der Islam, die Staatsreligion, wird als etwas Fremdes, nicht Eigenes angesehen, als etwas von außen Kommendes, Aufgezwungenes.

Behzad Karim Khani erzählt von seinem Vater, der ihm erklärt habe, dass die Iraner, der Botschaft Zarathustras folgend, die Feuer in ihren Tempeln nie ausgehen ließen. Dafür wurden die Fackeln auf verschiedene Familien verteilt. Zum Schutz. Denn egal, wie viel Zerstörung das Volk erlebe, am Ende würden die Feuer immer wieder neu entzündet. Das ist ein weitverbreiteter Glaube: Das eigentlich Iranische wird immer überleben. Der Zoroastrismus ist tief verwurzelt in der iranischen Kultur und spielt bis heute eine große Rolle, zum Beispiel durch das Neujahrsfest, das aus dem Zoroastrismus stammt und am Tag der Frühlingstagundnachtgleiche begangen wird. Damit unterscheiden sich die Iraner von anderen Muslimen, die in Mondjahren rechnen. Die heutige gängige iranische Zeitrechnung beginnt zwar wie die sonstige islamische mit dem Jahr 622, dem Jahr der Auswanderung des Propheten Mohammed nach Medina, aber man rechnet in Sonnenjahren, weshalb wir uns seit dem 21. März 2023 nach iranischer Zeitrechnung im Jahr 1402 befinden, während für andere Muslime am 19. Juli 2023 wegen der kürzeren Mondjahre bereits das Jahr 1444 nach der Hidschra beginnt.

Dass Orte wie Yazd, wo ein Feuertempel die Islamisierung Irans seit dem 7. Jahrhundert überstanden hat, zu Pilgerstätten der Erinnerung an vor-islamische Zeiten wurden, sah das islamische Regime ebenso ungern wie die Tatsache, dass die Iraner nicht von ihrem Neujahrsfest ließen, das bei ihnen einen viel größeren Stellenwert hat als das islamische Opferfest oder das Zuckerfest. Es wurde jedoch vom Regime nur direkt nach der Revolution und nur ganz kurz der Versuch unternommen, das Fest, das zoroastrischen Ursprungs ist, zu unterbinden. Man sah ein, dass dies zu viel Widerstand in der Bevölkerung hervorrufen würde. Ebenso gab man schnell die Idee auf, das vorislamische archäologische Erbe Irans zu zerstören. Zwar wurde Persepolis in den Revolutionswirren gestürmt, und einige Reliefs wurden vernichtet, aber die Bewohner von Shiraz verhinderten den Plan, den Königssitz zu sprengen. Auch das Grabmal des *shahinshah*, des Königs der Könige, wie Kyros II. genannt wird, in der Nähe von Schiras sollte geschleift werden, aber hier stellten sich ebenfalls die Menschen zum Schutz auf.

Dass dieser Widerstand schon damals so groß war, erstaunt. Das Vorgängerregime unter Mohammad Reza Pahlavi hatte sich durch seine Anlehnung an die vorislamische Vergangenheit Irans und die Herabsetzung der jüngeren, islamischen hervorgetan und sich dadurch viele Feinde gemacht. Daher kam auch die Geringschätzung der vorislamischen Vergangenheit nach der Revolution nicht von ungefähr. Nur ausländische Touristen besuchten Persepolis, den Ort antiker Pracht. Erst in der Ära Khatamis, der 1997 sein Amt antrat, kam es wieder zu einheimischem Tourismus. Die Bevölkerung, das merkte das Regime bald, war auf die vorislamischen Paläste nicht weniger stolz als auf die Moscheen Isfahans. Bald meldeten sich versöhnliche Stimmen zu Wort. In einem Essay mit dem Titel *Se farhang*, «Drei Kulturen», schrieb Abdolkarim Soroush, es sei dumm, die vorislamische Identität und Kultur Irans zu verdammen. Die heutige iranische Identität setze sich zusammen aus drei Kulturen, die in der Geschichte fruchtbringend zusammengewirkt hätten: die vorislamische, die islamische und die westliche. Die Hinwendung der religiös-politischen Elite zur vorislamischen Vergangenheit, die man seit rund fünfzehn Jahren beobachten kann, steht im Zusammenhang mit der Bewusstwerdung der eigenen kulturellen Identität von Irans ethnischen Minderheiten. Kurden, Turkmenen, Belutschen, Araber und Aserbaidschaner grenzen sich so vom zentralistischen, islamistischen Staat ab. Dieser setzt im Gegenzug auf die gemeinsame vorislamische Vergangenheit aller Iraner, um dem befürchteten Separatismus entgegenzuwirken. Das bedeutet im Umkehrschluss, dass eine Identitätsbildung über den gemeinsamen Islam nicht funktioniert hat.

Der religiöse Führer Ali Khamenei hat deshalb 2007 zum Jahr der «Nationalen Einheit und der islamischen Harmonie» erklärt. Die staatlichen Medien initiierten daraufhin Programme, die den ethnischen und religiösen Minderheiten eine Stimme gaben. Sie durften erstmals in Funk und Fernsehen über ihre Traditionen und Sprachen reden. Es wurde über archäologische Forschungen berichtet und so versucht, die Vision einer Nation mit gemeinsamen historischen Wurzeln zu schaffen.

Bei einem Besuch in Persepolis 2008 pries Khamenei den Ort als Quelle des Stolzes aller Iraner. Als 2010 der Kyros-Zylinder als Leihgabe des British Museum nach Iran zurückkam, sprach Präsident Ahmadinedschad in einer emotionalen Rede von Kyros als einem Symbol der Gerechtigkeit und der Menschenrechte für die Welt. Er erhob diesen gar in den Rang eines Propheten – was doch ziemlich ketzerisch ist. Aber der iranische Nationalismus war endgültig wieder auf die politische Bühne zurückgekehrt. Ahmadinedschad war der erste Mann aus dem Regime, der von der «großartigen Nation des Iran» sprach. Damit setzte er sich deutlich von dem allislamischen Anspruch des Gründervaters ab, für den nur die islamische Gemeinschaft zählte. «Khomeini hatte das Wort Nationalismus aus dem politischen Vokabular verbannt», schreibt Bahman Nirumand: «Der Islam ist eine Weltreligion, und die islamische Gemeinde erkennt nationale Grenzen nicht an. Das Wort Nationalismus hat in unserer Sprache nichts zu suchen.»

Präsident Raisi versuchte, dem Kyros-Hype zu begegnen, indem auch er 2021 kurz vor dem «Kyros-der-Große-Tag» die Stätten der Achämeniden besuchte und in Persepolis erklärte, der Ort sende neben seiner Botschaft von der architektonischen Pracht auch eine weitere: Das Schicksal der Unterdrücker ist ihr Untergang. Wie ironisch das aus seinem Munde klingt, muss ihm entgangen sein. Was in den Jahren zuvor am Grab des Achämenidenkönigs zu hören war, hat jedenfalls die Alarmglocken der Herrschenden schrillen lassen. Sie untersagten am 29. Oktober 2021 den Besuch des Mausoleums. «Wir sind Arier und beten keine Araber an», war dort skandiert worden. Und weiter: «Alles ist Gottes Wille, aber alles Unheil kommt von den Arabern.» Nicht wenige Iraner denken so.

Diese Denkweise erklärt die breite Hinwendung zum Zoroastrismus, die sich weniger in formalen Übertritten manifestiert als in einer zur Schau gestellten Haltung und in Symbolen, die man trägt. Ein Beispiel ist der überall präsente *Faravahar* oder *Forouhar*, der das Symbol der drei Grundprinzipien des Zoroastrismus ist: Gutes Denken, Gutes Reden, Gutes Handeln. Man sieht das Symbol heute überall und in jeder Form: als Schlüsselanhänger, Kleiderhaken, Anhänger im Auto, aufgedruckt auf T-Shirts und Taschen. Bei manch einem zeigt das Tragen des *Forouhar* an, dass er sich zum

Zoroastrismus bekennt, andere wagen damit symbolisch ein wenig Opposition.

Heute orientieren sich sogar die Protestformen an der vorislamischen Zeit. Ferdowsis *Buch der Könige* erzählt die Geschichte von Siavosh, der unschuldig ermordet wird. Aus Wut und Trauer schert sich seine Frau Farangiz daraufhin das Haar. Das Abschneiden der Haare haben wir in den letzten Monaten oft beobachtet beim Trauerritus und als Statement gegen die Islamische Republik. Diese Art von Orientierung am vorislamischen Erbe ist ein Bekenntnis zur Abkehr von der Islamischen Republik und sogar zur Abkehr vom Islam. Wie es dazu kam, möchte dieses Buch beschreiben. Der Titel ist angelehnt an eine berühmte Forderung von Ali Shariati, dem Ideologen der Revolution: «Islam ohne Mullahs» – *Eslam menha-ye ruhaniyat* – lautet der von ihm geprägte Slogan. Heute sprechen in Iran, davon abgeleitet, viele von einem «Iran ohne Islam».

1.
Nach der Revolution:
Macht und Ohnmacht der Literatur

Huschang Golschiri und die Zensur

Er sah nicht, wer ihn schlug und wer die Schläge zählte. Aber was bedeutete das schon? Es war dieselbe Hand, die die Bücherverbrennungen angeordnet hatte; derselbe Mund, der die Hinrichtung aller Männer des jüdischen Stammes der Quraiza für rechtmäßig erklärt hatte und die Frauen und Kinder versklavt. [...] Unterhalb der Augenbinde konnte er jemanden sehen, der außer der Peitsche auch einen Koran in den Händen hielt. Er sagte immer wieder: «Die Belohnung für jeden Schlag ist größer als für das tägliche Gebet oder Fasten.» (Manuchehr Irani 1998, 46–47)

So erzählte Huschang Golschiri einst von den Revolutionären und dem Islam, den sie predigten: einen Islam, der Intellektuelle wie ihn zu Ketzern erklärte. Die Erstveröffentlichung von *Der König der Schwarzgewandeten* erschien 1998 auf Deutsch unter dem Pseudonym Manuchehr Irani. Das Buch ist das wohl expliziteste des 2000 verstorbenen Golschiri, der als der wichtigste iranische Romanautor der zweiten Hälfte des 20. Jahrhunderts gilt. In Iran ist es wie zahlreiche von Golschiris Büchern bis heute nicht erschienen: «Meine Bücher prüft der Zensor nicht einmal mehr. Und wenn ich nachfrage, heißt es, ich möge mich ein wenig gedulden. Einige meiner Bücher warten seit zehn, fünfzehn oder gar zwanzig Jahren auf eine Druckerlaubnis.» Er sei eben nicht bereit, auch nur einen Satz zu streichen, sah sich in der ersten Reihe derer, die gegen Zensur kämpfen. «Wie kann ich mich zensieren lassen? Wenn die bekannten Autoren sich zensieren lassen – was durchaus passiert –, wird es für die anderen, weniger berühmten noch schwerer, sich der Zensur zu widersetzen.»

Verbot und Zensur haben Golschiris Ruhm keinen Abbruch getan. Er ist eine Ikone: wegen seiner Bücher – und wegen seines Kampfes gegen die Zensur. Vor allem die Attacken der konservativen Presse haben zu Golschiris Bekanntheit beigetragen – und zu seiner Popularität. Wenn die Hardliner ihn nicht mögen, dann muss er ein Guter sein, sagen sich viele.

Für die Kultur waren die neunziger Jahre eine dunkle Zeit. Zwar gab es unter dem Pragmatiker Rafsandschani ab 1989 eine Öffnung im wirtschaftlichen Bereich, nicht jedoch im kulturellen. Die Repression von Andersdenkenden erreichte ihren unrühmlichen Höhepunkt 1994 nach der Veröffentlichung des «Texts der 134». Darin prangerten Autoren die staatliche Zensur an, worauf das Regime mit maximaler Härte reagierte: Einige Autoren wurden ermordet, der 2022 im deutschen Exil gestorbene Abbas Maroufi wurde zu Peitschenhieben verurteilt, und der seit 1998 in Deutschland lebende Faraj Sarkouhi vom Geheimdienst verschleppt und monatelang gefangen gehalten. Als «konzertierte Aktion zur Auslöschung der schreibenden Zunft» beschrieben die Schriftsteller dieses Vorgehen des Regimes.

Warum richtet sich die Repression ausgerechnet gegen Schriftsteller, mag man fragen. Weil sie traditionell eine wichtige Rolle in Iran spielen, lautet die Antwort. Nicht nur wegen der überragenden Stellung der Poesie in der Gesellschaft, sondern auch, weil es in der iranischen Geschichte nur selten Parteien oder eine freie Presse gab. Die Zensur der Schriftsteller, so Amir Hassan Cheheltan, entspringt in der jüngeren Geschichte Irans der Furcht, Worte seien imstande, Regierungen auszuwechseln. Diese Zwangsvorstellung speise sich einerseits aus der magischen Wirkung des geschriebenen Worts in der persischen Kultur, schreibt der auch hierzulande bekannte Autor. Und sie beruhe andererseits darauf, dass in Iran die literarische

Erneuerung nicht von der Erneuerung der Gesellschaft abhänge, sondern die Literatur der wichtigste Beförderer sozialen Wandels sei.

Schriftstellerinnen und Schriftsteller gelten also als Gefahr. Darum sind ihre Bemühungen, als Verband offiziell zugelassen zu werden, seit Jahrzehnten vergeblich. Jedes Regime fürchtete die potenzielle Macht derer, deren Waffe der Stift ist. Das unterscheidet das Regime Mohammad Reza Pahlavis nicht von der Theokratie, die seine diktatorische Herrschaft ablöste und ebenso wenig Freiheit zuließ wie er. Anders gelagert sind nur die Empfindlichkeiten: Waren im Kaiserreich insbesondere politische Themen tabu, so reagiert die Islamische Republik darüber hinaus besonders gereizt auf Beschreibungen des Sexuellen.

In diesem Sinne sagte Golschiri, als er 1999 den Friedenspreis der Stadt Osnabrück entgegennahm:

> Ich nehme den Preis stellvertretend für alle iranischen Schriftsteller entgegen. Es ist ein Preis, der uns für den Kampf um die Meinungsfreiheit verliehen wird. Wenn wir keine Bewegung wären, hätten wir niemals das erreicht, was wir nun erreicht haben. [...] Wir stehen hinter keiner Regierung. An jede Regierung stellen wir eine einzige bestimmte Forderung. Wir wollen nur, dass unsere Bücher unzensiert erscheinen. (Golschiri 1999)

«Kunst wird geboren aus Schmerz»

Bei so viel Unterdrückung könnte man annehmen, dass Iran eine intellektuelle Wüste wäre. Deshalb reagierten deutsche Redakteure überrascht auf den Offenen Brief der 134 Schriftsteller, als ich ihnen einen Artikel über deren Forderung nach Freiheit des Wortes anbot: «Was, so viele Schriftsteller gibt es da?», wurde ich gefragt. Tatsächlich ist die literarische Produktion in Iran gewaltig, und das gilt auch für andere Bereiche der Kunst: trotz – oder vielleicht auch wegen – der herrschenden Repression und Zensur. Bahman Ghobadi,

Regisseur von *Zeit der trunkenen Pferde,* erklärte auf die Frage, warum iranische Filmemacher so gute Geschichtenerzähler seien, dies ganz genauso wie Heiner Müller, der sagte, Kunst brauche einen Stalin.

> Kunst wird geboren aus Schmerz. Und selbst die Zensur hat etwas Gutes: Warum hat das iranische Kino die Bedeutung erlangt, die es heute hat? Ursache dafür war gerade die Zensur. Denn das steigerte unsere Kreativität. Natürlich, ich bin auch gegen Zensur. Aber das ist nicht nur schlecht. (Amirpur 2000)

Zeit der trunkenen Pferde hat mehrere internationale Preise gewonnen. Der Film erzählt die Geschichte von Kindern, die sich im Grenzgebiet zum Irak als Schmuggler durchschlagen – zwischen verschneiten Bergen und verminten Feldern. Die fünf Geschwister werden zu Waisen, als ihr Vater ums Leben kommt. Der älteste Sohn Madi leidet an Kleinwuchs und braucht dringend eine Operation. Deshalb muss Ayub wie sein Vater Autoreifen über den Pass schmuggeln. Damit die Pferde den gefährlichen Weg nicht verweigern, kippt man ihnen Wodka ins Wasser. Daher der Titel. Das Genre des Kinderfilms hat den iranischen Film berühmt gemacht. Der Name Abbas Kiarostami, dessen Hauptrollen oft Kinder spielen, ist weltweit jedem Kinofan ein Begriff. Oder man nehme Bahram Beyzai, unter dessen Regie in *Bashu, der kleine Fremde* ein Zehnjähriger einen Kriegsflüchtling spielt. Natürlich hat das Aufleben des Genres Kinderfilm einen Grund. Ghobadi erklärt im Gespräch:

> Kiarostami hat einmal gesagt, man kann viele Dinge sagen, wenn man sie in der Sprache von Kindern sagt, aus dem Munde von Kindern. Wir sagen das, was wir sagen wollen, aus dem Munde von Kindern. Das ist eine gute Möglichkeit. Der Film ist über Kinder, aber seine Botschaft ist für Erwachsene. Und das war eine gute Möglichkeit, der Zensur zu entkommen in jener Zeit. (ebd.)

Andere suchten andere Nischen in der ersten Zeit nach der Revolution: Von ihnen erfahren wir aus Romanen. Diese zeichnen für uns nach, wie die Menschen mit dem neuen Staat umzugehen lernten und ihre oft sehr eigene Opposition machten: So ließ sich die Professorin für englische Literatur Azar Nafisi von ihrem Glauben an die subversive Kraft des künstlerischen Wortes leiten. Sie wollte sehen, was Literatur bewirken kann in einem durch und durch ideologisierten Staat. Mitte der neunziger Jahre gründete sie einen privaten Lesekreis, denn zu vieles war an der Universität unmöglich. So wählte Nafisi einen eigenen Weg, um das Diktat der herrschenden Kleriker zu umgehen. Sie brachte ausgewählten Studentinnen zu Hause die Werke nahe, die ein ideologisierter Lehrplan aus den Universitäten verbannt hatte. Verbotene Bücher wurden gelesen: Nabokovs *Lolita*, Fitzgeralds *Der große Gatsby*, Bücher von Henry James und Jane Austen.

Nafisi versammelte Frauen, die nur aus Liebe zur Literatur an diesem Unterricht teilnehmen sollten. Das Ziel: eine intellektuelle Freiheit, wie sie an der Universität seit den achtziger Jahren nicht mehr möglich war. Denn in den Achtzigern hatte Literatur ideologisch zu sein, sie sollte die Bevölkerung erziehen. Freiheit, Individualität, Pluralität der Lebensentwürfe – diese Themen hatten nach der Revolution von 1979 in Iran keinen Platz mehr. Ein Buch wie *Der große Gatsby* somit auch nicht. Darin betrügt die Protagonistin Daisy ihren Mann – und prompt lautete der Vorwurf an Azar Nafisi, als sie an der Universität über das Buch sprach, sie stifte ihre Studentinnen zum Ehebruch an. Der Leiter der Literaturfakultät hielt ihr vor, dass der Roman mit der Figur des Gatsby einen Scharlatan, Ehebrecher und Lügner zum Helden habe. Das «einzig Gute an diesem Buch» sei, dass es die «Unmoral und Dekadenz der amerikanischen Gesellschaft» bloßlege. Die iranischen Revolutionäre aber – er sprach von «wir» – hätten gekämpft, «um uns von solchem Schund zu befreien». Es sei «höchste Zeit, dass solche Bücher verboten werden» (Nafisi 2005, 168).

Also strich man den *Großen Gatsby* vom Lehrplan. Ganz ähnlich: *Lolita*, aus der Sicht des offiziösen Iran eine Katastrophe. An manchen Stellen, so die Argumentation gegen das Buch, laufe der Leser Gefahr, Mitgefühl zu entwickeln für den Mann, der eine Minderjährige ent- und verführt. Oder ist es die Kleine, die ihn verführt? Auch diese Antwort ist als Möglichkeit im Roman angelegt. Beide Interpretationen taugen nicht für die Islamische Republik. Genauso wenig wie die Bücher von Jane Austen. Selbstständige, eigenwillige Frauen? Frauen, die ihr Leben selbst in die Hand nehmen? Unerwünscht. Eine ideologisierte Gesellschaft kann keine Andersartigkeit zulassen. Nafisi und andere Intellektuelle führten in ihren Nischen einen Kampf für die Vielstimmigkeit in einer ideologisierten Welt, die nur eine Stimme, nur ein Wort zulässt – und alles andere als absonderlich, als inakzeptabel brandmarkt. Aber Literatur findet ihren Weg. Unausweichlich.

Deshalb, so schrieb Golschiri einmal, haben Ideologen solche Angst vor Literatur. Weil sie das Gegenteil von Ideologie ist: Vielheit gegen Einheit. Diese Erfahrung beschreibt auch Nafisi, wenn sie formuliert: «Jeder große Roman, den wir lasen, stellte die herrschende Ideologie infrage. Er wurde zu einer potenziellen Bedrohung für sie, nicht durch das, was er aussagte, sondern durch das ‹wie›, durch seine Haltung gegenüber dem Leben und der Literatur.»

Nafisi hatte sieben Frauen eingeladen, mit ihr zu lesen, die unterschiedlicher nicht sein konnten. Zwei strenggläubige Frauen waren darunter, aber auch solche aus der sogenannten verwestlichten Mittelschicht. Allein die Spannung, die zwischen diesen Frauen herrschte, wäre ein eigenes Buch wert. In *Lolita lesen in Teheran* zeigt Nafisi sehr einfühlsam, wie die Literatur auf die Frauen wirkt – wie sich etwa die Religiöseren zuerst distanziert äußern und dann doch der magischen Kraft der Bücher erliegen. Und Nafisi lässt uns an den Geschichten dieser Frauen teilhaben, an ihren Erfahrungen mit der Islamischen Revolution. Deshalb ist *Lolita lesen in Teheran* auch ein eindrucksvoller Bericht über diese Zeit und die Jahre danach.

Eine der sieben Leserinnen ist Nassrin. Die glühende Anhängerin der Revolution erzählt ihre Geschichte: wie sie, fast noch ein Kind, unter Khomeini verhaftet wurde, auf einer Demonstration der oppositionellen Volksmudschaheddin, wo sie mehr aus Zufall mitmarschierte und Flugblätter verteilte. Zehn Jahre lang saß sie dafür im Gefängnis, ohne Anklage, wusste nie, ob sie die Nacht überleben würde, hörte, wie die Todeskandidatinnen vergewaltigt wurden, damit sie nicht als Jungfrauen unverdient ins Paradies kommen.

> Das Schlimmste war, wenn sie mitten in der Nacht Namen von Gefangenen gerufen haben. Das waren die Todeskandidaten, wir haben das gewusst. Sie haben Auf Wiedersehen gesagt, und bald darauf haben wir Schüsse gehört. Wir haben genau gewusst, wie viele sie jede Nacht umgebracht haben, weil wir die einzelnen Schüsse gezählt haben, die nach dem ersten Sperrfeuer immer kamen. Ein Mädchen war dabei – ihre einzige Sünde bestand darin, dass sie so schön war. Man hatte ihr eine moralische Verfehlung angehängt und sie ins Gefängnis gesteckt. Sie haben sie über einen Monat behalten und immer wieder vergewaltigt. Sie haben sie von einem Wächter zum nächsten weitergereicht. (ebd., 271)

Die gemeinsame Lektüre eröffnet den Frauen eine neue Welt. Sie wundern sich über die Abgründe der menschlichen Seele, die in diesen Büchern beschrieben werden, und entwickeln – gerade aus der Erfahrung der Islamischen Republik heraus – ein neues Verständnis für Moral. Was ist unmoralischer: jemanden zu töten, weil er eine andere Meinung vertritt als die eigene, oder die junge Daisy aus dem *Großen Gatsby*, die ihren Mann betrügt? Die Mädchen fangen an zu begreifen: Das Leben ist nicht so schwarz-weiß wie die Ideologie, mit der sie aufwachsen.

2.
Politische Wandlungen nach Khomeini

Zwar änderte sich in der ersten Hälfte der neunziger Jahre kulturpolitisch nicht viel, doch es tat sich einiges in der Innen- und Außenpolitik Irans: Seit April 1992 regierte ein neues Parlament. Darin gab es keine Linksislamisten mehr, der angeschlagene Präsident Rafsandschani konnte sich gegen den steigenden Widerstand der Konservativen jedoch halten. 1993 wurde er wiedergewählt. Um Iran weiter zu schwächen, kündigte Bill Clinton im April 1995 einen Handels- und Investitionsboykott an, den Iran-Libya Sanctions Act, der bis heute in Kraft ist. Doch nachdem der Ost-West-Konflikt beendet war und neue unabhängige Staaten im Kaukasus und in Zentralasien entstanden waren, sah sich Iran in einer neuen Situation und konzentrierte sich außen- und sicherheitspolitisch stärker auf die eigene Region. Aus Pragmatismus kam man zudem davon ab, die Revolution in andere Länder exportieren zu wollen. Stattdessen stand die nationale Sicherheit im Fokus. Der Handels- und Investitionsboykott traf Iran also ausgerechnet zu einer Zeit, als sich das Land außenpolitisch mäßigte.

Zudem hatte Iran ab Mitte der neunziger Jahre mit dem Problem der massenhaften Flucht aus Afghanistan und dem Drogenhandel zu kämpfen. Nur in Pakistan leben mehr afghanische Geflüchtete als in Iran. Mit den Taliban wäre es fast zum Krieg gekommen; auch der Irak, gegen den man von 1980 bis 1988 Krieg geführt hatte, galt in den Neunzigern noch als Feind. Man sah sich von Feinden umzingelt. Auf dieses Gefühl der Unsicherheit reagierte die Rafsandschani-Administration mit dem Bemühen, eine friedliche Beziehung zu den Nachbarn aufzubauen. Man begann eine pragmatische Außenpolitik und verabschiedete sich von der revolutionären islamischen Ideologie, die die Rhetorik und die Politik der ersten Jahre nach der Revolution bestimmt hatte.

Rafsandschanis Scheitern stärkt die Hardliner

Für den außenpolitischen Entspannungskurs stand vor allem Rafsandschani selbst. Aber seine Wirtschaftspolitik scheiterte. Zwar unternahm seine Regierung Schritte in Richtung einer wirtschaftlichen Liberalisierung: Der Wechselkurs wurde vereinheitlicht, und die Subventionen wurden zurückgefahren. Doch mit diesen Maßnahmen machte sich Rafsandschani in Politik und Wirtschaft viele Gegner. Und zu oft versandeten die Investitionen des Staates. Korruption und Inkompetenz der Verantwortlichen ließen viele gute Ideen zur wirtschaftlichen Neuorientierung scheitern. Außerdem musste Iran seine hohen Schulden abtragen, und der Ölpreis spielte nicht mit. Die iranische Währung verfiel, die Preise stiegen. Ab Mitte 1991 kam es daher immer wieder zu Brotunruhen. Die Proteste, die meist von den *mostazafan*, den sogenannten Entrechteten, ausgingen – der zentralen Klientel der Revolution, in ihrem Namen wurde die Revolution gemacht –, wurden brutal unterdrückt. Erst als Rafsandschani im Sommer 1992 ein noch härteres Durchgreifen ankündigte und das Parlament den Subventionsabbau aussetzte, flauten die Proteste ab und kamen im September zu einem vorläufigen Ende.

Durch diese Krise bröckelte es immer mehr in der Koalition von Revolutionsführer Khamenei und Rafsandschani. Schließlich gab Khamenei seine Unterstützung des Präsidenten offiziell auf. Er kritisierte diesen mit dem Argument, die Reformen würden zu schnell durchgesetzt, seien unüberlegt und verantwortlich für die Krise des Landes, hätten zu Inflation, Verschuldung und Arbeitslosigkeit geführt. In seiner zweiten Amtszeit geriet Rafsandschani mehr und mehr ins politische Abseits. Er verlor im Konflikt gegen seinen neuen Konkurrenten Khamenei, der an politischer Statur gewann. Das kam unerwartet, denn Rafsandschani hatte, als Khomeini 1989 gestorben war, Khamenei installiert, gerade weil Khamenei als so schwach galt.

Es gibt ein Video im Internet, auf dem Khamenei anlässlich seiner Wahl vor dem Expertenrat sagt: «Es müssen blutige Tränen darüber vergossen werden in einer islamischen Gemeinde, dass ich in ihr eine Option bin.» Damit drückt er aus: Ich bin dieser Position nicht würdig. Das sah auch sein schärfster Konkurrent so. Rafsandschani soll am Sterbebett Khomeinis gesagt haben: Mir ist egal, wer unter mir Führer wird. In der Tat hatte die Islamische Republik, als sie eigens die Verfassung änderte, um Khamenei zum Revolutionsführer machen zu können, gegen das zentrale Prinzip ihrer eigenen Ordnung verstoßen. Grundidee des Systems war, dass es von einem Großayatollah, einem Mullah von allerhöchstem Rang, angeführt werden müsse. Dieser kann das Land führen, weil er durch seine theologisch-juristische Kompetenz den Willen Gottes besser versteht als andere Gläubige und auch als andere Geistliche, die einen niedrigeren Rang haben.

Als Khomeini starb, fand sich kein Kleriker von hohem Rang, kein *marja*. Seinen designierten Nachfolger Montazeri hatte Khomeini kurz vor seinem Tod abgesetzt, weil dieser Kritik an den Menschenrechtsverletzungen der Islamischen Republik geübt hatte. Es musste also der Passus in der Verfassung geändert werden, der das Kriterium der *marjaiyat* festschrieb. Damit emanzipierte Khomeini das System von der Bedingung, die er ihm selbst auferlegt hatte: dass die Ordnung islamisch sei, weil ihr der ranghöchste islamische Rechtsgelehrte vorsteht, der Gott am nächsten steht. Die Rechtsgelehrten beerben die Propheten, heißt es in einem berühmten Satz. Doch das funktioniert nur, wenn man ein *marja* ist, eine religiöse Autorität. Khamenei war das nicht einmal aus Sicht der eigenen Zunft, wie seine Aussage in dem Video zeigt. Er machte sich klein vor den Mitgliedern seiner Zunft. Das musste er, um ihre Unterstützung zu bekommen. Doch wenige Jahre später ging er als Sieger aus dem Machtkampf mit Rafsandschani hervor. 1997 endete dessen zweite Amtszeit.

Lichtblicke für Kulturfreunde

Mit dem Amtsantritt Mohammad Khatamis 1997 brachen zumindest für die Kulturschaffenden bessere Zeiten an. Der deutschlandaffine Professor für Philosophie, der von 1977 bis 1979 das Islamische Zentrum in Hamburg geleitet hatte, wurde als Präsident der Frauen und der Jugend bezeichnet. Er hatte als Kulturfreund ein offenes Ohr für die Schriftsteller und Künstler. Er verstand, dass Kultur in der Abschottung nicht funktionieren kann. «Die Konservativen können keine Mauer um Iran herumbauen», hatte Mohammad Khatami 1994 in einem Gespräch mit mir geäußert. Damals ging es um das Verbot von Satellitenschüsseln. Die Angst der Radikalen, der Westen plane die «kulturelle Invasion», hielt er für Unsinn. Er wollte kulturellen Austausch mit dem Westen, Vielfalt und Offenheit. Als Kulturminister – dieses Amt hatte er ab 1982 inne – organisierte er 1991 ein iranisches Kulturfestival in Düsseldorf. «Zu Gast bei der verdorbenen West-Kultur» überschrieb Die Zeit passenderweise einen Artikel über das Ereignis. Denn Revolutionsführer Ali Khamenei hatte wenige Tage vor dem Festival erklärt, dass die militante Phase der Islamischen Revolution zwar vorbei sei, jetzt aber der Existenzkampf gegen die verdorbene westliche Kultur und ihre einheimischen Agenten beginne. Khatami teilte diese Sicht nicht, schon damals nicht.

Bei unserem Gespräch 1994 war Khatami gerade Leiter der Nationalbibliothek, zwei Jahre zuvor war er vom Ministeramt zurückgetreten. Auch unter seiner Leitung des Kulturministeriums waren allerdings Bücher verboten, Zeitschriftenredaktionen geschlossen, Intellektuelle verbal und physisch attackiert worden. Von Khatami war in den achtziger Jahren kaum eine Reaktion darauf gekommen.

Eine erste verzagte Andeutung von Widerstand regte sich erst, als Abbas Maroufis Literaturzeitschrift *Gardun* 1991 verboten werden sollte. Damals setzte Khatami ihr Weiterbestehen durch. In jener Zeit, Anfang der Neunziger, begann Khatamis Wandlung. Der Krieg mit dem Irak war vorbei. Vielerlei Einschränkungen hatte man immer mit dem Krieg begründen können, auch, dass die Ziele der Revolution immer noch nicht verwirklicht worden waren.

Nun setzte bei vielen religiösen Intellektuellen ein Umdenken ein. Sie erkannten, dass das Land mit einer so rigiden, reaktionären Auslegung der Religion nicht zu regieren war. Und sie sahen, wie die Bevölkerung sich immer stärker vom Islam abwandte. «Wenn das der wahre Islam ist», hörte ich damals zum ersten Mal, «dann doch lieber kein Islam.» Viele, die in den neunziger Jahren für den Reformprozess maßgeblich wurden, waren einst Revolutionäre, zum Teil sogar Hardliner gewesen. Aber die Abkehr der Bevölkerung läuterte sie – auch Khatami. Ihn erbitterte, dass sich vor allem junge Leute in einer Islamischen Republik, dem Staat, den er sich erträumt hatte, vom Islam abwandten, ausgerechnet hier und jetzt, weil sie den herrschenden Islamismus mit dem Islam an sich identifizierten.

In seinem Rücktrittsgesuch kritisierte Khatami 1992 diejenigen, die gegen den Kulturimperialismus und die verdorbene westliche Kultur wetterten. Sie würden die Kultur praktisch auslöschen:

> Die ehrwürdigen Verantwortlichen, die die Ordnung des Staates und seine Prinzipien hätten verteidigen müssen – und zwar mehr noch als ich –, nahmen die jüngsten Bedrohungen der Kultur und des Denkens nicht ernst. Aus welchem Grund auch immer hüllten sie sich ihnen gegenüber in Schweigen. Das führte dazu, dass die Missgünstigen noch vermessener wurden. (Zit. nach Golschiri 1997)

Wer war mit den Missgünstigen gemeint? Fast erinnerte diese Ausdrucksweise an die Formulierungen der Konservativen, wenn sie von den säkularen Intellektuellen sprachen, die angeblich eine «kulturelle Invasion» planen. Aber die waren nicht gemeint. Huschang

Golschiri schrieb in *Lettre international* über das Rücktrittsgesuch Khatamis:

> Wer es verstand, zwischen den Zeilen zu lesen, wusste, wer der Adressat dieser Rede ist; wusste, wer hier der Missgünstige ist. Wichtiger aber war, dass nun endlich ein Teil der Herrschenden die Sprache gebrauchte, die sich die Intellektuellen schon vor Jahren erwählt hatten: eine Sprache, die nur andeutet, nichts direkt beschreibt. (ebd.)

Ein Teil des Systems wurde zur Opposition. Über Khatami erzählt man sich eine interessante Anekdote. Im Bekanntenkreis soll er gefragt worden sein, wie groß Iran sei. Er habe darauf geantwortet, soundso viele Kubikkilometer. Kubik?, fragten ihn die Anwesenden erstaunt, die Größe eines Landes gibt man doch nicht im Volumen an! Doch, habe Khatami gesagt, in Iran schon, hier haben die Mullahs so viel Mist gebaut, dass man das Land im Volumen vermessen muss. Zwar ist der Wahrheitsgehalt solcher Geschichten fragwürdig, aber wenn sie kursieren, ist das symptomatisch.

Nach seinem Rücktritt als Kulturminister 1992 wurde Khatami Direktor der Nationalbibliothek und hatte nicht im Entferntesten vor, jemals wieder politisch tätig zu werden. Er war zufrieden mit seiner Position und damit, eine jüngere Generation als Professor unterrichten zu können, die seine Vorlesungen über religiöse Reformbewegungen in der islamischen Welt besuchte. Dabei beschrieb er den Niedergang des politischen Denkens in der islamischen Welt. Seine Studenten schildern ihn als einen umsichtigen, offenen Lehrer. Meine Idee, über theologische Hochschulen zu forschen, hielt er für spannend. Er verschaffte mir Zugang zu den Schulen in Qom. Aber mein Ansinnen, seine Äußerungen über die Reformierbarkeit dieser Institution auf Band aufzunehmen, wehrte er ab. Dabei hatte ich gar nicht die Absicht, das Interview für eine Zeitung oder das Radio zu verwenden. Ich konnte nur nicht so schnell mitschreiben, wollte es später noch einmal abhören. Aber er blieb hart: nur *off the record*. Zu einem journalistischen Interview war er schon gar nicht bereit.

Das zu arrangieren, war ich von einem Bekannten gebeten worden. Doch er winkte ab: Die Politik sei nicht mehr seine Sache, er wolle sich aus allem heraushalten, habe nichts mitzuteilen. So kam es überraschend, dass er sich als Kandidat für das Präsidentenamt aufstellen ließ. Denn dass er die Macht nicht suchte, wussten alle. Es war sein Verantwortungsbewusstsein, das ihn zur Wahl antreten ließ, sagen seine Freunde, religiöse Reformer aus dem Umfeld der Zeitschrift *Kiyan*. Sie konnten ihn nach langem Zureden überzeugen.

Mai 1997: Ein Reformer wird Präsident

Was folgte, war ein Erdrutschsieg. Gegen den Willen des konservativen Establishments wurde Khatami am 23. Mai 1997, nach persischem Kalender am 2. Khordad, von 70 Prozent der Wählerinnen und Wähler zum Präsidenten bestimmt. Tatsächlich hatte der Wächterrat, indem er die Kandidatur Khatamis zuließ, zum ersten Mal seit der Revolution eine wirkliche politische Alternative ermöglicht. Doch erwartet hatte der Revolutionsführer, dass die Iraner denjenigen wählen, den er als Präsidenten wollte, nämlich Khatamis Gegenkandidaten Ali Akbar Nateq-Nuri. Das hatte Khamenei in einer Ansprache vor der Wahl mehr als deutlich gemacht. Der Reformdenker Abdolkarim Soroush sagte mir damals sarkastisch im Gespräch, die Botschaft dieser Wahl sei klar gewesen. «Für die Regierenden lautete sie: Ihr habt keine Ahnung, wie die Bevölkerung tickt.»

Es waren nicht nur seine Worte, die Khatami die Sympathien zufliegen ließen. Es lag nicht nur daran, dass er von Meinungsfreiheit, Rechtsstaatlichkeit, einer Zivilgesellschaft sprach. Einiges war auch seiner Ausstrahlung geschuldet. Kein Vergleich mit seinem finster dreinblickenden Konkurrenten Nateq-Nuri. Khatami war anders als dieser elegant und modisch gekleidet, er wirkte freundlich, und das entsprach so gar nicht dem verbreiteten Bild von einem Mullah. Khatami strahlte Menschlichkeit aus. Er zeigte seinem Gegenüber

Respekt, Mann wie Frau. So nahm ihn damals Golschiri wahr und nannte die Wahl in der *Frankfurter Allgemeinen Zeitung* eine «zweite Revolution»: «Vielleicht wird nun der Fehler korrigiert, den die Köpfe der Islamischen Republik in den vergangenen achtzehn Jahren begangen haben, eine Freiheit nur mit Fesseln und Bedingungen anzustreben, mit Wenn und Aber und nur für sich selbst.» Einige Hoffnungen der Kulturschaffenden sollten sich tatsächlich bald erfüllen. Nach Khatamis Amtsantritt im August wehte in Iran ein weitaus liberalerer Wind. Die Buchzensur beispielsweise wurde unter Ataollah Mohadscherani, den Khatami zum Kulturminister machte, merklich gelockert.

Dabei war Khatamis Wahlsieg nicht aus dem Nichts gekommen, die Reformkräfte waren nicht plötzlich hereingeschneit in die politische Landschaft Irans. Sie hatten schon in den Achtzigern ihre Nischen gefunden und diese nach dem Tod Khomeinis ausgebaut. Dem Wahlsieg Khatamis war in ihren Zeitschriften eine umfassende gesellschaftliche Diskussion über eine Reform der Islamischen Republik vorangegangen. Sie wurde geführt von Intellektuellen, die sich gegen die herrschende restriktive Deutung des Islams wandten. Begonnen hatte sie mit dem Ende des iranisch-irakischen Krieges im Jahr 1988 und dem Tod von Staatsgründer Khomeini. Von da an traute man sich leise Kritik – und sie fand ihre Foren, die Zeitschrift *Kiyan* beispielsweise. Anfang der neunziger Jahre wurden dort Debatten über die Vereinbarkeit von Islam und Demokratie und über Menschenrechte geführt, die führenden Protagonisten nannten sich selbst «religiöse Aufklärer».

Soroush und die Frage der Menschenrechte

Der bedeutende Denker dieser Gruppe war Abdolkarim Soroush, geboren 1945. In den von ihm entfachten Debatten stellt er das Herrschaftssystem infrage, zeigt die Vereinbarkeit des Islams mit der Demokratie auf, versucht, das politische Feld vom Einfluss der

Religiösen zu befreien, und wendet sich gegen die Ideologisierung der Religion. Soroush grenzt sich in diesen Diskursen bewusst von Khomeini ab, allerdings spricht er immer nur durch die Blume und nie direkt über den Mann, den er verehrte und dessen Verdienste er würdigt.

Auch Soroush lehnt, wenn er die Ideologisierung kritisiert, keineswegs pauschal ab, dass der Islam in der Politik eine Rolle spielt und Verantwortung trägt. Vielmehr argumentiert er, dass eine demokratische Regierung die Gesellschaft widerspiegeln muss, die sie repräsentiert. Da Iran eine religiöse Gesellschaft sei, müsse seine Regierung einen religiösen Charakter haben. Aber das Kriterium für die Regierungsführung müssten die Menschenrechte sein, die allein den religiösen und demokratischen Charakter des Staates garantieren könnten.

Inhaltlich widerspricht er hier insofern Khomeini, als dieser meinte, nur Gott habe Rechte. Vor allem habe der Mensch keine Rechte allein aufgrund der Tatsache, dass er ein Mensch ist, wie es in der säkularen Konzeption und im westlichen Kontext naturrechtlich und ohne religiöse Bezüge begründet wird. Eventuell gibt Gott Rechte, aber er kann sie genauso gut wieder nehmen, denn sie sind nicht naturgegeben. Hinzu kommt: Zur Verwirklichung einer islamischen Gesellschaft muss sich jeder Mensch dem Wohl der islamischen Gemeinde, der *umma,* unterordnen. Denn das Wohl der Gemeinschaft steht über allem und geht dem Wohl des Individuums voran, die Verwirklichung der islamischen Gesellschaft bedarf der bedingungslosen Unterwerfung aller Individuen und Gruppen. Da das Wohl der Gemeinschaft immer Priorität hat, ist auch die Verletzung individueller Rechte erlaubt, wenn das Wohl der Gemeinschaft dies gebietet. Dann sind Zensur, Zwang und Verstöße gegen die Menschenrechte gerechtfertigt.

Khomeini leugnete, dass der Mensch individuelle Freiheitsrechte gegenüber dem Staat besitzt, wie sie der Liberalismus postuliert. Als man ihm Missachtung der Menschenrechte vorwarf, hielt er dagegen, die sogenannten Menschenrechte seien ein Werkzeug teuflischer

Mächte, die den Siegeszug des Islams aufhalten wollten. Khomeini klagte die Hypokrisie des Westens und seine doppelten Standards an: Der Westen erkläre sich zum Hüter der Menschenrechte, zögere jedoch nicht, auf den Menschenrechten der Völker aus der sogenannten Dritten Welt herumzutrampeln. In der westlichen Konzeption reichten die Menschenrechte nur so weit, wie sie Rechte westlicher Menschen seien.

Khomeinis Argumente sind bis heute diskursprägend für Iran. Wie er formulieren Kritiker immer noch die grundsätzliche Polarität zwischen dem Islam und den westlichen Menschenrechten und weisen auf Missstände in westlichen Gesellschaften hin: In Gesellschaften, die von Arbeitslosigkeit anstelle von allgemeinem Glück gekennzeichnet seien, würden die Menschenrechte nicht verwirklicht. Gegen die Behauptung von der Universalität der Menschenrechte wird die Forderung nach einem Systemvergleich und der Berücksichtigung kultureller Unterschiede gesetzt. Aufgrund historischer und gesellschaftlicher Entwicklungen in ihrem Kulturkreis wollten die Muslime die Rechte Gottes anstelle menschlicher Rechte achten. Die Ordnung des Westens habe sich anthropozentrisch ausgerichtet. Dagegen sei es die Pflicht der Musliminnen und Muslime, den Monotheismus als die absolute Wahrheit zu verteidigen.

Soroush setzt dieser Argumentation seine sehr eigene entgegen. Mitten in den revolutionären Wirren war er aus England nach Iran zurückgekehrt. Er übernahm eine hochrangige Position im Rat für Kulturrevolution. Dieser war mit der Neugestaltung des Hochschulsystems nach islamischen Kriterien und der Säuberung der Universitäten von angeblichen Konterrevolutionären betraut. 1987 legte Soroush sein Amt nieder, erklärte, er habe schon immer gesagt, dass man Wissenschaften nicht islamisieren könne. Seit dem Ende der achtziger Jahre, mit dem Tod Khomeinis, wurde er dann zunehmend lauter in seiner Rolle als Reformer – und zum theoretischen Kopf der Bewegung.

Sein Ansatz in Bezug auf die Opposition *Islam versus Menschenrechte* unterscheidet sich dabei maßgeblich von der sogenannten demokratieorientierten Deutung des Korans. Wo deren Theoretiker die Menschenrechte im Koran suchen und so zu islamischen Menschenrechtserklärungen kommen, nennt Soroush diese beliebig. Man könne, wenn man wolle, alles und nichts im Koran finden. Deshalb wählt er einen anderen Zugang: Für ihn sind die Menschenrechte schlichtweg ein Gebot der Vernunft. Er vertritt hier einen rationalistischen Ansatz und betrachtet moderne Werte wie Demokratie und Menschenrechte als Gebote der Vernunft, die unabhängig von den heiligen Schriften existieren. Sie widersprechen allerdings der Religion auch nicht, denn prinzipiell kann nichts Unvernünftiges Gottes Wille sein. Im Gegensatz zu den Säkularen argumentiert er damit aus einer religiösen Haltung – und sogar Motivation – heraus. Obwohl die Menschenrechte in einem außerreligiösen Rahmen entstanden sind, hält Soroush ihre Verwirklichung in einem islamischen Staatssystem für möglich und sogar notwendig. Zwar seien die Menschenrechte von Menschen erdacht, da sie aber nicht der Religion widersprächen, bleibe das Recht Gottes gewahrt.

Doch wie muss ein politisches System aussehen, in dem Muslime ihren Glauben frei und gottgefällig leben können? Die erkenntnistheoretische Grundhaltung Soroushs besagt, dass die Menschen nie wirklich wissen können, was Gott von ihnen erwartet. Gottes Absichten sind unergründlich, und alles angenommene Wissen darüber, so Soroush in Anlehnung an Karl Popper, ist bloße Vermutung. Die Epistemologie lehrt ihn, dass das menschliche Verständnis des Korans niemals die wahre Absicht dieses Texts erfassen kann. Man kann daher nur hoffen, Gottes Ziel zu erkennen – das niemals im Widerspruch zur Menschheit stehen kann.

Die logische Konsequenz dieser Argumentation ist, dass eine ganze Reihe von Gesetzen, die das islamische Recht kennt, nicht mehr angewendet werden müssten, beispielsweise die Steinigung von Ehebrecherinnen. Laut Soroush ist es aber auch nicht unbedingt notwendig, alle islamischen Gesetze im Detail zu befolgen. Um dies zu begründen, unterscheidet Soroush zwischen Werten ersten und zweiten Grades. Die Werte zweiten Grades bezögen sich ausschließlich auf Detailvorschriften des Glaubens wie die Kleidungsvorschriften. Eben weil diese Bestimmungen detailliert und zweitrangig seien, unterschieden sich darin die einzelnen Religionsgemeinschaften. Sie seien nur die Haut, die die Gemeinde nach außen hin zusammenhalte, aber sie hätten nichts mit der Essenz der Religion zu tun. Darum muss zum Beispiel auch das Kopftuchgebot nicht unbedingt eingehalten werden. Zwar gebietet der Islam, es zu tragen, sagt er, aber eine Frau, die es nicht tue, habe nicht gegen einen essenziellen Bestandteil der Religion verstoßen.

Die Werte ersten Grades wie Gerechtigkeit, Barmherzigkeit und Menschenwürde sind nach Soroush die wirklich wichtigen, und deshalb seien sich hinsichtlich ihrer Bedeutung auch die verschiedenen Religionen und die Vertreter des Postulats der menschlichen Vernunft vollkommen einig. Die Gerechtigkeit sei ein religiöser Wert, aber auch ein allgemeiner. Religion hat bei manchen Werten also keine primär wertebegründende Funktion. Die Frage, wozu man die Religion überhaupt noch braucht, wenn man die Werte auch außerreligiös begründen kann, beantwortet Soroush pragmatisch. Zwar seien hohe Werte wie Freiheit und Gerechtigkeit ihrem Wesen nach von der Religion unabhängig, jedoch könne man sie durch den Glauben besser vermitteln.

> Botschaften, die vom Himmel kommen, sind für die Menschen akzeptabler; das verstärkt die Werte und gräbt sie in ihren Herzen ein. Die Religiosität einer Gesellschaft ist in weiten Teilen so zu verstehen, dass ihre Mitglieder diese Werte kennen und ihnen gemäß handeln. Aber rein logisch gesehen sind dies außerreligiöse Werte; deshalb werden sie auch von allen Religionen gelehrt. (Soroush 1995, 7)

Die Werte ersten Grades sind also die maßgeblichen. Basierend auf dieser Prämisse entwickelt Soroush eine Blaupause für ein politisches System, das sowohl islamisch als auch demokratisch ist: eine religiös-demokratische Regierung. Er betrachtet die Demokratie als eine Regierungsform, die mit vielen Kulturen, einschließlich der islamischen, vereinbar ist. Soroushs ideale Regierung ist jedoch nicht nur demokratisch, sie ist auch religiös, weil sie die Rahmenbedingungen dafür schafft, dass der Mensch überhaupt religiös sein, also sich seinem Glauben widmen kann. Die Demokratie ist unter allen Regierungsformen damit diejenige, die am besten die Religion schützt, das heißt die Rechte Gottes. Für diese Behauptung nennt Soroush zum einen den Schutz vor Machtmissbrauch als Argument. Die Religion wird davor geschützt, durch angebliche Gottesmänner missbraucht zu werden. Laut Soroush ist dies gerade in einer Gesellschaft wie der iranischen möglich, weil sie sich religiös definiert. Indem Soroush die Ideologisierung der Religion ablehnt, tritt er nicht für eine einfache Trennung von Religion und Politik ein. Er argumentiert stattdessen, dass die Politik im besten Fall in einer religiösen Gesellschaft unweigerlich eine religiöse Form annimmt – und zwar durch den Verzicht auf Ideologisierung auf positivste Weise. Hingegen hätten Machtmissbrauch, Zensur, Unterdrückung und Korruption in Iran inzwischen dazu geführt, dass sich immer mehr Menschen vom Islam abwendeten. Nur eine Demokratie könne diesen Missbrauch der Religion verhindern, da sie die Einhaltung der Menschenrechte überwache. Würden sie beachtet, könne man auch die Religion nicht missbrauchen.

Soroushs idealer Staat befriedigt zudem die materiellen Bedürfnisse der Menschen und ermöglicht so den Gläubigen, ein religiöses Leben zu führen, denn «ein hungriger Magen kennt keine Religion». In seiner Idee vom Staat ist dieser ein Dienstleistungsapparat für Schulpflicht, Mindestlohngesetze, Arbeitslosen- und Altersrentenfestsetzung. Laut Soroush wird durch diesen Dienstleistungsapparat aber eben auch der Wille des Schöpfers, die religiöse Gesellschaft *(hokumat-e dini)*, umgesetzt. Die religiös-demokratische Regierung, für die Soroush plädiert, ist also religiös, weil sie die Infrastruktur für das fromme Leben der Gläubigen bereitstellt. Sie ist sogar religiöser als eine sogenannte Regierung des islamischen Rechts *(hokumat-e feqhi)*. Als Regierung des islamischen Rechts bezeichnet Soroush eine Regierung, die nur die Bestimmungen der Scharia, der Gesamtheit islamischer Gesetze, in der Gesellschaft durchsetzt. Die Durchsetzung des islamischen Rechts schaffe keine wirklich religiöse Gesellschaft, sondern nur eine, die allenfalls gesetzestreu lebt. Für ihn ist jedoch wichtiger, dass die Seele der Regierung religiös ist, und ihre religiöse Seele beweist sie, indem sie den Willen Gottes, die Gerechtigkeit, verwirklicht.

Deshalb hat die religiöse Regierung auch keine bestimmte, festgelegte Form, sondern nimmt in jeder Epoche eine andere Gestalt an. Jede Regierung, die das Ziel des Schöpfers verwirklicht, ist religiös. Zwischen der religiös-demokratischen Regierung und einer demokratischen Regierung gibt es keinen formalen Unterschied. Denn Freiheit und vor allem Religionsfreiheit sind notwendige und von Gott gebotene Voraussetzungen für seine Idee vom Staat. Deshalb darf die Freiheit nie geopfert werden, auch nicht zum Schutz oder zur Verbreitung des Islams. Religionsfreiheit ist eine Voraussetzung für eine echte religiöse Gesellschaft. Echte Religiosität könne nur in einer demokratischen Gesellschaft gedeihen, da Glaube auf Willensfreiheit basiere. Eine erzwungene Religiosität sei nicht im Sinne des Schöpfers: «Was soll erzwungene Religiosität denn für einen Sinn haben?» Soroush hält es für ratsam, dass Regierungen nicht für eine bestimmte Religion Partei ergreifen, sondern lediglich versuchen, allgemein verbindliche Rechte zu schützen.

> Die Regierung kann einen nicht mit Gewalt fromm machen, damit man im Jenseits glücklich wird. Erzwungener Glaube ist kein Glaube; das meine ich damit, wenn ich sage, dass die Regierung der Wächter des Glaubens der Menschen ist. Sie hat mit dem Jenseits nichts zu schaffen; in anderen Worten: Die Rolle, die sie im Zusammenhang mit dem Glauben der Menschen spielt, ist so gering wie nur irgend möglich. [...] Dann hat eine religiöse Regierung, in der Hinsicht, dass sie religiös ist, nichts mit dem Jenseits zu schaffen. Wenn sie etwas für die Menschen tun will, dann soll sie es für ihr diesseitiges Leben tun. (Soroush 1996, 9)

So geschrieben in *Kiyan*: In dieser Zeitschrift veröffentlichten alle führenden Köpfe der religiösen Reformbewegung. Einige Beobachter zogen Parallelen zwischen *Kiyan* und den französischen Enzyklopädisten und sprachen von einer *Kiyan*-Schule oder dem *Kiyan*-Kreis. Asef Bayat geht in eine ähnliche Richtung, wenn er *Kiyan* als «intellektuellen Salon des post-islamistischen Denkens» bezeichnet. Soroush, sicher der bedeutendste Autor des Blattes, erklärt:

> Wir haben den Begriff *Kiyan*-Kreis damals nie verwendet, und ich kann mich nicht erinnern, dass er jemals von den *Kiyan*-Machern verwendet wurde. Erst nachdem *Kiyan* verboten worden war, wurde der Begriff *Kiyan*-Kreis geprägt und verwendet. Mowlana Jalal al-Din (Rumi) sagt, dass man sich seines Herzens erst bewusst wird, wenn man es verliert. In ähnlicher Weise wurde einigen erst nach dem Verbot klar, dass es einen *Kiyan*-Kreis gab. (Soroush 2007)

Trotz ihrer anspruchsvollen Thematik erreichte die Zeitschrift in ihrer Blütezeit eine Auflage von über 100 000 Exemplaren. Und sicherlich wurde sie von weit mehr Menschen gelesen, da Zeitschriften in Iran von Hand zu Hand gehen. Ihre Reichweite spiegelte sich vor allem in den Reaktionen anderer Medien wider. Zudem war *Kiyan* nicht nur das bevorzugte Forum für religiöse Intellektuelle, sondern druckte auch Gastbeiträge ihrer Gegner ab.

Dass Soroush und andere diese Art von Dissens äußern und dabei auch heikle Themen ansprechen konnten, war zum Teil ein Ergebnis der relativ liberalen Kulturpolitik Rafsandschanis unter seinem Minister Mohammad Khatami. Die dadurch entstandene sehr rege Öffentlichkeit kritisierte aber auch den bürokratischen Zentralismus und den Mangel an sozialer Gerechtigkeit, die seine Regierung kennzeichneten. Da sich die Unzufriedenheit mit seiner Wirtschafts- und Sozialpolitik ab Mitte der 1990er Jahre in Unruhen zeigte, sah sich das Regime, das sich aus Rafsandschanis pragmatischem Lager einerseits und den Konservativen andererseits zusammensetzte, also nicht nur mit den Aufständischen, sondern auch mit einer intellektuellen Renaissance des islamischen Denkens konfrontiert. Gelehrte wie Soroush standen an der Spitze der Neuerfindung der islamischen Linken. Sie argumentierten, die Revolution sei verraten worden. Diese Reformer, wie die Linke später genannt wurde, forderten sowohl die Konservativen als auch die Pragmatiker heraus, als sie für Demokratie, Bürgerrechte und Rechtsstaatlichkeit eintraten. Während sich die Führung in interne Kämpfe verwickelte, wurden diese Ideen durch Zeitschriften und Zeitungen an ein breiteres Publikum weitergegeben.

Asef Bayat fand den Begriff *roushanfekran-e dini*, also religiöse Intellektuelle, erstmals belegt in einer Rede von Mohammad Khatami, lange bevor dieser Präsident wurde. Er bezog sich dabei auf eine Gruppe von Intellektuellen, die weder «religiöse Fanatiker» noch «säkulare Intellektuelle» seien. Meyssam Badamchi hingegen meint, Abdolkarim Soroush habe den Begriff geprägt, um seine eigene Bewegung von den *roushanfekran-e gheyr-e dini*, den nichtreligiösen Intellektuellen, zu unterscheiden. Er habe damit diejenigen Intellektuellen bezeichnen wollen, die die Religion ernster nahmen und einen konstruktiven Dialog und ein Gleichgewicht zwischen vormodernen religiösen Ideen und modernen Erkenntnissen der Sozial- und Geisteswissenschaften anstrebten. Die säkularen – also die als areligiös bezeichneten – Intellektuellen seien an einem solchen Projekt weniger interessiert gewesen.

Doch diese Erklärung ist zu harmlos, die Gründe für den Riss zwischen beiden Fraktionen reichen tiefer. Nicht-religiöse Intellektuelle wurden verfolgt und von den Universitäten entfernt, und zwar vom Rat für Kulturrevolution, dem Soroush einst angehört hatte. Denn sie wurden vom Regime als *gheyr-e chodi*, nicht zugehörig, betrachtet. Religiöse Intellektuelle hingegen galten grundsätzlich als *chodi*, die Eigenen. Da man ihnen eine grundsätzliche Loyalität zum Regime nachsagte, tolerierte das Regime ihre abweichende Meinung und ihren reformorientierten Aktivismus. Tatsächlich unterscheiden sich die von beiden Seiten vertretenen reformistischen Projekte gar nicht sehr stark. Und die sogenannten säkularen

Intellektuellen sind kaum alle so areligiös, wie der Begriff *roushan-fekr-e gheyr-e dini* vermuten lässt. Dennoch wurden Intellektuelle, die säkulare Argumente vorbrachten, beschuldigt, es fehle ihnen an *ta'ahod,* einer Hingabe oder Verpflichtung gegenüber dem Islam, und sie wurden daher in der Öffentlichkeit zum Schweigen gebracht. Die *chodi* hingegen konnten sich zu Wort melden. Ihre Ideen wurden nicht von vornherein als unislamisch abgetan. Im Laufe der Jahre näherten sich die beiden Fraktionen einander an, was auch daran lag, dass immer mehr *chodi* vom Regime wegen ihres Reformeifers verstoßen wurden, unter ihnen viele Mitglieder des *Kiyan*-Kreises.

Der *Kiyan*-Kreis heimst gerne die Lorbeeren für den Wahlsieg Khatamis ein, denn die *Kiyan*-Leute waren es, so meinen sie, die das Bewusstsein für Demokratie, Menschenrechte und eine moderne Auslegung der Religion gefördert hatten. Zudem schöpfen die reformorientierten Medien der Khatami-Ära ihre Talente aus diesem Kreis. *Kiyan*-Autoren und Redakteure gaben nach 1997 ihre eigenen Zeitungen heraus. Diese spielten bei den Parlamentswahlen im Februar 2000 eine wichtige Rolle, indem sie die reformistischen Kandidaten unterstützten. Sie waren offen parteiisch und zeigten sich alles andere als politisch unabhängig, als sie zum Beispiel eine spezielle Kandidatenliste veröffentlichten, die den Einzug vieler Reformer ins Parlament möglich machen würde. Ich selbst stand, wie meine Angehörigen, im Wahllokal in Teheran und schrieb die Liste ab, weil die Zeitung mir glaubhaft vermittelt hatte: Wenn ich genau so wähle, bekommen wir die meisten reformorientierten Kandidaten ins Parlament. Unabhängiger Journalismus geht anders. Aber das kümmerte uns wenig. Es ging nicht ums Prinzip, sondern um das Ziel.

Unerhörte Töne wider die politische Allmacht

Die neuen Ansätze des *Kiyan*-Kreises fanden mit dem Amtsantritt von Mohammad Khatami aus einem Grund ihren Weg in eine breite Öffentlichkeit: Sein Kulturministerium vergab Lizenzen an Leute, die bei den Konservativen auf der schwarzen Liste gestanden hatten. Zeitungen, die kein Blatt vor den Mund nahmen und die bestehenden Zustände offen kritisierten, erhielten nun eine Lizenz. Unter ihnen war *Jame'eh*, die – wie sie sich nannte – «erste Zeitung der Zivilgesellschaft». Ihre Herausgeber, Mashallah Shamsolvaezin und Akbar Gandschi, der Chefredakteur der neuen Wochenzeitung *Rah-e nou* («Neuer Weg»), waren beide durch den Diskurs der «religiösen Aufklärer» aus dem Umfeld von *Kiyan* geprägt worden, also fester Teil des *Kiyan*-Kreises. Shamsolvaezin war Redakteur von *Kiyan* gewesen, Gandschi Autor der Zeitschrift. In den neuen, leicht zugänglichen und weitverbreiteten Presseorganen, den Tageszeitungen und Wochenzeitungen, die sie gründeten, wurden nun Debatten geführt, die an die Grundlagen der Islamischen Republik rührten.

Unter den Wochenzeitschriften war vor allem *Rah-e nou* erfolgreich, denn sie erreichte ein breites Publikum. Deswegen war ihr nur eine kurze Lebenszeit beschieden. In dieser stieß Herausgeber Gandschi eine Grundsatzdebatte über die Herrschaftsdoktrin der Islamischen Republik Iran an, über die *velayat-e faqih*, die Herrschaft des Rechtsgelehrten. Oppositionelle Geistliche wie Großayatollah Hosein Ali Montazeri (1922–2009) erklärten, dass der Revolutionsführer nur in direkten Wahlen und ausschließlich für eine bestimmte Zeit vom Volk gewählt werden müsse. Seine Herrschaft sei zudem keineswegs gottgegeben, sondern beruhe auf einem Gesellschaftsvertrag, also auf einem Vertrag zwischen ihm und der Bevölkerung. Als einer der Väter der Verfassung und wichtigster Theoretiker der *velayat-e faqih* ist Montazeri von Belang. Außerdem war er der designierte Nachfolger von Khomeini, bis er abgesetzt wurde. Danach wurde er zur wichtigsten religiösen Autorität der Reformströmung.

In *Rah-e nou* kritisierte Montazeri die *velayat-e motlaq-e faqih*, also die absolute Führungsbefugnis des Rechtsgelehrten, die erst mit der Verfassungsänderung 1989 ins Spiel kam. Die Verfassungsänderung mache einen fundamentalen Unterschied, sagt er. Denn eine absolute Führungsbefugnis habe nur Gott. Allein der Begriff absolute Führungsbefugnis klinge nach Tyrannei: «Gott hat nicht einem Menschen, der nicht unfehlbar ist, sondern Fehler machen kann, solch eine Führungsbefugnis übertragen, und er wäre damit auch nicht einverstanden.» Laut Montazeri habe genau dieses totalitäre Gebaren dazu geführt, dass das Volk sich von den Geistlichen abgewendet hat. Eine «Klerikerphobie» habe das Volk befallen, seit die Geistlichen nach der Revolution die Macht übernommen haben. Er äußert viel Verständnis für die Kritik an den Geistlichen, dafür beispielsweise, dass die Bevölkerung den Geistlichen vorwirft, sie hätten die während der Revolution gegebenen Versprechen nicht erfüllt. Vielmehr hätten sie sich nur um ihre eigenen Privilegien gesorgt und nur zu ihrem eigenen Vorteil gehandelt. Man hört ihm an, dass es ihn schmerzt, wie das Volk heute ihn und seine Kollegen im geistlichen Stand sieht. Deshalb spart er auch nicht an Vorwürfen den Geistlichen gegenüber: «War es nicht ihre Aufgabe, ‹das Böse zu verbieten› *(nahy az monkar)*? Aber sie schweigen über die willkürlichen Verhaftungen, die Zensur, die Probleme, die die Familien haben, die Folter und das Unrecht. Und deshalb verurteilt uns das Volk.» Und er zitiert Naini, den Wegbereiter der Konstitutionellen Revolution Irans, mit den Worten: «Eine religiöse Tyrannei ist schlimmer als eine politische.»

Noch deutlicher wurde Mohsen Kadivar (geb. 1959). Er widersprach der offiziellen Doktrin, dass die Herrschaft des Rechtsgelehrten zu den unumstößlichen Prinzipien des schiitischen Glaubens gehöre, und zeigte, wie umstritten sie unter den Gelehrten ist, indem er auch die konkurrierenden Konzepte vorstellte. Damit wandte er sich gegen die Kanonisierung der Lehre und gegen den Versuch, etwas als eine schiitische Tradition auszugeben, was nie eine gewesen war. Kadivar erläutert im Detail, warum die Herrschaft des Rechtsgelehrten von einigen prominenten Autoren abgelehnt wird. Vor allem aber relativiert er sie, indem er sie neben sieben andere Staatstheorien stellt. Diese Relativierung war ein Novum. Zum ersten Mal wurden hier in der Öffentlichkeit alternative schiitische Staatstheorien diskutiert. Politisch brisant war dies, weil der Staatsklerus stets behauptete, es habe immer nur eine schiitische Staatstheorie gegeben.

Mehr noch: Diese Herrschaftsform wird nicht nur als Konsens der Gelehrten ausgegeben. Darüber hinaus wird postuliert, der Koran äußere sich unmissverständlich zur Herrschaft des Rechtsgelehrten. Dieser werde von den Imamen selbst ernannt, behauptet Ayatollah Naser Makarem Shirazi (geb. 1924), einer der einflussreichsten Geistlichen Irans. Andere wie Ayatollah Mesbah Yazdi (1934–2021) erklärten, Gott selbst ernenne den Rechtsgelehrten. Auch Khomeini sprach einst davon, dass ihm die Führungsbefugnis von Gott übertragen worden sei, und in dieselbe Richtung geht Makarem Shirazi, wenn er sagt, «der Wille des Volkes spielt bei der Entscheidung, wer der Stellvertreter des Imams sein soll, keine Rolle». Ayatollah Dschawadi Amuli (geb. 1933) behauptet sogar, der führende Rechtsgelehrte habe dieselben Befugnisse wie der Prophet.

Anders als Soroush kritisierte Mohsen Kadivar die Herrschaftstheorie des Staatsgründers direkt und unverblümt. Er widerlegt sämtliche von ihm angeführten rechtlichen Argumente für die Notwendigkeit einer theokratischen Herrschaftsform und zeigt, dass ihre Etablierung vom Koran nicht gefordert ist. Er lehnt die Vorstellung einer Führungsbefugnis grundsätzlich ab, weil sie von der Unmündigkeit des Volkes ausgehe. Das Volk bedürfe keines Onkels oder Hirten. Diese Idee widerspreche den Grundprinzipien des schiitischen Rechts, weil dieses von der Mündigkeit und Autonomie des Menschen ausgehe.

Doch die Herrschaftsform Irans widerspreche nicht nur den Grundprinzipien des schiitischen Rechts: Weil das Konzept der Führungsbefugnis den Menschen als unmündig ansieht und nur das

Urteil des Rechtsgelehrten gelten lässt, ist es auch mit der Demokratie im westlichen Sinn unvereinbar. Beide miteinander in Einklang zu bringen, wie es Khatami und die Reformer versuchen, sei unmöglich. Der Widerspruch in der iranischen Verfassung, die Macht einerseits demokratisch und andererseits mit der Autorität der islamischen Gelehrten zu begründen, sei nicht aufzulösen, betont Kadivar.

Plädoyer für einen spirituellen Islam

Mohsen Kadivar ist Rechtsgelehrter. Er wurde 1957 in Schiraz geboren und hat nach Abschluss des Gymnasiums sechzehn Jahre in Qom koranische Wissenschaften mit dem Schwerpunkt Recht studiert. Sein wichtigster Lehrer, der ihm auch die Erlaubnis zum *idschtihad*, zum eigenständigen Aufstellen von Rechtsgutachten, verliehen hat, war Montazeri. Neben dem geistlichen Rang eines *mudschtahid* hat Kadivar auch einen Doktortitel der Philosophie einer staatlichen Universität. Er lehrte an der Teheraner Tarbiyat-Modares-Universität, lebt jedoch seit vielen Jahren in den USA und unterrichtet an der Duke University. Kadivars Hauptthese, die bestätigt, dass er ein postislamistischer Intellektueller ist, könnte man so zusammenfassen: Die Menschen erwarten zwar, dass ihnen die Religion generelle Prinzipien und Werte an die Hand gibt, aber die praktischen Angelegenheiten gehören eher in den Bereich der sogenannten «menschlichen Erfahrungen» (eine Formulierung, die ein Code sein dürfte für «säkulare Normen»). Deshalb würden, so Kadivar, in unterschiedlichen Epochen unterschiedliche Systeme gebraucht. Und in unserer Zeit sei dies die Demokratie.

Es war ein Wendepunkt für Kadivar, als sein Lehrer Montazeri, der designierte Nachfolger Khomeinis, kurz vor dessen Tod kaltgestellt wurde und seine Lehren verteufelt wurden. 1999 erklärte der sogenannte Sondergerichtshof für die Geistlichkeit Kadivar für schuldig wegen eines Interviews, das er der Zeitung *Chordad* gegeben hatte. Darin hatte er die vermeintlichen Errungenschaften der Islamischen Republik kritisch beleuchtet. Kadivar wurde der «Schmähung Khomeinis», «der Irreführung des Volkes durch Verbreitung von Lügen», «der Gefährdung des Systems und der Unterstützung Montazeris» für schuldig befunden und zu achtzehn Monaten Haft verurteilt. Sarkastisch schrieb er danach: «Achtzehn Monate Gefängnis waren eine gute Gelegenheit für ein noch eingehenderes Erfassen der Herrschaft des Rechtsgelehrten.» (Kadivar 2002, 5)

Kadivar favorisiert ein religiöses politisches System, in dem der Herrscher auf Zeit vom Volk gewählt wird und nicht unbedingt ein islamischer Rechtsgelehrter sein muss. Ein solches System sei aber nur unter der Bedingung möglich, dass das Volk gläubig sei und freiwillig die Gebote der Religion befolge. Wenn der Wille des Volkes und die Religion in Konflikt geraten, sei die Stimme des Volkes wichtiger: «Das Volk kann nicht in Ketten ins Paradies geschleppt werden», sagte er im August 2000 kurz nach seiner Entlassung aus dem Gefängnis in einem Interview mit der *Frankfurter Allgemeinen Zeitung*.

In seinen Schriften beschäftigt sich Kadivar auch mit Fragen des religiösen Pluralismus oder der Frage nach der «Vereinbarkeit von Islam und Menschenrechten». In seiner Zeit im Gefängnis unternahm er einen ausführlichen Vergleich zwischen zwei Interpretationen des Islams und unterschied den sogenannten historischen Islam vom spirituellen Islam, wie er ihn nennt. Kadivar argumentiert: Es gibt zwei verschiedene «Islame» bzw. zwei Lesarten: Der sogenannte historische Islam ist mit der Demokratie und den Menschenrechten nicht vereinbar. Der Reformislam, der sogenannte *eslam-e nouandish*, wörtlich: neu gedachter Islam oder eben spiritueller Islam, hingegen schon. Was ist der Unterschied zwischen den beiden? Laut Kadivar ist der historische Islam die vorherrschende Interpretation unter den islamischen Gelehrten, sowohl unter den sunnitischen, deren Autorität die Azhar-Universität sei, als auch unter den schiitischen, für die die theologischen Hochschulen in Nadschaf und Qom zentral sind. Diesem Islam gelten alle religiösen Vorschriften des Korans als überzeitlich und unveränderlich. Der spirituelle Islam ist laut Kadivar im letzten Jahrhundert entstanden. Seine Vertreter werden Neudenker oder religiöse Aufklärer genannt. Ihre intellektuelle Heimat sind meist die weltlichen Universitäten. Sie sagen:

> In den religiösen Lehrwerken des Islams – dem Koran und der Sunna – gibt es neben den unveränderlichen und überzeitlichen und nicht an Orte gebundenen Vorschriften auch solche, die veränderbar und dem Wandel der Zeit unterworfen sind. Diese Vorschriften sind unter Beachtung der örtlichen und zeitlichen Umstände herabgesandt worden, und wenn diese Umstände nicht mehr existieren, dann verlieren diese Vorschriften ihre Gültigkeit und Relevanz. Jene Vorschriften, die auch heute noch als Lehre des Islams gelten wollen, müssen diese drei Voraussetzungen für den Verstand des heutigen Menschen erfüllen: Sie müssen nach dem Verständnis der Menschen von heute gerecht, vernünftig und anderen konkurrierenden Vorschriften und Lösungen überlegen sein. Wenn eines dieser Charakteristika einer Vorschrift fehlt, zeugt dies davon, dass sie befristet war. (Kadivar 2009, 62)

Der Islam ist für Kadivar so rein wie Regenwasser. Indem er durch verschiedene Zeiten und Orte geflossen ist und fließt, hat er unterschiedliche Farben, Geschmäcker und Traditionen angenommen. Wenn die Menschen wollen, kann er heute eine Farbe annehmen, die als die Farbe der Menschrechte bezeichnet werden kann. Seiner Meinung nach sind es die Muslime, die entscheiden.

Kadivar ist ein sehr freundlicher, immer irgendwie verschmitzt dreinblickender Mann. Er hat viel erlitten in diesem System, für das er als Jugendlicher auf die Barrikaden gegangen ist. Viele Einflüsse westlicher Wissenschaft arbeitet er schon seit Jahren in seine Betrachtungen ein; besonders bezeichnend für ihn sind der Mut und die Direktheit, mit denen er sich positioniert. Dass es im schiitischen Recht konkurrierende Staatstheorien gibt, wussten auch andere, aber nur Kadivar hat es gewagt, dies in einem Buch öffentlich zu sagen.

Eine emanzipatorische Frauenbewegung entsteht

Auch an andere neuralgische Punkte wurde in den achtziger Jahren erstmals öffentlich gerührt: das Kopftuchgebot beispielsweise, das seit 1983 in Iran Gesetz ist. Bereits kurz nach seiner Rückkehr aus dem Exil hatte Khomeini erklärt, Frauen müssten ein Kopftuch tragen. Im Juli 1980 wies er die Ministerien an, darauf zu achten, dass Frauen sich islamisch korrekt kleideten, also den Hidschab trugen. Dabei hatte Revolutionsführer Khomeini auch den Frauen Freiheit versprochen. Doch schrittweise verbot das Regime Iranerinnen, die den Hidschab nicht trugen, den Zugang zu Universitäten und Arbeitswelt. Proteste dagegen wurden niedergeschlagen. Ab dem Sommer 1981 wurde die Verschleierung auch auf der Straße durchgesetzt. Seit 1983 müssen alle Frauen und Mädchen ab neun Jahren den Hidschab tragen.

Außerdem wurde eine Reihe von Gesetzen aus der Schah-Zeit abgeschafft, die die Frauen auf eine rechtliche Stufe mit dem Mann gestellt hatten. Statt Gleichberechtigung wurde in den achtziger Jahren eine neue, islamische Frauenrolle propagiert. Die neue islamische Frau zog von sich aus, so hieß es, eine dem Mann untergeordnete Stellung der Gleichberechtigung vor. Frauen, die anders dachten, wurden als verwestlicht und areligiös beschimpft.

Als Reaktion darauf enstand eine emanzipatorische Frauenbewegung, die mit islamischen Argumenten für Gleichberechtigung eintrat. Bereits kurz nach der Revolution verfasste Shahin Tabatabai, die 1980 als offizielle Vertreterin der iranischen Frauen bei internationalen Frauenkonferenzen auftrat, Artikel über die Rolle der Frau. Sie plädierte für eine Neuinterpretation der Koranverse, die von der Frau handelten. In den Anfangsjahren der Bewegung gingen die Frauen jedoch noch nicht sehr weit. Und zu ihrem wirklichen Erstarken kam es erst zu Beginn der neunziger Jahre.

Trotz der rechtlichen Ungleichheit, die Frauen zu Bürgern zweiter Klasse macht, waren sie aber nach der Revolution entgegen der landläufigen Meinung niemals einflusslos. Sie waren nie von der Erwerbstätigkeit ausgeschlossen. Diese gilt gemeinhin als Voraussetzung für die Forderung nach politischen Rechten, da sie die ökonomische Unabhängigkeit vom Mann garantiert. Auch ein Absinken der Qualität der Ausbildung war nicht festzustellen. Die kontinuierliche Partizipation von Frauen in der öffentlichen Sphäre unterminiert somit die Vorstellung von einer männlich dominierten Gesellschaft. Doch obwohl sie die ökonomischen und intellektuellen Möglichkeiten zur Gegenwehr besaßen, nahmen viele Frauen in den ersten Jahren der Islamischen Republik rechtliche Bestimmungen hin, die ihre Ungleichheit zementierten. Das hing vor allem mit dem Krieg zusammen, Frauenrechte hatten damals schlicht keine Priorität. Das änderte sich mit dem Ende des Krieges 1988. Das Kopftuch stand allerdings damals nicht im Zentrum des Kampfes. Selbst säkular orientierte Frauenrechtlerinnen waren der Ansicht, dass die Lösung der Kopftuchfrage nicht das Vordringlichste sei. Die Verlegerin und Publizistin Shahla Lahidschi sagte mir:

> Das Kopftuch ist nicht unser wichtigstes Problem. Unser wichtigstes Problem ist, dass man uns als Mensch nicht für gleichwertig hält. Deshalb wollen wir, dass das Zivilrecht geändert wird. Es muss den heutigen Umständen angepasst werden. Vielleicht waren die herrschenden Gesetze gut für die Umstände, die vor hundert Jahren herrschten, damals, als nur die Männer für den finanziellen Unterhalt der Familie verantwortlich waren und der Chef der Familie waren. Aber in einer Gesellschaft, wo die Frau arbeitet und zum Familienunterhalt beiträgt, taugen solche Gesetze oder solch ein Gesellschaftsvertrag nicht mehr. (Interview 1997, zit. in Amirpur 2002)

Dem stimmt auch Shirin Ebadi zu, die ich 1999 kennenlernen durfte. «Rechte werden einem nicht gegeben, man muss sie sich nehmen», sagt sie lapidar. Der fröhlich, aber bestimmt auftretenden Frau merkt man an, dass sie dabei einen langen Atem hat und vor allem Mut. «Wer in Iran für Menschenrechte kämpft, muss lernen, mit seiner Angst zu leben.» Sie hat es gelernt. Ebadi wirkte nicht so, als hätte sie vor irgendetwas oder irgendwem Angst. In ihrem Büro im untersten Stockwerk ihres Wohnhauses war sie viele Jahre Ansprechpartnerin für alle, die ihre Rechte einforderten.

In ihrer 2006 erschienenen Biographie erzählt Ebadi von ihrer Jugend und von ihrem Studium in einer Zeit, als zwar politisch Andersdenkende unterdrückt wurden, nicht aber die Frau als solche. Ebadi, die vor der Revolution die erste Richterin Irans war, beschreibt freimütig, dass sie nicht als Kritikerin des Schah-Regimes geboren wurde – im Gegenteil. «Auch wenn ich langsam begann, dem politischen Gerede um mich herum Aufmerksamkeit zu schenken, zog ich dennoch jeden Morgen mein Kostüm an und fuhr zu einem Justizministerium, dessen Repräsentantin zu sein mich mit Stolz erfüllte.» Doch es geht in dieser Biographie nicht nur um Politik. Ebadi erzählt auch von ihrem Privatleben im Kaiserreich, das Frauen zwar weitgehende Rechte gewährte, aber noch stark von patriarchalischen Strukturen geprägt war. So stark, dass es gar nicht so einfach für sie war, einen Mann zu finden. Ein Bewerber habe sich erschrocken von ihr abgewandt, als er erfuhr, dass sie Richterin sei.

> Dies galt für gebildete, angeblich moderne iranische Männer genauso wie für traditionelle Iraner. Sie wollten einfach wichtiger und höhergestellt sein als die Frau, die sie heirateten. Eine unabhängige Frau, die ihrer eigenen Beschäftigung nachging, würde selbstverständlich weniger Zeit haben, sie abgöttisch zu lieben. (Ebadi 2006, 40)

Zwar fand Ebadi einen Mann, der ihre Arbeit als Richterin nicht nur für einen angenehmen Zeitvertreib hält und sie «trotz ihres Berufes» heiratet. Doch auch für diesen toleranten Ehemann ist selbstverständlich, dass seine Frau beide Jobs erledigt: den zu Hause und den im Justizministerium.

Vor allem aber berichtet Ebadi von der Revolution. Sie war, obschon Nutznießerin der Freiheiten unter dem Schah, eine Anhängerin der Revolution. Es habe gedauert, schreibt sie, bis sie erkannt habe, dass sie voller Enthusiasmus an ihrem eigenen Ende mitgewirkt habe. Diese Revolution sollte sie später den Job kosten, denn die dann herrschende Auslegung des islamischen Rechts verbot Frauen, als Richterin tätig zu sein. Es dauerte nicht lange, bis Ebadi auch den Posten freiwillig räumte, auf den man sie im Ministerium versetzt hatte.

Ebadi beschreibt ihren Kampf gegen die Ungerechtigkeit des neuen Systems nicht nur aus der Perspektive der Menschenrechtlerin, sondern erzählt auch, wie die veränderten Bedingungen ihr persönliches Leben belasteten. Als gleichberechtigte Partnerin war sie einst eine Ehe eingegangen, nun wurde sie durch dieses neue Recht ihrem Mann untergeordnet. Sie verlangte daher von ihrem Mann einen Vertrag, der ihr all die Rechte geben sollte, die ihr das iranische Gesetz verwehrt. Theoretisch steht allen dieser Ausweg offen, praktisch wenigen. Weil ein solcher Vertrag das Problem nicht grundsätzlich löste, wurde Ebadi Anwältin und verteidigte neben Bahais und Frauenrechtlerinnen auch politische Oppositionelle.

> Die Probleme der Frauen in Iran liegen im rechtlichen Bereich. Wir haben Gesetze, die die Ungleichheit von Mann und Frau festlegen, und wir haben hier eine geschlechtliche Diskriminierung. Das Zeugnis einer Frau wird in Bezug auf manche Straftaten nicht akzeptiert, und in Bezug auf andere ist das Zeugnis von zwei Frauen so viel wert wie das eines Mannes; ein Mann kann vier Frauen heiraten; er kann sich von seiner Frau ohne deren Einverständnis scheiden lassen; nach der Scheidung liegt das Sorgerecht beim Mann, nicht bei der Frau. Das sind alles rechtliche Ungerechtigkeiten. Und die iranischen Frauen wollen, dass diese rechtlichen Ungerechtigkeiten behoben werden. (Interview 1999)

Dass Shirin Ebadi eine gute Wahl ist, wenn man anwaltliche Hilfe benötigt, erschließt sich einem schnell. Sie ist resolut und durchsetzungsfähig, strahlt Kampfgeist aus. Sehr nachvollziehbar schien mir damals im Gespräch ihre Erklärung, warum bürgerliche Rechte den politischen vorangehen müssen:

Als jemand, der an die Menschenrechte glaubt, bin ich der Überzeugung, dass wir zuerst bürgerliche Rechte haben müssen und dann politische. Die bürgerlichen müssen den politischen vorausgehen. Was hat es für einen Zweck, wenn wir eine stellvertretende Staatspräsidentin haben, sie aber für eine Reise ins Ausland die Erlaubnis ihres Mannes einholen muss? Und wenn sich das Ehepaar am Abend streitet und der Mann seiner Frau die Erlaubnis zum Verlassen des Landes nicht gibt, bleibt dann der Platz Irans auf der internationalen Konferenz leer? Was hat es für einen Zweck, wenn die Präsidentin der Universität eine Frau ist; dass wir weibliche Abgeordnete haben, sie aber immer und andauernd der Gefahr ausgesetzt sind, dass ihnen eine Nebenfrau vorgesetzt wird? (Interview 1999)

Der rechtliche Status entspricht in keiner Weise dem Bildungshintergrund der Frauen. 65 Prozent aller Studierenden in Iran sind weiblich. 4,2 Prozent aller iranischen Frauen haben einen Hochschulabschluss. Der Anteil der männlichen Absolventen beträgt 2,2 Prozent. Frauen werden heutzutage Ärztinnen, Lehrerinnen, Präsidentenberaterinnen und Bürgermeisterinnen. Sie arbeiten als Journalistinnen und machen Filme. Mindestens zwei der iranischen Regisseurinnen sind inzwischen zu Weltruhm gelangt, Rakhshan Bani Etemad und Samira Makhmalbaf. Und sie sind beileibe nicht die einzigen großen Namen. Auch im literarischen Bereich haben die Frauen einen festen Platz, in iranischen Literaturzeitschriften finden sich mehr Namen von Frauen als in deutschen, die Romane von Frauen erobern die Bestsellerlisten. Und sogar die klassische Männerdomäne des Nahen Ostens haben sie mittlerweile erobert: Sie fahren Taxi und Autorennen. Als unterwürfige Dienerin der Ayatollahs verstehen sich die Frauen jedenfalls nicht, erklärte mir Simin Behbahani, die große alte Dame der persischen Poesie, voller Stolz vor Jahren im Gespräch:

Die iranische Frau war niemals schwach. Zumindest ist sie nicht bedauernswert. Meiner Meinung nach ist jeder, dem Unrecht zugefügt wird, selbst schuld; schließlich akzeptiert er die Unterdrückung. Die iranische

Frau ist nicht unterdrückt. Unsere Gesetze haben nur einige Schwachpunkte, die wir aber bestimmt ausräumen werden. Im Vergleich mit anderen Ländern der Welt haben wir es sehr schnell geschafft, zu unserem Recht zu kommen. (Interview 1999)

Das wichtigste Forum für solche Debatten über Gleichberechtigung war über Jahre hinweg die Zeitschrift *Zanan*. Hier trat man mit islamischen Argumenten für die Gleichberechtigung ein. So publizierte die Zeitschrift Artikel, in denen dargelegt wird, dass nicht der Koran die Verbesserung der rechtlichen Situation der Frauen verhindert, sondern ein patriarchalisches Gewohnheitsrecht. Angesprochen wurden das Scheidungs-, Ehe- und Erbrecht, die politischen Rechte der Frau, die Heirat von Minderjährigen und die Frage, ob Frauen Präsidentin werden können. Und die Rechtsberaterin der Zeitschrift, Mehrangiz Kar, klärte ihre Leserinnen in einer Kolumne über ihre Rechte auf.

Die Frage, ob sie keinen Widerspruch zwischen ihren Forderungen und den Geboten des Korans sehe, schließlich spreche der Koran zum Beispiel ganz eindeutig davon, dass die Aussage eines männlichen Zeugen das Gewicht von zwei weiblichen habe, verneint Herausgeberin Shahla Sherkat. Es gebe rechtliche Ungerechtigkeiten, die nicht mit dem Koran zusammenhängen, Fragen, zu denen sich der Koran gar nicht äußere, und solche, die aufgrund von patriarchalischen Vorstellungen der Gesetzgeber entstanden seien. Außerdem könne man in vielen Punkten beweisen, dass der Koran nicht meine, was die Gesetzgeber aus ihm herauslesen. So habe sie nachgewiesen, dass der Koran keineswegs Männern erlaube, ihre Frauen zu schlagen. Auch andere Dinge, wie die Abfindungen im Todesfall, die für Männer doppelt so hoch sind wie für Frauen, seien keineswegs endgültig entschieden, nur weil Männer manche Verse zu Ungunsten der Frauen ausgelegt haben.

Diese Art der Argumentation sieht die Säkularistin Lahidschi zwar kritisch. Aber sie lässt sie gelten:

Ich glaube, wir sollten diesen Bereich nicht betreten, sondern einfach unsere Forderungen stellen. Gleichzeitig lehne ich nicht ab, was Shahla Sherkat und Azam Taleqani tun. Ich denke, sie haben ihr eigenes Publikum. Und vielleicht ist dies für eine traditionelle und religiöse Gesellschaft auch ein Weg. Ich denke, jeder Kämpfer sucht sich seine Waffe selbst aus. Vielleicht können sie auf ihre Weise die Leute auf das Problem aufmerksam machen. Ich sehe darin keinen Fehler. Mein persönlicher Geschmack sagt mir aber, dass ich so nicht argumentieren sollte. Wir sollten einfach unsere Forderungen stellen. (Interview 1997)

Auf völlige Ablehnung stößt bei Lahidschi hingegen eine westliche Argumentation:

Wir müssen mit unseren eigenen Rezepten geheilt werden, nicht mit den Rezepten des Westens. Deshalb habe ich mich sehr gefreut, dass eine meiner Autorinnen in einem Buch die Situation der iranischen Frau aus soziologischer Perspektive betrachtet hat. Es ist vielleicht das erste Mal, dass wir unsere Probleme theoretisch erfasst haben. Es sind unsere speziellen Probleme, und mit westlichen Instrumenten können wir ihnen nicht begegnen. (Amirpur 2002)

Dass der Begriff der Feministin aus dem Westen stammt, ist nicht der einzige Grund, warum Frauen wie Shahla Lahidschi sich nicht gerne so bezeichnen ließen. Und auch nicht als Säkularistin. Säkularismus wird in Iran oft mit Atheismus gleichgesetzt. Das ist ein Vorwurf, dem sich niemand aussetzen möchte, nicht in einem Land, in dem alles von der Religion bestimmt wird. Ebenso werde der Terminus «Feministin» meist falsch verstanden.

Ich habe ein Problem in Iran, und das ist: Man nennt mich eine Feministin, und ich sage Nein. Und der Grund ist, dass in Iran Feminismus ein Wort ist, mit dem man verurteilt. Als ich einen, der mich als Feministin bezeichnete, fragte, was Feminismus denn seiner Ansicht nach sei, sagte er, Feministinnen wollten den Männern die Rechte nehmen und sie den Frauen geben, sie wollten den Männern die Macht nehmen und sie den Frauen geben. (Amirpur 2002)

Shirin Ebadi stellte im Gespräch vor allem als positiv heraus, dass die Frauen in den letzten Jahren viel bewusster geworden seien:

> Die Frau von heute ist viel bewusster als die Frau früher. Heute hat die Stimme der Frau in der iranischen Gesellschaft ein größeres Echo. Es gibt viele Zeitschriften, viele gute Bücher über die Situation der Frau, die geschrieben worden sind, um gegen die Ungleichheit zu protestieren. Und sie werden gelesen und finden ein Echo. (Amirpur 2010)

Zu dieser Bewusstwerdung hat Shirin Ebadi maßgeblich beigetragen. Heute ist die Friedensnobelpreisträgerin in Iran eine Ikone. Dabei war Ebadi im Jahre 2003, als sie den Friedensnobelpreis bekam, auch in Iran selbst alles andere als eine Berühmtheit. Allgemein bekannt wurde sie auch in Iran erst mit dem Nobelpreis.

3.
Freimut und Frustration:
Auf dem Weg ins neue Jahrtausend

Ein neuralgisches Thema, das Ende der Neunziger in Iran offen diskutiert wurde, war das Verhältnis zu den Vereinigten Staaten. Zum Missfallen der Radikalen. Sie versuchten, diesem Hinterfragen Einhalt zu gebieten. Sie verboten die Publikationen, verhafteten Journalisten und Dissidenten, und auch vor Anschlägen schreckten sie nicht zurück. Weil sie die Justiz kontrollieren, war es ihnen ein Leichtes, missliebige Intellektuelle wegzusperren und die Presse zum Schweigen zu bringen. Doch die Kritiker ließen sich nur schwer einschüchtern. Wessen Zeitung verboten worden war, der besorgte sich unter anderem Namen eine neue Lizenz. Sie wurden gerne vergeben, denn das Kulturministerium unterstand Khatami. Zwar ergab dies ein ständiges Hin und Her, und nicht ohne Grund bezeichnet die Organisation «Reporter ohne Grenzen» Iran bis heute als das größte Journalistengefängnis der Welt. Dennoch ist die Presselandschaft auch heute noch viel bunter als vor 1997.

Der große Satan USA

Präsident Khatami selbst hatte die Grundsatzdebatte über das Verhältnis zu den Vereinigten Staaten im Februar 1998 ausgelöst, als er Christiane Amanpour, der Anchorwoman des amerikanischen Senders CNN, ein Interview gab. Dieses Interview übertraf noch die schlimmsten Befürchtungen seiner innenpolitischen Gegner. Khatami sagte: «Die amerikanische Zivilisation gilt es zu respektieren.» Und er entschuldigte sich indirekt für die Geiselnahme in der amerikanischen Botschaft in Teheran. 444 Tage lang hatten iranische Studenten nach der Revolution amerikanische Diplomaten gefangen gehalten. Es sei zu Exzessen gekommen während der Revolution, sagte Khatami, und gab damit zu, dass nicht richtig gehandelt worden war.

Die Konservativen machten keinen Hehl aus ihrem Unmut über Khatami. In der konservativen Zeitung *Dschomhuri-ye Eslami* hieß es: «Der Präsident hat alles gesagt, bis auf das, was er hätte sagen sollen.» Revolutionsführer Ali Khamenei erklärte am Tag nach dem Interview – wohl um zu zeigen, wo der Hammer hängt und wer das Sagen hat: «Die US-Regierung ist unser Erzfeind, und wir betrachten sie wegen ihrer Politik der vergangenen Jahrzehnte als großen Satan.»

Khatami, auf dessen Betreiben hin die UN das Jahr 2001 zum Jahr des Dialogs der Zivilisationen erklärte, hatte Mut bewiesen, indem er so auf die USA zuging. Und sich innenpolitisch eine offene Flanke gegeben. Denn weit mehr als die Herrschaft des Rechtsgelehrten, für die nur der islamistische Teil der revolutionären Bewegung optierte, ist die Ablehnung «amerikanisch-imperialistischer» Politik ein Grundpfeiler der Revolution von 1978/79. Noch heute besteht über sie ein weitreichender Konsens. Damals vereinte die USA-Kritik die gesamte Opposition gegen den Schah. Das galt für die bürgerliche, die linke sowie die islamistische. Immerhin hatte der Schah 1953 durch einen CIA-Putsch seine Macht konsolidieren können. Diese Revolution war als eine antiimperialistische vor allem gegen den US-Einfluss gerichtet. Dass die Vereinigten Staaten Saddam Hussein im Golfkrieg gegen Iran bedingungslos unterstützten, tat ein Übriges. Die USA hatten sich ihre Position als identitätsstiftender äußerer Feind durchaus erarbeitet.

Auch Khatami vertritt grundsätzlich keine andere Haltung. Seine Einstellung ist ebenso antiamerikanisch wie die vieler Intellektueller des Globalen Südens und vieler europäischer Intellektueller. Es ist ein Antiamerikanismus, der sich gegen die US-Politik richtet, nicht gegen die Errungenschaften der amerikanischen Zivilisation. Das hat Khatami klar auch bei *CNN* benannt. Und dennoch weiß er, dass die Dauer-Feindschaft mit den USA Iran politisch und wirtschaftlich teuer zu stehen kommt. Wie schon sein Amtsvorgänger Rafsandschani zeigte auch Khatami, dass Pragmatismus vor Ideologie gehen muss. Damit liegen beide im Übrigen ganz auf einer Linie mit Staatsgründer Khomeini, der in einer wegweisenden Fatwa 1989 erklärt hatte, der Nutzen für das System sei Priorität. *Maslehat-e nezam* stehe über allem.

Wenig später verfasste Khatami zwei Essays, die seinem Ansinnen, auf den Westen zuzugehen, Nachdruck verleihen sollten. Sie wurden in der *Frankfurter Allgemeinen Zeitung* veröffentlicht. Khatami kritisiert die Abschottung gegenüber dem Westen: Man könne nicht die eigenen Gewohnheiten für heilig halten und meinen, dass sich Deiche errichten ließen, «um sich vor den grauenhaften Wellen der westlichen Kultur und Zivilisation zu schützen». Denn es ist unmöglich, «auf dem schmalen Streifen der Tradition, die wir von den Vorvätern geerbt haben, zu leben». Der Adressat Khatamis ist eindeutig. Es sind diejenigen, die der kulturellen Invasion Einhalt gebieten wollen. Doch ihr Beharren auf Abschottung, so Khatami, habe nicht zu dem Ergebnis geführt, das sie sich erhofft hatten. Stattdessen hätten viele Äußerlichkeiten der westlichen Zivilisation ihren Weg in die traditionellen Gesellschaften gefunden. Gleichzeitig habe die Abschottung den Menschen die Möglichkeit genommen, über das Neue nachzudenken. So habe sich die Krise der Gesellschaft verschärft.

Khatamis Kritik an denen, die sich vor dem westlichen Einfluss schützen wollen, bedeutet nicht, dass er das andere Extrem gutheißt. Auch die Vertreter einer Verwestlichung, die die eigene Tradition zerstörten, «um der westlichen Moderne wie einem freudig erwarteten Gast das Haus zu bereiten», lägen falsch. Sie hätten die Probleme vergrößert, weil ihre Idealisierungen sie daran hinderten, die Grundlagen der westlichen Zivilisation zu betrachten. Sie hätten die gesellschaftliche Wirklichkeit nicht verändern können, weil sie die Tradition verachteten und übersahen, dass sie im Volk verwurzelt ist.

> In der Welt, wie sie ist, lässt sich der Einfluss der westlichen Kultur und Zivilisation auf unsere Gesellschaft weder durch das Erstellen von Fatwas verhindern, noch dadurch, dass man sich Phantastereien überlässt; genauso wenig aber ist die Tradition mit Rundschreiben und Resolutionen aus der Gesellschaft zu entfernen. (Khatami 1998, 29)

In einem Kommentar in der *Süddeutschen Zeitung* schrieb Tomas Avenarius zu dieser Passage, Khatami trage die Ideen von Staatsgründer Khomeini und mit ihnen die gesamte Islamische Republik zu Grabe. Das ist etwas polemisch formuliert, hat aber einen wahren Kern. Khomeini hatte den westlichen Einfluss auf Iran verdammt und wollte ihn verhindern. «Weder Ost noch West» war seine Devise. Dabei schwebte Khomeini kein Mittelweg vor, sondern das explizite Weder-Noch, und er meinte, jeglichen Einfluss des Westens durch Verbote verhindern zu können. Khatami vertritt hier explizit die Gegenmeinung – auch wenn er sich dem Westen keineswegs bedingungslos unterwerfen will. Wie Khomeini will er einen dritten Weg, ein Weder-Ost-noch-West, doch um diesen zu verwirklichen, müsse man die Grundlagen der Moderne analysieren.

> Der erste Schritt ist, den Westen wirklich kennenzulernen. Auf der anderen Seite kann man auch mit der Tradition nicht unachtsam umgehen: Sie ist Grundlage der historischen und sozialen Identität eines Volkes, zumal eines Volkes mit einer starken Zivilisation und einer bedeutenden Kultur. (Khatami 1998, 29)

Seine Aufforderung, den Westen kennenzulernen, reiht sich ein in Khatamis Aufruf zu einem Dialog der Zivilisationen. Das Gespräch zwischen Christen, Muslimen und den Mitgliedern anderer Religionen setzt er Huntingtons These vom Kampf der Kulturen entgegen. Als er bei der Islamischen Weltkonferenz, die im Dezember 1997 in Teheran stattfand, seine Auffassung vom Dialog der Kulturen erklärte, dozierte der Präsident vor den versammelten Staatschefs auch ins eigene Land.

Kettenmorde und Reformstau

Nicht nur bei diesen Schritten, die eine außenpolitische Öffnung einleiten sollten, wurden Khatami Steine in den Weg gelegt: Die Konservativen hatten schon in den ersten Monaten nach seinem Amtsantritt versucht, seine Reformbemühungen zu torpedieren. Doch im Herbst 1998 erreichte die Gewalt einen neuen Höhepunkt. Hatten die Schriftsteller nach der Wahl gehofft, nun sei endlich der Moment gekommen, dass ihr Verband offiziell registriert werden könne, wurden sie nun Opfer einer neuen Verfolgungswelle. Zwei der Gründungsmitglieder des Schriftstellerverbands wurden im November 1998 ermordet. Die Morde, die als Höhepunkt einer langen Mordserie, der sogenannten Kettenmorde, in die Geschichte eingingen, waren von Gegnern der Reformregierung verübt worden. Sie sollten diese destabilisieren und die Hoffnung auf Wandel und Besserung zerstören. Auf der schwarzen Liste des Geheimdienstes fanden sich die Namen fast aller führenden Intellektuellen und Oppositionellen des Landes.

Zu den Opfern der Kettenmorde gehörten Parvaneh Eskandari und Dariush Forouhar, zwei Oppositionspolitiker, Aktivisten der «Partei des Iranischen Volkes». Der Mord an dem Ehepaar glich einer Hinrichtung. Mit über zwanzig Messerstichen in der Brust wurde die Frauenrechtlerin Parvaneh Eskandari in ihrer Wohnung aufgefunden. Seither, seit dem Jahr 1998, kämpft Parastou Forouhar, die in Deutschland lebende Tochter der Ermordeten, für die Aufklärung der Fälle. Die Installationskunst der in Frankfurt lebenden Künstlerin ist stark von ihrem Kampf gegen das Unrechtsregime geprägt. Jedes Jahr im November fährt sie nach Teheran, hält eine Mahnwache und versucht, eine öffentliche Gedenkveranstaltung durchzuführen, was ihr meist von den Behörden verboten wird. Sie erzählt, dass die Teilnehmenden bei der Trauerfeier immer jünger werden. Besonders beeindruckt habe sie dies im Herbst 2022. Bei dieser Veranstaltung hängten die Besucherinnen und Besucher Kärtchen mit ihren Wünschen für die Zukunft Irans in den Baum, der sich im Hof des Elternhauses von Parastou Forouhar befindet. Die im Wind flatternden Kärtchen wurden ein hoffnungsvolles Bild, ihr Profilbild bei WhatsApp. Eindrucksvoll ist die Beharrlichkeit der stets freundlichen und immer fröhlichen Frau, die ihre Zuhörer jedes Mal mitreißt, wenn sie von ihrer Kunst und ihrem Kampf für das Recht erzählt:

> Ich habe das vielleicht von meinen Eltern gelernt. Ich habe es beobachtet an ihnen, wie sie jahrelang hartnäckig und standhaft um ihre sehr menschliche Forderung nach Freiheit, Demokratie, Rechtsstaatlichkeit gekämpft haben. Immer wieder war mein Vater im Gefängnis. Trotzdem: Diesen Glauben an eine bessere Zukunft für Iraner haben meine Eltern nie verloren. Ich hoffe, dass ich ein Stück von ihnen auch durch mein Tun lebendig erhalten kann.
> (Interview 2000)

Neben dem Geheimdienst und der Judikative versuchte auch das seinerzeit noch von den Konservativen dominierte Parlament, die Reformpolitiker zu stoppen. Khatamis Kulturminister überstand nur knapp ein Amtsenthebungsverfahren, bei dem er sich für seine liberale Kulturpolitik verantworten musste, sein Innenminister Abdallah Nuri hatte weniger Glück. Khatami nutzte daraufhin eines seiner wenigen politischen Mittel und berief den Entlassenen zum stellvertretenden Staatspräsidenten. Als Nuri ankündigte, zu den Parlamentswahlen anzutreten, aus denen der beliebte Politiker wahrscheinlich als Parlamentspräsident hervorgegangen wäre, nutzten wiederum die Radikalen ihre Möglichkeiten. Auch er wurde vom Sondergerichtshof für Geistliche angeklagt.

Das Gericht verurteilte Nuri zu fünf Jahren Haft und brachte ihn damit eine Zeit lang zum Schweigen. Vorher bot ihm aber gerade der Prozess die Möglichkeit, sich lautstark zu Wort zu melden. Denn erstaunlicherweise wurde er zur besten Sendezeit live im Fernsehen übertragen: einschließlich der Rede, die Nuri zu seiner Verteidigung hielt. Darin warf Nuri dem Geheimdienst vor, für die Kettenmorde verantwortlich zu sein, und beschuldigte ihn weiterer politischer Attentate und Morde in den Jahren zuvor. Außerdem kritisierte Nuri die von Khamenei betriebene Politik gegenüber den USA. Er beklagte den immensen wirtschaftlichen Schaden für Iran, den der unversöhnliche Kurs des Revolutionsführers anrichte, der damit alle Bemühungen des Präsidenten zunichtemache. Nuri plädierte für eine Wiederaufnahme der Beziehungen zu den Vereinigten Staaten. In den Augen seiner Gegner war dies ein Skandal, nach Ansicht vieler Zuhörerinnen und Zuhörer aber absolut richtig und notwendig. Sie waren bloß erstaunt, diese Aussage von einem Mitglied der Regierung so unverblümt zu hören. Und dann auch noch vor Gericht. Doch trotz vieler Bekundungen seitens der Regierung, dass sich etwas ändern müsse, tat sich wenig.

In der Bevölkerung wuchs daher der Unmut über die Konservativen, die selbst geringste Reformen des Präsidenten verhinderten. Um gegen den Reformstau zu protestieren, gingen im Juli 1999 Hunderte von Studenten auf die Straße. «Meinungsfreiheit! Meinungsfreiheit!», skandierten sie bei den größten Studentendemonstrationen, die das Land bis dato seit der Revolution gesehen hatte. Und: «Das Land gehört dem Volk!» Gemeint war: nicht den Klerikern, die sich dieses Landes bemächtigt haben. Nasrin Alavi hat an diesen Satz angeknüpft, als sie ihr Buch «Wir sind der Iran» nannte. Sie beschreibt die Bloggerszene und zieht eine positive Bilanz:

> Iranische Blogs bieten einen erfrischenden Blick auf das sich ändernde Bewusstsein der jüngeren Generation im Iran. Es ist geradezu eine Revolution innerhalb der Revolution. Seit der Tragödie vom 11. September stehen politische Bewegungen in der islamischen Welt im Mittelpunkt der Auf-

merksamkeit. Es scheint möglich, dass der Iran, der vor einem Vierteljahrhundert einer verblüfften Welt den radikalen Islam vorstellte, diese Welt jetzt noch einmal überraschen könnte. (Alavi 2005, 381)

Die Proteste hatten sich an dem Verbot der liberalen Zeitung *Salam* entzündet, die Kritik an der verschleppten Aufklärung der Kettenmorde durch die Staatsanwaltschaft geübt hatte. Sie wurden blutig niedergeschlagen. Dass Khatami sich nicht deutlich hinter die Studenten stellte, markierte den Beginn der Entfremdung von seinen Anhängern. Dabei schlugen die Radikalen erst nach den Parlamentswahlen vom März 2000 wirklich zurück. Auch bei dieser Wahl votierte die Bevölkerung für den Wandel. Jetzt stellten die Reformer auch im Parlament die Mehrheit.

Akbar Gandschi: Irans letzter Held

Einen großen Anteil an dem überragenden Erfolg der Reformkräfte bei dieser Wahl hatte Akbar Gandschi, der zum führenden Protagonisten der Reformbewegung geworden war. Unter dem Titel *Das Verließ der Gespenster* veröffentlichte er zunächst eine Artikelserie und später ein Buch, das die Machenschaften des Geheimdienstes enthüllte und ein Bestseller wurde. Damit klärte er die Kettenmorde auf. Zum Lieblingshelden vieler avancierte Gandschi dann im Zuge der Parlamentswahlen. Für diese Wahl hatte auch der ehemalige Staatspräsident Rafsandschani seine Kandidatur angekündigt. Gandschi resümierte daraufhin seine Laufbahn und kam zu einem vernichtenden Urteil. *Die rote Eminenz* heißt der Aufsatz, der in der Zeitung *Sobh-e emruz* abgedruckt wurde und wie eine Bombe einschlug: Laut Gandschi wurden vom Geheimdienst während Rafsandschanis Präsidentschaft an die achtzig Morde an Regimekritikern verübt. Zwar behauptet er nicht, dass Rafsandschani diese Morde angeordnet habe. Doch dieser müsse von ihnen gewusst haben und sei somit verantwortlich. Diese Artikelserie bescherte dem ehemaligen Präsidenten eine herbe Niederlage bei den Parlamentswahlen und führte zur Inhaftierung Gandschis.

Die Biographie Akbar Gandschis ist symptomatisch für den Werdegang vieler Reformer. Der Soziologe war einst ein feuriger Revolutionär. Doch wie vielen anderen missfiel auch ihm die Entwicklung, die das Land nahm. Für Gerechtigkeit und Freiheit habe er gekämpft, sagt er, nicht für einen totalitären Staat, in dem die Menschenrechte im Namen einer bestimmten Islamdeutung mit Füßen getreten werden. Er schrieb deshalb Aufsätze über Islam und Moderne, über die Vereinbarkeit von Islam und Demokratie. So wurde er zu einem der wichtigsten Protagonisten dieser Strömung, deren Vertreter sich religiöse Aufklärer nannten.

Kennengelernt habe ich Akbar Gandschi 1994 in der Redaktion der Zeitschrift *Kiyan*. Als er den Raum betrat, hatte ich seinen Chefredakteur Reza Tehrani gerade gefragt, ob er Iran für einen totalitären Staat halte. Er sagte, fragen Sie das doch unseren Soziologen. Gandschi erwiderte darauf: «Kommen Sie, wir gehen einkaufen.» Auf meinen erstaunten Blick hin erwiderte er: «Bücher. Wir kaufen jetzt Bücher. Kommen Sie, ich zeige Ihnen die *Enqelab*.» *Enqelab* heißt Revolution auf Persisch, aber es ist auch der Name der Straße, in der sich – vor der Universität Teheran – die meisten und wichtigsten Buchläden der Stadt befinden.

Ein schöner zweideutiger Satz also – und er hatte recht: Irgendwie war es eine Revolution, eine unerwartete, die ich in der Straße der Buchhandlungen sah. Gandschi zeigte mir Übersetzungen von Hannah Arendts *Elemente und Ursprünge totaler Herrschaft* und *Macht und Gewalt* oder auch Karl Poppers *Die offene Gesellschaft*. *Sofies Welt* war darunter sowie ein Buch über die westliche Philosophie – geschrieben für Anfänger. Bücher von Gadamer, Schleiermacher, Küng, Tillich. «Glauben Sie, dass man einen Staat, in dem all das übersetzt wird, totalitär nennen kann?», fragte Gandschi mich. «Nein, wohl nicht», meinte ich verunsichert. Da lachte er: «Sie haben recht und auch nicht. Die wollen, dass es ein totalitärer Staat ist, aber sie schaffen es nicht. Sie kommen nicht an gegen dieses Volk von Ideologie-Verweigerern. Und darum wird das nichts mit einem totalitären Iran. Das zeigt vor allem die Beliebtheit Hannah Arendts.»

Iranische Philosophen wie Ramin Jahanbegloo erklären die große Beliebtheit Hannah Arendts damit, dass viele die Ähnlichkeit sähen zwischen ihrer eigenen Erfahrung mit politischer Gewalt und totalitären Ideologien und Arendts politischer Erfahrung:

> Die Revolution von 1979 mag gezeigt haben, dass, wie Arendt sagt, «alles möglich ist», doch Arendt hat uns auch geholfen zu begreifen, dass der Prozess des Denkens weitergeht und unsere Fähigkeit zu handeln verlangt. Arendts phänomenologische Rekonstruktion des Wesens politischer Existenz erschien vielen von uns als Möglichkeit, den originären Charakter politischer Erfahrung freizulegen, der in der iranischen Politik weitgehend in Vergessenheit geraten war. Wer in Teheran Arendt liest, wird unablässig an die Tatsache erinnert, dass Freiheit in der «Fähigkeit zu beginnen» besteht und dass deshalb die Zivilgesellschaft jenes Feld ist, auf dem die Menschen in ihrer Pluralität gewahr werden, wer sie sind. (Jahanbegloo 2006, 1061)

Als ich Gandschi das nächste Mal traf, im Februar 1999, hatte er gerade eine mehrmonatige Haftstrafe hinter sich. Er war verurteilt worden, weil er eine Rede über den in Iran herrschenden religiösen Faschismus gehalten hatte. Vor Gericht sagte er: Faschisten seien nicht nur die Schlägertrupps der «Partei Gottes», der *hezbollah*, «die meinen, dass die Menschen sich bei den Wahlen geirrt und deshalb mit Zwang auf den geraden Pfad rechtgeleitet werden müssen», sondern vor allem auch «jene, die durch eine faschistische Lesart der Religion den genannten Handlungen eine ideologische Rechtfertigung geben». Damit spielte Gandschi auf Mesbah Yazdi an, den ultrakonservativen Ayatollah, später ein Mentor des Präsidenten Ahmadinedschad und dessen Chefideologe. Seine Fatwas waren in der Vergangenheit wiederholt der Anlass für gewalttätige Übergriffe auf Menschen, die angeblich vom rechten Weg abgekommen waren. Gandschis Formulierung vom religiösen Faschismus übernahm Mohammad Khatami kurze Zeit später als noch amtierender Staatspräsident.

Trotz der Haftstrafe ginge es ihm gut, sagte Gandschi bei dem Treffen, er sei hoffnungsvoll:

> Ich habe keinen Zweifel daran, dass die Zukunft unseres Landes die Demokratie ist, ich habe keinen Zweifel daran, dass die Zukunft unseres Landes die zivile Gesellschaft ist. Vielleicht müssen wir ein, zwei, drei oder auch viele Jahre kämpfen, aber letztendlich gibt es keinen anderen Weg.

Als ich nach den Gründen für seinen Optimismus fragte, erklärte er mir:

> Ich glaube an die Zukunft dieser Bewegung. Wieso? Weil diese Bewegung in der Gesellschaft verankert ist. Von den 60 Millionen Einwohnern dieses Landes sind 45 Millionen jünger als 34 Jahre. Diese Generation hat mit der Vergangenheit und der Tradition gebrochen. Sie ist aus auf Neues, und sie sagt zu allem Ja, was neu ist. Das sieht man auf allen Ebenen: im Kino, in der Musik, der Kleidung, der Art zu reden und zu leben. Immer. (Interview 1999)

Das Attentat auf Hajjarian und der Pressecrackdown

Die Radikalen gaben und geben sich so einfach nicht geschlagen. Das zeigte die Reaktion auf ihren Misserfolg bei den Parlamentswahlen. Shirin Ebadi wurde inhaftiert. Sie hatte ein Mitglied eines paramilitärischen Schlägertrupps dazu gebracht, vor laufender Kamera von seinen Vergehen zu erzählen. Sie habe die öffentliche Meinung beschmutzt, hieß es in der Urteilsbegründung.

Khatamis Wahlkampfstratege wurde Opfer eines brutalen Anschlags. Said Hajjarian war seit dessen Wahlsieg Herausgeber der Zeitung *Sobh-e Emruz*. Die Zeitung hatte im Wahlkampf an vorderster Front mitgewirkt. Hajjarian hatte in Editorials in polemischen Tönen gefordert, man möge die Radikalen in einem Hausputz hinwegfegen. So bekam Hajjarian als Erster ihre Rache zu spüren. Er wurde von zwei Pistolenschüssen lebensgefährlich verletzt, die von einem Motorrad aus auf ihn abgegeben worden waren.

Auf die Verhaftungen und Attentate folgte ein Pressecrackdown, ein Kahlschlag in der Medienlandschaft. Da sich die Presse zum eigentlichen Motor der Reformbewegung entwickelt hatte, war sie den Radikalen immer mehr zum Problem und zum Feind geworden. Sie galt ihnen inzwischen als die größte Gefahr – weit mehr noch als ein von Reformern dominiertes Parlament. Weil dem Parlament der sogenannte Wächterrat übergeordnet ist, der alle Gesetzesvorlagen auf ihre Vereinbarkeit mit dem Islam überprüft, kann er sie leicht stoppen. Der Wächterrat besteht aus sechs Juristen verschiedener weltlicher Rechtsgebiete und sechs Klerikern, die vom Revolutionsführer bestimmt werden. Die sechs Juristen werden vom Parlament gewählt, aber vorschlagen darf sie nur der Oberste Richter, der wiederum vom Revolutionsführer bestimmt wird. Damit ist sichergestellt, dass das Gremium konservativ bis radikal dominiert ist. Das Parlament ist durch diese Vetomöglichkeit des Wächterrats also leicht kontrollierbar. Daher diene das Verbot der Zeitungen dem Zweck, analysierte Morteza Mardiha im Gespräch, «die Menschen zu entmutigen, denn das lebendige Zeichen für Veränderung ist diese Presse». Mardiha war leitender Redakteur von *Jame'eh*, also der «ersten Zeitung der Zivilgesellschaft», die auch Opfer des Kahlschlags wurde.

Außerdem musste *Kiyan* schließen, einst wichtigstes Forum der religiösen Reformer. Die Zeitschrift, die Khatami den Weg bereitet hatte, wurde ausgerechnet während seiner Präsidentschaft verboten. Auch das hat eine eigene Logik: Weil in *Kiyan* die Debatten über Islam und Moderne, über Islam, Demokratie und Menschenrechte begonnen hatten, war die Zeitschrift der herrschenden radikalen Clique Irans schon lange ein Ärgernis. Nun endlich hatte sie den Vorwand gefunden, nach dem sie schon lange gesucht haben musste: Der Anlass für die Schließung *Kiyans* war ein Interview. Ein iranischer Theologiestudent – und nicht etwa ein weltlicher Regimekritiker – hatte im niederländischen Leiden ein Interview mit dem ägyptischen Literaturwissenschaftler Nasr Hamid Abu Zayd geführt. Dieser war Mitte der neunziger Jahre in seiner Heimat des Abfalls vom Glauben angeklagt und deswegen von seiner Frau zwangsgeschieden worden. Aus diesem Grund gilt er auch Irans Radikalen als Ketzer. Außerdem fühlten sie sich wohl angesprochen, als er den Missbrauch der Religion durch die Herrschenden ins Visier nahm und sich gegen die Monopolisierung des Religionsverständnisses wandte.

Mancher hatte sich gewundert, dass die Radikalen *Kiyan* überhaupt so lange gewähren ließen. Mit *Kiyan* hatte die Debatte über eine Reformierung des Systems ja angefangen. Der Begriff der Zivilgesellschaft, dem Präsident Khatami zur Blüte verhalf, wurde von *Kiyan* propagiert. Zudem hatte die Zeitschrift in all den Jahren großen Mut bewiesen. Als der Geheimdienst 1997 den Autor Faraj Sarkouhi verschleppte, wagte es nur *Kiyan*, nach seinem Verbleib zu fragen. Selbst einem Veröffentlichungsverbot beugte man sich nicht: Als der Geheimdienst befahl, Soroushs aufrührerische Ideen nicht mehr zu drucken, hielt *Kiyan* zu dem verfemten Denker. Zwar gab es in der nächsten Ausgabe keinen Aufsatz von ihm, aber ein Gedicht. Und dann folgten wieder regelmäßig seine Aufsätze.

In einer Rede vor Studenten bezeichnete Soroush die Schließung von *Kiyan* als «ein Desaster». Aber man werde Wege finden, modernes Gedankengut weiterhin in Iran zu verbreiten. Das war in den Jahren zuvor das Verdienst von *Kiyan* gewesen. Sogar in Qom, dem Zentrum der schiitischen Theologie, wurde die Zeitschrift gelesen. Viele junge Mullahs kamen durch *Kiyan* auf die Idee, sich mit liberalen religiösen Konzepten auseinanderzusetzen. Wenn heute viele von ihnen meinen, der Islam könne theoretisch auch demokratisch gedeutet werden, dann ist das ein Verdienst auch von *Kiyan*.

Gadamer lesen in Teheran

Zur Liberalisierung des Denkens hat vor allem der Geistliche Mohammad Shabestari beigetragen, der viel in *Kiyan* schrieb und nach dem Verbot der Zeitschrift andere Publikationsorgane fand. Er hat einmal pointiert formuliert: Die Frage ist nicht, ob Islam und Menschenrechte vereinbar sind. Die Frage ist, ob die Muslime heute diese Vereinbarkeit entstehen lassen wollen. Theorien und Ansätze, um eine Kompatibilität von Islam und Demokratie, Gleichberechtigung und Menschenrechten herzustellen, sagt er, gibt es genug. Jetzt müssten sie nur noch umgesetzt werden. Shabestari ist einer der Denker, die hierbei an vorderster Front wirken. Er beeinflusst auch die weltweite Debatte unter Muslimen nachhaltig, vor allem unter Muslimen in Deutschland. So war er als Experte maßgeblich am Aufbau der Islamischen Theologie an deutschen Universitäten seit 2010 beteiligt. Für ihn ist charakteristisch, dass er westliche Einflüsse und Ansätze aufnimmt, diese aber in einen islamischen Bezugsrahmen einbettet und mit islamischen Konzepten rückkoppelt. *Framing* hat Seyla Benhabib das genannt.

Im Jahre 1968 hatte der damals Mittdreißiger das Angebot angenommen, das *Islamische Zentrum* in Hamburg zu leiten. Von iranischen Kaufleuten war ab 1953 ein Moscheebau an der Außenalster finanziert worden. Seither stand der *Imam Ali Moschee* immer ein aus Qom entsandter Geistlicher vor. Als Shabestari 1977 nach Iran zurückkehrte, fand er endlich die Zeit, die Autoren zu lesen, die in den Hamburger Jahren sein Interesse geweckt hatten: protestantische Theologen wie Paul Tillich und Karl Barth, aber vor allem den Hermeneutiker Hans-Georg Gadamer.

Shabestari übernimmt Gadamers Grundgedanken: Man kann Texte grundsätzlich nicht objektiv lesen. Jeder Leser wird von den Kenntnissen geleitet, die er vor der Lektüre bereits hatte, seinem Vorverständnis. Daraus zieht Shabestari eine weitreichende Schlussfolgerung: Keine Lesart des Korans kann beanspruchen, die einzig richtige zu sein. Er überträgt das transzendentalphilosophische Argument Immanuel Kants auf die Hermeneutik: Wo Kant sagt, der Mensch könne nicht die «Dinge an sich» erkennen, weil der Verstand seine eigenen Begriffe mitbringt, welche unsere Erfahrungen von vornherein («a priori») strukturieren, da geht die Hermeneutik als eine Philosophie des Verstehens davon aus, dass jedes Begreifen von Sinn, jedes Deuten, jedes Interpretieren durch unseren Gesichtskreis, unseren Horizont bestimmt ist: durch das, was wir bereits gelernt und erfahren haben. Deshalb betont sie das Problem der geschichtlichen Gebundenheit menschlichen Verstehens. Shabestari bezieht diesen Ansatz auf den Koran, wenn er schreibt:

> Was unter einem bestimmten historischen Horizont formuliert wurde, braucht, um unter einem anderen historischen Horizont verstanden zu werden, eine Art inhaltlicher Übersetzung und eine neue Formulierung. (Shabestari 1996, 14)

Die moderne Hermeneutik habe das Problem, das Kant benannte, aufgegriffen und lehre, dass die Bedeutung eines jeden Textes eine verborgene Wahrheit ist, die erst durch die Interpretation offenbar wird: Erst durch sie wird der Text zum Sprechen gebracht. Ohne eine Interpretation ist kein Text und keine Rede verständlich, so Shabestari. Hier kommt Gadamer ins Spiel. Shabestari übernimmt dessen Ansatz, der die von Kant formulierte Beschränkung positiv wendet und erklärt, Verstehen müsse zu einem prinzipiell nicht zu beendenden Gespräch über die Deutung wichtiger Zeugnisse der geschichtlichen und kulturellen Überlieferung werden. Er greift Gadamers Gedanken auf, dass es kein Verstehen gebe, das von allen Vorurteilen frei wäre, «sosehr auch immer der Wille unserer Erkenntnis darauf gerichtet sein muss, dem Bann unserer Vorurteile zu entgehen». Obschon es kein vorverständnisfreies Verstehen gebe, müsse das Vorverständnis im Verstehensprozess beständig auf die Probe gestellt werden. Man könne einen Text nur verstehen, wenn man die Frage erkannt habe, auf die der Text eine Antwort ist, befand

Gadamer, und Shabestari nimmt diese hermeneutische Grundregel auf. Dabei sagt er nie «Koran», und doch ist klar, dass er ihn meint, wenn er über das fünfte hermeneutische Prinzip schreibt, die Interpretation eines Textes sei besonders schwierig, wenn zwischen der Entstehung des Textes und seiner Interpretation mehrere Jahrhunderte liegen: Wenn der Interpret in einer Zeit und mit Erfahrungen lebt, die sich von denen des Verfassers unterscheiden, muss er den Text in seinen eigenen Erfahrungshorizont übersetzen, sagt Shabestari ganz allgemein und meint das Verständnis des Korans.

Auch wenn er erklärt, man müsse den ursprünglichen Sehepunkt des Verfassers aufdecken, sei dieser doch das Zentrum der Text-Bedeutung, «um dessen Achse herum jedweder Inhalt des Textes angeordnet worden ist», geht es ihm um den Koran. Er will ergründen, in welcher konkreten Situation der Text abgefasst wurde, was der Autor sein Publikum wissen lassen wollte, über welche sprachlichen Möglichkeiten er verfügte und wie die historischen Bedingungen aussahen, unter denen die Angesprochenen lebten. Diese Fragen, mit denen er sich direkt an Gadamer orientiert, der «Sprache als Medium der hermeneutischen Erfahrung» versteht, könne man nur mittels einer genauen historischen Analyse beantworten, schreibt er. Andernfalls zwinge der Interpret dem Text nur die eigene Auffassung auf, stülpe sie dem Text über.

Nach Shabestari hat der Mensch immer ein Vorverständnis, ein Erkenntnisinteresse und dementsprechend eine Vielzahl von Deutungsmöglichkeiten, weshalb auch der Rechtsislam, der die rechtlichen Aspekte des Islams betont und als die wesentlichen ausgibt, nur eine Lesart von vielen sein kann. Sie ist nicht absolut zu setzen, sie kann nicht von sich behaupten, eins zu sein mit dem Willen Gottes.

Shabestari lehnt diesen Rechtsislam, den er vom spirituellen Islam und vom traditionellen quietistischen Islam unterscheidet, ab. Er sei mit den Menschenrechten und der Demokratie nicht vereinbar. Nach Shabestaris Überzeugung ist allerdings sowieso nicht das islamische Recht, sondern *iman*, der Glaube, der wichtige Teil der Religion. Daher ist für ihn nicht die Befolgung der Rechtsvorschriften maßgeblich, sondern der wirkliche Glaube. Man könne den Glauben nicht stärken, indem man die Menschen zwinge, die rechtswissenschaftlichen Vorschriften einzuhalten. Seine These lautet: Die Basis allen Glaubens sind Gedankenfreiheit und der freie Wille des Menschen.

Doch wie muss das System für Shabestari beschaffen sein, in dem der Muslim seinen Glauben in Freiheit leben kann? Aus seiner Koran-Hermeneutik folgt für ihn: Der Koran trifft kaum Aussagen zur Frage des Herrschaftssystems. Es steht darin nur geschrieben, dass die Regierung gerecht sein müsse, mehr nicht. Details zu der Frage, wie diese in der Praxis organisiert ist, finden sich nicht. Als Beleg für diese Behauptung nennt Shabestari den Umstand, dass auch Ali ibn Abi Talib, der vierte Kalif, als er seinem Statthalter in Ägypten einen Regierungsauftrag erteilte, diesem lediglich auftrug, gerecht zu herrschen und die bestehenden Traditionen der Völker in dem eroberten Land zu achten.

> Aus der Logik des Glaubens folgt, dass die Gläubigen die Etablierung einer politischen und gesellschaftlichen Ordnung [...] fordern müssen, in der sie besser kundig und frei ihren Glauben ausüben können [...]. Eine solche Gesellschaft wird mit Sicherheit keine unterdrückerische und totalitäre Gesellschaft sein. (Shabestari 1997, 79)

Da der Koran kein System benannt hat, dürfen die Menschen laut Shabestari selbst entscheiden, in welcher Ordnung sie leben wollen. Er schlägt ein demokratisches System vor, das seinen Bürgern alle Freiheiten lässt, «denn Glaube ist keine Ideologie». Vielmehr ermögliche die Demokratie es am besten, Menschenrechte zu verwirklichen.

Die Berlin-Konferenz

Eine weitere Gelegenheit, viele der Intellektuellen auszuschalten, die den Reformprozess seit den neunziger Jahren vorantrieben, bot sich den Radikalen im April 2000. Die Heinrich-Böll-Stiftung hatte zu einer Konferenz nach Berlin eingeladen. Sie war als Forum für einen Dialog mit den Reformkräften gedacht. Jedoch machten linksgerichtete Exiliraner, marxistisch-leninistische Gruppierungen, Maoisten und Trotzkisten den Dialog unmöglich. Ihnen galten die Gäste der Böll-Stiftung als Agenten des Regimes. Sie schrien die Reformkräfte nieder, ohne sie zu Wort kommen zu lassen. Beobachter wollen unter den Störern allerdings auch Mitarbeiter des iranischen Geheimdienstes VEVAK ausgemacht haben. Diese hätten als Agents Provocateurs dafür gesorgt, dass die Konferenz gegen die Reformer genutzt werden konnte. Tatsächlich zeigte das von Reformgegnern dominierte staatliche Fernsehen anschließend einen Beitrag, der die Realität auf den Kopf stellte: Die in Berlin von den Störern ausgebuhten Teilnehmer wurden als Verbündete der Störer dargestellt. So wurde eine Szene gezeigt, in der eine Frau aus Protest gegen den Schleierzwang halb nackt auf der Bühne tanzte. Die Szene wurde mit Aufnahmen des applaudierenden Akbar Gandschi zusammengeschnitten. Konservative iranische Medien geißelten die Berliner Veranstaltung als Angriff auf den Islam und die Heinrich-Böll-Stiftung als zionistische und amerikanisch-imperialistische Organisation.

Gegen 14 der 17 bei der Konferenz Anwesenden wurde nach ihrer Rückkehr ein Gerichtsverfahren eröffnet, vier von ihnen verurteilt. Ezzatollah Sahabi, ein damals 72-jähriger altgedienter Oppositionspolitiker, der schon unter dem Schah im Gefängnis gewesen war, wurde zu einem abstrusen Geständnis gezwungen, ebenso Ali Afshari. Nachdem der 28-jährige Studentenführer in erster Instanz zu fünf Jahren Gefängnis verurteilt worden war, trat er in sichtlich schlechter körperlicher und psychischer Verfassung im Fernsehen auf und erklärte, er habe gemeinsam mit den anderen den Sturz des Gottesstaates geplant.

Auch Akbar Gandschi wurde wieder verurteilt, in erster Instanz zu zehn Jahren Haft. Im Gefängnis wurde er zum weltweit berühmtesten iranischen Dissidenten, denn Gandschi begann nach einigen Jahren Haft einen Hungerstreik. Jeden Tag wurden Bilder vom Zustand Gandschis ins Netz gestellt. 43 Tage lang konnte, wer sich auf *freeganji.blogspot.com* klickte, beobachten, wie sich sein Zustand von Tag zu Tag verschlechterte.

Wie kamen diese Bilder ins Netz? Sie lassen vermuten, dass diese Herrschaft nicht nur nicht im Volk verankert ist, sondern sich auch institutionell nicht durchsetzt. Denn die Bilder kamen ins Netz, so erzählte mir Gandschi später, indem ein Wärter sie machte und sie dem FreeGanji-Komitee übermittelte, das die Website erstellte. Gefängniswärter also machen Fotos von einem Gefangenen, um der Welt zu erzählen, wie der Gefangene gegen die Ungerechtigkeit seiner Gefängnisstrafe protestiert. Kann man glauben, dass einem solchen System eine unendlich lange Lebensdauer beschieden ist? Gandschi verneint. Schon Jahre vorher hatte er fast prophetisch im Gespräch gesagt:

> Nehmen wir einmal an, jemand möchte diese Gesellschaft abschotten, eine Gesellschaft, in der sich alles verändert hat. In der Welt von heute kann man eine Gesellschaft gar nicht abschotten. Überall im Land gibt es Computer, Internet, Satellitenfernsehen. Wir können in Sekundenschnelle miteinander in Kontakt treten. Sie können keine Nachricht vor mir geheim halten und ich nicht vor ihnen. Keine Regierung kann Nachrichten mehr verborgen halten.

Daran ändert auch die schärfste Strafverfolgung durch das Regime nichts.

Das mit Abstand härteste Gerichtsurteil im Kontext der Berliner Konferenz traf den Geistlichen Hasan Eshkevari. Kurz vor seiner Rückkehr nach Iran hatte ich noch die Gelegenheit, für den WDR ein Interview mit ihm zu führen. Da wusste er schon, dass er dort vor Gericht gestellt würde:

Was halten Sie von der gegenwärtigen Strategie der Reformer, der Strategie des Schweigens?
Diese Strategie ist sicher richtig. Die Konservativen versuchen, die Reformer und vor allem die Jugendlichen zu einer aggressiven Reaktion zu provozieren, um einen Vorwand zur Zerschlagung der Reformbewegung zu haben. Daher ist es besser, wenn die Reformer nichts anderes tun, als abzuwarten und zu schweigen. Sie müssen jetzt ihren Weg langsam und überlegt gehen. So lange, bis diese Welle, die die Konservativen künstlich erzeugt haben, um die Konstituierung des nächsten Parlaments zu verhindern, wieder vorbei ist.

Können die Konservativen den Reformprozess noch aufhalten?
Meiner Meinung wird es den Konservativen und den Gegnern der Reform auf keinen Fall möglich sein, die Reformer zu stoppen. Das Einzige, was sie tun können, und was sie ja auch in den letzten drei Jahren getan haben, ist, uns Probleme zu machen und damit – im schlimmsten Fall – den Reformprozess zu verlangsamen.

Sind Sie optimistisch, was die Zukunft Irans angeht?
Ich bin sogar sehr optimistisch. Heute sind die Menschen in einem Maße politisiert und informiert, dass es keine Möglichkeit mehr gibt, den Wandel in der Gesellschaft aufzuhalten und den Fortschritt zu verhindern. Man wird nichts gegen eine grundlegende Veränderung in der iranischen Gesellschaft tun können. Vielleicht muss das Volk einen noch höheren Preis zahlen, um Freiheit, Gerechtigkeit und Demokratie zu verwirklichen, aber es wird diesen Weg weitergehen. Ich glaube, dass nichts den Fortschritt des iranischen Volkes aufhalten kann. Wir leben im Zeitalter des Internets. Man kann nicht mehr – wie in der Vergangenheit – die Menschen und vor allem die Jugendlichen innerhalb von künstlichen ideologischen und politischen Grenzen gefangen setzen. Und die Gesamtheit all dieser neuen Bedingungen wird den Weg für zukünftige Veränderungen öffnen. (Amirpur 2000A)

Auf der Berliner Konferenz hatte Eshkevari erklärt, das Kopftuch gehöre nicht zu den Wesensmerkmalen der Religion, sondern zu jenen Geboten, die sich mit den Umständen wandeln können. Und der *Süddeutschen Zeitung* hatte er gesagt: «Regierung und Religion sind zwei vollkommen unterschiedliche Dinge, sie miteinander zu verweben, schadet sowohl der Religion als auch der Politik.»

Im August 2000 sagte mir Eshkevari am Tag vor seinem Rückflug nach Iran, er sei bereit, ins Gefängnis zu gehen. Er glaube an die Zukunft der Reformbewegung, und man müsse eben auch bereit sein, Opfer zu bringen. Dabei ist der kleine, etwas rundliche Mann sicher kein Märtyrer. Manchmal, so erzählt er, wundere er sich, wieso ihn die Menschen auf der Straße so böse ansehen, er kein Taxi bekomme. Dann falle ihm ein, dass er heute seinen Turban aufgesetzt und sein Kleriker-Gewand angelegt habe. Er trage es immer weniger. Obwohl es doch so schön schlank mache, sagt er kichernd.

Es war auch bei Eshkevari die Sorge um das Ansehen der Religion, die ihn zum Reformer machte. Die Menschen würden ihr alle Fehler der Herrschenden zur Last legen. Sie würden nicht bedenken, dass in Iran nicht die Religion, sondern nur eine bestimmte Deutung herrsche. Und diese Auslegung der Radikalen sei eben undemokratisch und unmenschlich. Eshkevari kritisiert sie schon lange. Den Satz, mit dem er begründet, wieso man Religion und Politik trennen muss, hat er schon vor vielen Jahren geschrieben. Sein Hauptargument ist ein religiöses: «Die Propheten haben den Anspruch vertreten, im Besitz der Wahrheit zu sein. Aber sie haben niemals erklärt: Wir mischen uns in alle Angelegenheiten ein, sind die absolute Wahrheit, und die anderen haben keinen Anteil an der Wahrheit.»

Die Vorwürfe des Sondergerichtshofs gegen Eshkevari waren schwerwiegend. Auf die beiden Delikte, die dem ursprünglichen, der Teilnahme an der Berliner Konferenz, hinzugefügt wurden, steht in Iran die Todesstrafe. Er wurde wegen «Abfalls vom Glauben» *(ertedad)* und «Krieges gegen Gott» *(moharebe)* angeklagt. Nachdem ihm zunächst nur seine Berliner Äußerungen zum Kopftuch zur Last gelegt worden waren, hieß es plötzlich in der Anklageschrift, er habe den Islam, Staatsgründer Khomeini und den gegenwärtigen Revolutionsführer beleidigt und durch seine Propaganda die nationale Sicherheit gefährdet. Im Oktober 2000 wurde Eshkevari der Apostasie und des Krieges gegen Gott für schuldig befunden.

Dieser Umgang mit Eshkevari wirkte sogar für iranische Verhältnisse übertrieben – als wolle man an ihm ein Exempel statuieren. Vielleicht wollte man so die Gegner des theokratischen Systems endlich in ihre Schranken weisen. Die Radikalen reagierten nicht ohne Grund derart nervös. Erst wenige Monate zuvor hatten sie sich anhören müssen, wie der einstige Innenminister Khatamis, Abdallah Nuri, die göttlichen Vollmachten von Ali Khamenei bestritt und dessen wichtigsten Kritiker, Montazeri, verteidigte. Und zum Helden der Studenten war kurz danach Mohsen Kadivar mit seiner Ideologie-Kritik avanciert. Zwar wanderten Nuri und Kadivar dafür ins Gefängnis, doch das Land diskutierte nun freimütig über die Staatsdoktrin, die angeblich gottgewollt ist. Dies war sicher in jenen Jahren die interessanteste Entwicklung: was alles in der Öffentlichkeit hinterfragt wurde.

Das Kalkül, diese Diskussion durch ein harsches Urteil zu stoppen, ging nicht auf. Als Erster kam Montazeri dem Angeklagten zu Hilfe: Er schätze Eshkevari als frommen Muslim, seine Ideen würden dem Islam nicht widersprechen. Keiner der Ankläger verfüge zudem über die juristische Kompetenz und den religiösen Rang, solche Anschuldigungen zu erheben, sagte Montazeri. Dies dürfte an Khamenei gerichtet gewesen sein, dem der Sondergerichtshof untersteht. Montazeri soll sogar gedroht haben, den Anklägern in einem Rechtsgutachten zu widersprechen. Auch Khatami meldete sich zu Wort: Er wurde von der Zeitung *Hambastegi* mit den Worten zitiert: «Der Machthaber darf seine Kritiker nicht zum Apostaten stempeln.» Einen ähnlichen Vorwurf erhob auch sein Bruder, der Führer der *Partizipationspartei des islamischen Iran*. Die ganze Sache sei eingeleitet worden, um politische Gegner der Reformer auszuschalten, sagte Mohammad Reza Khatami.

Offenbar hatte der Apostasie-Vorwurf das Fass zum Überlaufen gebracht. Andere ranghohe Geistliche warnten vor dieser Beschuldigung. Niemand sei mehr sicher, sollte es erst einmal Teil der politischen Kultur werden, jemanden als Ketzer anzuklagen. Parlamentspräsident Mehdi Karrubi erklärte, diese Vorwürfe seien inakzeptabel, selbst der zuständige Richter Mohseni Eje'i und der damalige Justizminister Mahmud Hashemi Shahrudi seien damit nicht einverstanden. Letztere sind nicht als Reformer bekannt.

Revolutionsführer Khamenei musste sich schließlich öffentlich von diesem Anklagepunkt distanzieren. Daraufhin ließ Mohseni Eje'i ihn fallen und erklärte, der Apostasie-Vorwurf widerspreche sowohl der Definition dieses Verbrechens im Strafgesetzbuch als auch der Khomeinis. Letztlich wurde Eshkevari zu viereinhalb Jahren Haft verurteilt und am 6. Februar 2005 entlassen. Danach urteilte er hart über die Islamische Republik:

> Wenn sie klüger gewesen wären, wären wir heute in puncto Freiheit, Gerechtigkeit, Entwicklung [...] in einer besseren Situation. Sie konnten noch nicht einmal Khatami aushalten, und wir haben dadurch eine historische Chance verpasst. Ich bin in diesem islamischen Staat verhaftet und ins Gefängnis gesteckt worden. Nur wegen der Äußerung einer Meinung wurde ich zum Tode verurteilt. Das Problem hatte ich unter dem Schah nicht. (Eshkevari 2006)

Ein Präsident der Frauen?

Im Sommer 1997 hatten mir viele Gesprächspartnerinnen stolz berichtet, sie hätten Khatami zum Präsidenten gemacht. Tatsächlich wurde Khatami vor allem mit den Stimmen von Frauen und Jugendlichen ins Präsidentenamt befördert. Er war der erste Präsident, auf dessen Agenda Frauenrechte standen. Im Wahlkampf hatte er emanzipatorische Töne angeschlagen: ein Ministeramt könne mit einer Frau besetzt werden, Frauen sollten Staatspräsidentin werden können. Laut Shahla Sherkat gelang es ihm, in den Frauen die Hoffnung auf eine bessere Zukunft zu wecken. Ihre Zeitschrift hatte ein ausführliches Interview mit ihm gemacht, das sie sehr überzeugend fand. Deshalb hob sie ihn auf die Titelseite – mit einem sehr schmeichelhaften Bild. Khatami lächelte gewinnend in die Kamera. Sympathisch lächelnde Mullahs war man nicht gewohnt. Konkurrent Nateq Nuri hatte nicht einmal auf die Interviewanfrage geantwortet, was *Zanan* zu seinen Ungunsten ausschlachtete. Auf dem Bild, das *Zanan* von ihm druckte, sah er aus wie ein grimmiger Zwerg.

Wer jedoch auf große rechtliche Verbesserungen hoffte, wurde enttäuscht. Daran war allerdings nicht Khatami schuld: Gesetze werden vom Parlament erlassen, und dort dominierten bis zum August 2000 die Radikalen. Sie verabschiedeten in Khatamis Amtszeit sogar einige Gesetze, die Rückschläge darstellten. So durften nach einem Gesetz vom Frühjahr 1998 Frauen nur noch von Ärztinnen behandelt werden. Von denen gibt es aber nicht genug. Ein weiteres Gesetz sah vor, dass Frauen und Männer auch in Mini- und Überlandbussen getrennt sitzen müssen, in den Stadtbussen war dies bereits vorher Vorschrift. Auch das behinderte Frauen. Khatami kommentierte dies mit den Worten, Frauen und Männer in jedem Bereich zu separieren, sei gegen die Natur des Menschen.

Als die Reformer im neuen Parlament die Mehrheit stellten, sorgte der Wächterrat dafür, dass keine Reformgesetze verabschiedet wurden. So sollte das Mindestheiratsalter für Mädchen, das seinerzeit bei neun Jahren lag, heraufgesetzt werden. Doch der Wächterrat erhob Einspruch, das Gesetz verstoße gegen den Islam. An dem Argument scheiterte auch das neue Scheidungsrecht, das Frauen ermöglicht hätte, die Scheidung einzureichen.

Shahla Lahidschi sieht trotzdem eine positive Veränderung. Sie macht dies an der Tatsache fest, dass das Thema Frauenrechte inzwischen in der Bevölkerung und im Parlament diskutiert wurde. So machte es einen Unterschied, als mit Abdallah Nuri sogar ein stellvertretender Staatspräsident erklärte, der Staat dürfe keine Frau zum Kopftuch zwingen.

Entscheidende Reformen blieben jedoch nicht nur im Bereich der

Frauenrechte aus – und damit kam zu Beginn des neuen Jahrtausends immer häufiger die Frage nach der grundsätzlichen Reformierbarkeit des Systems auf. Diese stellte sich mehr und mehr als unmöglich dar. Zwar hatten die Reformer mit dem Präsidentenamt und dem Parlament zwei Institutionen des Staates übernommen. Aber die entscheidenden Positionen waren nach wie vor in der Hand der Radikalen. Die Reform scheiterte an der Struktur der Islamischen Republik. Wegen des Wächterrats konnten die reformorientierten Abgeordneten kaum eine ihrer über 50 Gesetzesvorlagen durchbringen. Insgesamt wurden 90 Prozent ihrer Eingaben als «gegen die islamischen Prinzipien des Staates verstoßend» abgelehnt.

Entfesselter Absolutismus

Besonders aufschlussreich für die beschränkten Möglichkeiten der Reformer war eine Parlamentssitzung vom August 2000, in der eine Reform des Presserechts verabschiedet werden sollte. Sie hatte zum Ziel, die Presse vor der Willkür der Justiz zu schützen, und sollte den Journalisten größere Freiräume verschaffen. Dieses Gesetz war nicht einer von vielen Punkten auf der Tagesordnung, sondern *das* zentrale Wahlversprechen der Reformer, da die Presse der sichtbarste Motor des Wandels ist.

Dieses Mal holte der Revolutionsführer höchstpersönlich zum Schlag aus. Bevor die angesetzte Debatte über das Gesetz auch nur beginnen konnte, musste Parlamentspräsident Mehdi Karrubi einen Brief Khameneis verlesen, in dem dieser sogar die Debatte verbot. Jede Änderung der bestehenden Rechtsprechung verstoße gegen den Islam, hieß es darin. Zwar gaben einige Abgeordnete ihrer Empörung Ausdruck, indem sie aus Protest die Sitzung verließen. Gegen das Veto Khameneis konnten sie jedoch nichts ausrichten.

Erstaunen rief sein Vorgehen dennoch hervor. Khamenei hätte es eigentlich nicht nötig gehabt, diesen direkten Weg der Konfrontation zu wählen. Der Wächterrat hätte das Gesetz ohnehin gestoppt. Nun musste sich Khamenei den Vorwurf gefallen lassen, er habe sich über die Verfassung hinweggesetzt. Dieser Meinung sind allerdings nur die Reformer, denn nach Ansicht der Radikalen ist Khamenei laut Verfassung der «absolute Führer»: Er wird nicht durch das Volk legitimiert, sondern von Gott. Weil er im Namen Gottes regiert, so die Logik, darf der Revolutionsführer auch Kompetenzen beanspruchen, die die Verfassung nicht explizit für ihn vorsieht, ja, er darf sogar die Verfassung außer Kraft setzen.

Als weiteres Bollwerk gegen Reformen agierte in Khatamis Amtszeit neben dem Sondergerichtshof auch die normale Justiz. So initiierte diese im Vorfeld der Bekanntgabe der Präsidentschaftskandidaturen im Frühjahr 2001 eine große Verhaftungswelle, ein unverhohlener Einschüchterungsversuch. Anlässlich der Verhaftungen von über sechzig Mitgliedern der oppositionellen Freiheitsbewegung *(nehzat-e azadi)* meldete sich wieder einmal Montazeri zu Wort. Denn Gerüchten zufolge wurde ihnen auch die Nähe zu diesem ranghöchsten Dissidenten unter den Mullahs zur Last gelegt. Die *nehzatis*, wie man sie nennt, wurden wegen umstürzlerischer Aktivitäten und des Kriegs gegen Gott angeklagt. Ich erhielt Montazeris Stellungnahme per Fax von seinem Büro, und ich veröffentlichte die Übersetzung am 20. April 2001 in der *Süddeutschen Zeitung*. Montazeri schreibt:

> Im Namen Gottes, des Barmherzigen, des Erbarmers
> An das ehrenwerte und sich mühende iranische Volk
> Einen Monat nach der Verhaftung einiger freiheitsliebender Muslime hat nun eine neue Welle von politisch motivierten Festnahmen begonnen. Mehrere politische und religiöse Persönlichkeiten sind auf Befehl der Justiz unter dem unbegründeten Vorwurf der «umstürzlerischen Aktivitäten» verhaftet worden. Ich möchte mein Bedauern über dieses scharfe und unrichtige Vorgehen ausdrücken und gleichzeitig einige Punkte anmerken.
> Ich kenne die meisten der Verhafteten persönlich. Keiner von ihnen hatte jemals im Sinn, die islamische Ordnung zu stürzen. In den Krisenjah-

ren [Anfang der Achtziger], als bewaffnete Gruppen das System stürzen wollten, haben sie die Handlungsweise dieser Gruppen verurteilt. (Montazeri 2001)

Montazeri wirft den Herrschenden vor, genauso verbrecherisch zu handeln wie das Regime, welches sie einst beseitigt haben. Er mahnt, Geschichte könne sich wiederholen.

Ja, Verhaftete zu falschen Geständnissen zu zwingen, sie mit Gewalt dazu zu bringen, Verbrechen zu gestehen, die sie nie begangen haben, und diese nie begangenen Verbrechen zu bereuen und um Vergebung zu bitten, das ist eine Methode, die in der Islamischen Republik leider zu einer Tradition geworden ist. Genau dieser falschen Methode bediente man sich auch unter dem früheren Regime und in den kommunistischen Staaten, wie überhaupt in den Ländern, in denen der Despotismus herrscht. Aus den Äußerungen einiger Verantwortlicher lässt sich schließen, dass es ihnen offensichtlich gelungen ist, von manchen der früher Verhafteten falsche Geständnisse und diktierte Interviews zu erpressen, um daraufhin diese Persönlichkeiten, die sich durch ihr Engagement ausgezeichnet haben, zu inhaftieren. (ebd.)

Den Herrschenden wirft er zudem vor, nicht nur gegen die religiösen Prinzipien zu verstoßen, sondern auch gegen die Verfassung der Islamischen Republik:

Gemäß den religiösen Prinzipien und laut unserer Verfassung ist jedwede Meinungsäußerung erlaubt, solange sie nicht die Rechte anderer verletzt. Niemals und nirgendwo führen die Äußerung einer Meinung und die Kritik an der Regierungsweise der Politiker und Machthaber zum Umsturz des Systems. Stattdessen überwachen sie die Herrschenden und korrigieren die Fehler der Herrschenden, so dass gerade durch die Kritik die Ordnung gefestigt wird.
Ja, wenn die Fehler wiederholt werden, die Unterdrückung fortbesteht und dem Volk und den Intellektuellen die Erlaubnis zur Kritik verwehrt

wird, dann kann die Situation eskalieren und zum Aufstand und zur Explosion führen. In diesem Fall müsste man aber diejenigen, die für die Unterdrückung verantwortlich sind, als Umstürzler bezeichnen. (ebd.)

Montazeri ist vor allem darüber besorgt, dass die Menschen die Verfehlungen der in ihrem Namen Regierenden der Religion selbst anlasten – wie man es Tag für Tag in Iran beobachten kann.

Solche Repressionen und Verletzungen der Grundrechte der Bürger und Intellektuellen – und das im Namen der Religion und einer religiösen Regierung – führen nur dazu, dass die verschiedenen Schichten der Gesellschaft, die junge Generation und die religiösen Intellektuellen ihr Vertrauen in die Religion als solche und in die religiöse Regierung verlieren. Und sie führen dazu, dass die Menschen in ihren Überzeugungen schwanken. Die Bezeichnungen «einer, der Krieg führt gegen Gott» *(mohreb)*, «Aufrührer» *(mofsed)* und «Rebell» *(yaghi)* bezeichnen solche, die sich mit Waffengewalt auflehnen. Aber eine Meinung zu äußern oder sogar die Ablehnung mancher Verantwortlicher ist weder Krieg gegen Gott, noch Aufruhr, noch Rebellion, noch Abfall vom Glauben, abgesehen davon, dass auch jene Menschen nicht ihr Leben verlieren, die nicht an Gott glauben. Steht denn der Herrscher über Gott? Es wäre gut, wenn die Herrschaften, die die genannten Anschuldigungen erheben, wenigstens die Überlieferungen des Propheten und der Imame sowie die Bücher der Rechtsgelehrten zu Rate ziehen würden. (ebd.)

Nebenbei fordert Montazeri auch die Abschaffung von religiösem Zwang – ein Zwang, den die gegenwärtige Regierung für notwendig hält.

Niemals lässt sich die Religion, die eine Sache des Herzens und der Überzeugung ist, mit Gewalt durchsetzen. Und eine Herrschaft wird nicht – schon gar nicht im Zeitalter der fortgeschrittenen internationalen Kommunikation – mit Zwang und Gewalt gefestigt.
Ich rate den Herrschaften, mit ihren gewalttätigen Aktionen aufzuhören

und – bevor es zu spät ist – ihre Methoden zu überdenken, den Wünschen der Bevölkerung nachzugeben und nicht mehr länger die Ordnung zu schwächen, indem sie sich hochmütig auf ihre äußerlichen Kräfte stützen. Auch dem vorherigen Regime standen diese Kräfte zur Verfügung und zusätzlich noch die Unterstützung der Großmächte. (ebd.)

Den Herrschenden wirft er zudem vor, die Ziele der Revolution verraten zu haben und nur am eigenen Machterhalt interessiert zu sein. Montazeri geht jedoch nicht davon aus, dass sie allzu großen Erfolg haben könnten.

Die Ziele, welche die Herrschenden verfolgen, wenn sie Journalisten, Studenten, Intellektuelle und freiheitsliebende Geistliche niederknüppeln und unterdrücken, sind für jeden offensichtlich. Um ihre politische und wirtschaftliche Macht zu bewahren, stellen sie sich gegen das Freiheitsstreben und die Reformforderungen aller Schichten der Gesellschaft. Sie wissen offenbar nicht, dass sie durch ihre Handlungsweise das Gegenteil bewirken werden. (ebd.)

Dabei sind die verfassungsmäßigen Organe nicht einmal die einzigen Bollwerke, die sich der Reform widersetzen: Andere sind von der Verfassung zwar nicht vorgesehen, aber politisch äußerst einflussreich, wie das Generalsekretariat der Freitagsprediger in Qom, die radikal-islamistische Organisation für Islamische Propaganda, die *Ansar-e Hezbollah* («Anhänger der Partei Gottes») und vor allem die zahlreichen religiösen Stiftungen. Inoffiziellen Schätzungen zufolge befinden sich über die Stiftungen 80 Prozent der Wirtschaft in den Händen des Establishments. Die Imam-Reza-Stiftung verfügt allein in der Provinz Chorasan über Grundbesitz, der 90 Prozent des fruchtbaren Bodens umfasst. Den Reformkräften standen also beileibe nicht nur Wächterrat, Justiz und Revolutionsführer gegenüber, die sie blockierten und torpedierten.

Doch wie reagierte Khatami auf die Attacken und den Widerstand der Radikalen? Häufig genug schwieg er, zuweilen wählte er aber auch deutliche Worte. Im Frühjahr 2001 zog er eine traurige Bilanz seiner ersten Amtszeit: Alle neun Tage hätten die Konservativen eine Regierungskrise produziert, er habe in seinem Amt nicht mehr Macht als ein normaler Bürger. Als Khatami sich im Mai 2001 nach monatelangem Zögern um eine zweite Amtszeit bewarb, standen ihm Tränen in den Augen. Er wäre jetzt lieber woanders, sagte er, würde seinem Volk lieber an anderer Stelle dienen. Dass sie noch Vertrauen in ihn und den Reformprozess setzten, zeigte die Bevölkerung Khatami ein zweites Mal. Auch wenn es viele Enttäuschte gab, wurde er 2001 mit einer überzeugenden Mehrheit wiedergewählt.

Iran und der 11. September

In Khatamis zweiter Amtszeit sah es kurzzeitig so aus, als könnte der Konflikt mit den USA, der dem Wandel so lange schon im Wege steht, beigelegt werden. Nach den Attentaten vom 11. September gab es tatsächlich Hoffnung auf eine Annäherung zwischen den Vereinigten Staaten und Iran. In Teheran fanden spontane Solidaritätskundgebungen statt, auch von den Konservativen wurden die Anschläge in aller Schärfe verurteilt. Zum ersten Mal nach über zwanzig Jahren erklang beim Freitagsgebet nicht der Ruf *Marg bar amrika*, «Nieder mit Amerika». Nicht einmal in den sonst für derartige Ausfälle bekannten Kreisen war das mancherorts erwartete «das geschieht ihnen recht» zu hören. In der Presse wurde in nie dagewesener Deutlichkeit die Wiederaufnahme der Beziehungen gefordert.

Teheran bot Washington sogar Hilfe im Kampf gegen die Taliban an, den gemeinsamen Feind. Schwierig wurde es zwischen den beiden Staaten allerdings, als die USA die Iraner einluden, der Koalition gegen den Terror beizutreten. Schon bald zeigte sich, dass die beiden Staaten sich nicht darüber einigen konnten, was als Terrorismus zu bezeichnen sei. Iran sieht – anders als die Vereinigten Staaten – im Kampf der Palästinenser gegen die Israelis keinen Terrorismus, sondern legitimen Widerstand gegen eine illegitime Besatzung. Außerdem unterstützt Iran zum Missfallen der Amerikaner die libanesische *Hizbollah*.

Trotz dieser Meinungsverschiedenheiten half die iranische Regierung den USA tatkräftig bei ihrem Engagement in Afghanistan, indem sie Kontakte zu den Führern der Nord-Allianz herstellte. Trotzdem sah Washington auch Iran auf einer «Achse des Bösen» platziert – neben dem Irak und Nord-Korea. Damit gerieten die Reformer unter den iranischen Politikern sowie die Intellektuellen und Journalisten, die die vereisten Beziehungen zwischen beiden Staaten wiederbeleben wollten, in die Bredouille. Es war erneut gefährlich, für eine Annäherung an die Vereinigten Staaten Partei zu ergreifen, sei es im Parlament oder in der Presse. Journalisten wurde dies sogar unter Strafandrohung verboten.

4.
Spielräume kritischen Denkens

Dass Washington Teheran verteufelte, leistete der Amerika-Zuwendung des offiziellen Iran einen Bärendienst. Selbst Mohammad Khatami pflichtete nun Revolutionsführer Ali Khamenei öffentlich bei, der die USA eine unverbesserliche und arrogante Weltmacht nannte. Auch die liberale Presse zeigte sich düpiert. Warum das Reformansinnen in der Gesellschaft und Teilen des Staates nicht anerkannt und unterstützt werde, wurde gefragt. Die Amerikaner seien tatsächlich so dumm und noch schlimmer, als ihre Kritiker behaupten, schrieb eine andere Zeitung. Unverständnis machte sich vor allem breit, als Präsident George W. Bush sich entgegen der bisherigen US-Politik auch vom Reformflügel innerhalb des iranischen Regimes distanzierte. Präsident Khatami bilanzierte: «In den letzten Jahren sind alle Zeichen guten Willens, die Iran ausgesendet hat, auf eine wenig hilfreiche Reaktion getroffen.»

Zu Recht auf der Achse des Bösen?

In der Bevölkerung hörte man allerdings anderes zur Behauptung George W. Bushs, Iran sei Teil einer Achse des Bösen: Stimmt doch, hieß es oft. Trotz der Kritik an der Rolle, die die USA unter dem Schah in Iran gespielt haben, ist die iranische Bevölkerung inzwischen die bei Weitem amerikafreundlichste der islamischen Welt, schon um damit gegen die Haltung der Radikalen zu opponieren. Vor allem bei jüngeren Leuten – und 70 Prozent der Iraner sind jünger als 30 Jahre – hört man wenig Amerika-Kritik. Im Gegenteil! Die USA üben eine enorme Anziehungskraft aus. Über Internet und die verbotenen Satellitenanlagen ist die amerikanische Kultur in fast jedem Wohnzimmer präsent, amerikanische Filme und Musik erfreuen sich größter Beliebtheit. Schon vor vielen Jahren wurde mir dies deutlich, als ich am 2. November in Teheran im Stau stand. Der Taxifahrer erklärte mir, die Busse, die zur Demonstration vor der amerikanischen Botschaft führen, verstopften gerade die Straßen. Als ich erwiderte, der Jahrestag der Besetzung der Botschaft, der alljährlich groß begangen wird, sei doch erst in zwei Tagen, meinte er: «Ja, aber an dem Tag ist frei, da kann man nicht an den Schulen und Behörden vorfahren, die Leute einsammeln und sie zwingen zu demonstrieren.» Freiwillig, sagte er, ginge da niemand mehr hin. Ein andermal besuchte ich eine Demonstration vor der US-Botschaft. Ich kam mit zwei jungen Frauen ins Gespräch, die eben noch lauthals «Nieder mit den USA» gerufen hatten. Als sie hörten, dass ich aus Deutschland komme, baten sie mich um Hilfe für ein Visum. Über Deutschland würden sie gerne in die USA auswandern.

Trotz oder wahrscheinlich gerade wegen des verordneten Antizionismus wirkt sich nicht einmal wie in anderen Ländern der islamischen Welt die proisraelische Politik der amerikanischen Regierung negativ auf das USA-Bild der Jugend aus. Zu spontanen Demonstrationen gegen die Israelis oder zu einem Boykott amerikanischer Waren durch die Bevölkerung, wie in anderen islamischen Ländern geschehen, würde es in Iran sicher nicht kommen. Die normale Bevölkerung interessiert sich nicht besonders für das Schicksal der Palästinenser. Die Jugend sieht in ihnen keine muslimischen Brüder und Schwestern, denen gegenüber man sich solidarisch verhalten müsste, sondern Araber. Iraner hegen aber im Allgemeinen eher Überlegenheits- als Solidaritätsgefühle gegenüber Arabern. Mit den Palästinensern fühlt sich der Großteil der Bevölkerung daher nur wenig verbunden, mit den USA hingegen schon. Fast jeder Iraner hat Verwandtschaft in den USA.

Im Oktober 2002 führten mehrere iranische Meinungsforschungsinstitute im Auftrag der Regierung eine Umfrage durch: Was halten Sie von einer Wiederaufnahme der Beziehungen zu den USA, wurde dort gefragt. 70 Prozent der Befragten befürworteten eine Wiederaufnahme, 40 Prozent können die Politik der USA gegenüber Iran zum Teil nachvollziehen bzw. halten diese für richtig. Die Konservativen reagierten verärgert und ließen die Direktoren der Institute verhaften. Unter ihnen war auch ein prominentes Mitglied der Reformfraktion. Der inzwischen geläuterte Abbas Abdi war der Anführer der Besetzung der US-Botschaft. Der Vertraute Khatamis hatte sich 1998 mit Barry Rosen getroffen, einer ehemaligen Geisel. Beide sagen, man könne die Vergangenheit nicht ändern, müsse aber an einer gemeinsamen Zukunft der Länder arbeiten.

Wenige Monate zuvor hatte Ashraf Borudscherdi, Staatssekretärin des Innenministeriums für soziale Fragen, das Ergebnis einer repräsentativen Umfrage über die Einstellung der Bevölkerung zu ihrem Staat vorgestellt, die nicht schmeichelhafter für das Regime war. Rund 90 Prozent der Befragten sind mit der Islamischen Republik unzufrieden, von diesen wiederum sprechen sich 23 Prozent für einen grundlegenden Wandel der Staatsordnung aus. 32,5 Prozent geben an, keine Zukunftsperspektive zu haben. 39,2 Prozent der Befragten sind der Meinung, in Iran werde das Recht missachtet, 49 Prozent vermissen individuelle und gesellschaftliche Rechtssicherheit. 66,2 Prozent wollen einschneidende Reformen.

Auch im klerikalen Establishment meldeten sich Einzelne zu Wort und beklagten die Lage. Sie seien als Geistliche früher *posht-o panah*, Rückhalt und Zuflucht, der Bevölkerung gewesen. Das Gegenteil sei jetzt der Fall, sie seien Teil eines unterdrückerischen Systems. Manch einer äußerte darüber sein Bedauern und zog – zuweilen sehr öffentlichkeitswirksam – die Konsequenzen: Ein Beispiel dafür ist der Rücktritt Ayatollah Dschalaleddin Taheris (1926–2013) von seinem Posten als Isfahaner Freitagsprediger im Juli 2002. In seinem Rücktrittsschreiben erklärte er, er könne nicht mehr länger die Augen vor dem Leiden der Bevölkerung verschließen. Das Regime beschreibt Taheri als korrupt, unterdrückerisch und heuchlerisch. Er beschuldigt die Herrschenden, die Ideale der Revolution verraten zu haben. Die Machthaber benutzten den Glauben der Menschen, um ihre eigenen, ausschließlich materiellen Ziele zu verwirklichen.

Oder Großayatollah Yousef Sanei (1937–2020): Er will nicht, dass seine Religion für all das steht, was dem Volk vorenthalten wird: Das Volk wolle Freiheit, und im Namen des Islams werde sie ihm verwehrt. Natürlich sei das nicht die Schuld des Islams. Seine Religion sei für Freiheit und Demokratie. Aber die Vertreter dieser Religion hätten den Menschen nicht beigestanden. Die Staatskleriker nicht, weil sie nur an ihren Pfründen interessiert seien, und die andersdenkenden Geistlichen nicht, weil sie es nicht gewagt hätten. Deshalb würde sich heute niemand mehr an den religiösen Führern orientieren. Er sagte im Gespräch: «Die Geistlichen haben ihre Heiligkeit verloren. Und warum? Weil sie Teil der Machtelite geworden sind.» Macht korrumpiere. Das Einssein von Religion und Macht sei ein großer Schaden, das habe er jetzt erkannt. Immer sei Macht verbunden mit Lüge, Diebstahl, Unterdrückung und Verrat. Eine religiöse Führung hingegen sei heilig. Aber gerade deswegen könne sie nicht sagen, sie wolle die Menschen zum Gebet anleiten, zum Guten weisen – und auch regieren: «Denn Regieren erfordert Spielchen, übers Ohr Hauen. Die Welt des Regierens ist eine Welt des Unterdrückens.»

Den einzigen Ausweg sieht er in einer neuerlichen Trennung von Staat und Religion. Dann könne die Geistlichkeit ihre Heiligkeit zurückgewinnen, dann könne sie wieder Sprachrohr der Menschen werden und *posht-o panah*. Sanei steht damit heute wieder für eine alte Tradition innerhalb der schiitischen Geistlichkeit. Eine Geistlichkeit, die zwar Sprachrohr des Volkes war und dieses und den Islam um der Gerechtigkeit willen verteidigte, sich ansonsten aber aus der Politik heraushielt. Es war besser für sie, meint er. Ihrem Ansehen jedenfalls war es zuträglich, denkt er. Als sicher gilt ihm, dass der Klerus in Zukunft eine geringere Rolle in der Politik spielen wird. Iran, das erste Land, in dem der politische Islam an die Macht kam, wird einen Weg aus dem Islamismus finden.

Hoffnungsort Nadschaf

Ein islamisches Land ohne Theokratie also war die Idee, mit einer apolitischen Geistlichkeit. Nachdem der Irak von Diktator Saddam Hussein befreit war, wandten viele Reformer den Blick hoffnungsvoll nach Nadschaf, auf Unterstützung und ideelle Hilfe hoffend. Das hat historische Gründe. Denn Nadschaf ist der Ort der Orte: Nicht nur, weil die Stadt das traditionelle theologische Zentrum der Schiiten ist. Da die schiitischen Zentren, Nadschaf und Kerbela, ab dem 19. Jahrhundert nicht mehr in iranischem Hoheitsgebiet lagen und sich die religiöse Institution unabhängig von der politischen entwickelte, waren die beiden Städte als Hort der iranischen Opposition bestens geeignet – beispielsweise während der Tabakrevolte und der Konstitutionellen Revolution. Hier unterstützten iranische wie irakische Gelehrte den iranischen Freiheitskampf Ende des 19. und zu Beginn des 20. Jahrhunderts mit ihren Fatwas. Weil er sich hier im Exil befand und dem Zugriff der iranischen Behörden entzogen war, konnte auch Khomeini von Nadschaf aus wirksam gegen den Schah agitieren.

Eine Konkurrenz entstand der dortigen Hochschule erst, als mit Abdolkarim Haeri Yazdi (gest. 1937) in den zwanziger Jahren einer der seinerzeit bedeutendsten Gelehrten nach Iran in die Stadt Qom ging. Die iranische Regierung soll ihn dazu veranlasst haben, denn sie wollte ein Gegengewicht zum religiösen Zentrum Maschhad schaffen und gleichzeitig die Bedeutung der sogenannten Schwellen, der *atabat*, das heißt der Städte Kerbela und Nadschaf, im Irak abmildern. Schon bald avancierte Qom hinter Nadschaf zur zweiten Hauptstadt der Schia. Die Vormachtstellung Nadschafs blieb jedoch bis zum Ende der siebziger Jahre unangefochten. Dann kam die Revolution: In ihrer Folge versuchte der iranische Staatsklerus, Qom zu dem Zentrum der schiitischen Welt schlechthin zu machen. Erdöleinnahmen flossen nun in die Theologenstadt, die Zahl der Kleriker wuchs rasant. Zudem wurde die schiitische Geistlichkeit im Irak unter Saddam Hussein verfolgt. Rund 5000 Geistliche aus Nadschaf suchten Zuflucht in Qom.

Nach der amerikanischen Invasion im Irak brach die Konkurrenz zwischen den beiden Orten wieder aus. Nadschaf gewann langsam seine alte Bedeutung zurück. Großayatollah Ali Sistani wurde mit den Worten zitiert, er habe vor, Nadschaf wieder zum «Herz des Schiismus» zu machen. Einige Geistliche, die aufgrund ihrer abweichenden politischen Haltung in Iran Repressionen ausgesetzt waren, emigrierten nun in den Irak. Tatsächlich kann es für eine iranische geistliche Opposition zum iranischen System keinen Ort geben, der so bedeutungsschwer ist wie Nadschaf.

Der gebürtige Iraner Sistani wurde von westlichen Medien als der größte Konkurrent Khameneis identifiziert. Häufig wurde zu Beginn der amerikanischen Besatzung des Iraks die Hoffnung geäußert, Sistanis säkularistische, apolitische und quietistische Haltung könne auf Iran ausstrahlen. Nadschaf könne ein Gegengewicht zum iranischen Zentrum Qom bilden und längerfristig sogar zu einem Regimewechsel in Iran führen. So schrieb Babak Rahimi, Sistanis Netzwerk könne in Verbindung mit einem neuen demokratischen Staat im Irak die lange Tradition der klerikalen Nichteinmischung auf staatlicher Ebene wiederbeleben und die iranischen Kleriker beeinflussen, dort einen Systemwechsel zu unterstützen. Sandro Magister meinte, mit Nadschaf und Qom konkurrierten zwei politische und theologische Visionen um die Vorherrschaft innerhalb des schiitischen Islams. Die Wiedergeburt von Nadschaf werde das innere Gleichgewicht des iranischen Islams beeinflussen und die theokratische Strömung schwächen.

Wie Reidar Visser belegt, hatte man es allerdings vorgezogen, nur mit Klerikern zu sprechen, die genau die Meinung vertraten, die man hören wollte – und die gegenteilige, der Realität näher kommende auszublenden. Visser argumentiert, dass das Klischee von den unüberbrückbaren Differenzen zwischen der Teheraner Regierung bzw. Qom und Sistani nicht aufrechtzuerhalten sei. Dagegen sprächen die Verbindungen aus den neunziger Jahren, die finanziellen Investitionen, die Sistani in seiner iranischen Heimat getätigt habe, sowie die Ehrerbietung, die ihm dort von offizieller Seite immer entgegengebracht worden sei.

Hinzu kommt: Die irakischen Geistlichen, die nach 2003 aus dem iranischen Exil in den Irak zurückkehrten und Moscheen im Südirak übernahmen, bildeten eine wichtige Achse zwischen Qom und Nadschaf. Von einem doktrinären Schisma zwischen ihren Klerikern oder einem Exodus oppositioneller Kleriker aus der einen in die andere Stadt war jedenfalls nichts zu sehen. Im Gegenteil, sichtbar sind eher die Verflechtungen: Sogar Sistanis Website wird in Qom hergestellt. Auch ist das finanzielle Zentrum Sistanis nach wie vor in Qom. Hier werden seine Gelder verwaltet, es handelt sich dabei um riesige Summen. Zudem sind trotz wiederholter inständiger Bitten von Dissidenten in Iran die Nadschafer Kleriker bezüglich der iranischen Politik gewissenhaft still geblieben, um, wie Vali Nasr vermutet, die iranischen Behörden nicht zu beunruhigen.

Diese Verbundenheit Sistanis mit Iran ist eine Folge der Politik Saddam Husseins: Großayatollah Abolqasem Choi war 1992 nach langem Hausarrest gestorben und Sistani sein Nachfolger geworden. Um Choi zu strafen, hatte das Regime die Schulen in Nadschaf geschlossen, zahlreiche Lehrer getötet und inhaftiert und die Studentenzahlen dezimiert, von 7000 auf 1000. Auch Sistani wurde inhaftiert und davon abgehalten, das Geld im Irak auszugeben, das seine Anhänger ihm übermittelten. Sistani leitete diese Gelder daher ins Ausland.

Dass Qom aufblühte und zum neuen weltweiten Zentrum des Schiismus wurde, ging somit auch wesentlich auf Sistani zurück. Zu manchen Zeiten gab Sistani fünf Millionen Dollar jährlich an Stipendien für Studenten und Lehrer in Qom aus. Allein deshalb achtet er darauf, die iranischen Behörden nicht zu verärgern, und vermeidet es, Khameneis Autorität herauszufordern, trotz möglicher theologischer Differenzen. Im Gegenteil: Er hat die studentische Reformbewegung sehr dafür kritisiert, ihre Anliegen über nationale Belange zu stellen. Beides wird von Beobachtern als Entgegenkommen gegenüber Teheran gewertet. Sistani hat früh erkannt, dass schiitisches Empowerment im Irak nur mit Teherans Hilfe möglich ist. Deshalb will er sich mit den Machthabern gut stellen und es sich mit Khamenei nicht wegen einiger Differenzen über Fragen der Regierung verderben. Einmischung in innere Angelegenheiten will er sich nicht zuschulden kommen lassen. Mehdi Khaladschi beschreibt, wie sorgsam Sistanis Schwiegersohn Dschavad Shahrestani, der in Qom das Büro Sistanis leitet, darauf achtet, nicht das Missfallen Khameneis zu erregen, beispielsweise indem er den Studenten der Schulen Sistanis weniger Stipendiengeld auszahlt als Khamenei, obschon Sistani über höhere Einnahmen verfügt. Die von der Politik vorgegebenen Hierarchien sollen nicht infrage gestellt werden. Sistani versucht, Khamenei nicht vor den Kopf zu stoßen, und begegnet ihm ausgesucht höflich. Als er sich im August 2004 zur medizinischen Behandlung in London aufhielt, sandten ihm politische Führer aus aller Welt Genesungswünsche. Doch der Einzige, dem Sistani antwortete und dankte, war Khamenei.

Trotzdem blickten die Reformkräfte in der Islamischen Republik eine Zeit lang mit großer Hoffnung und Erwartung auf den Irak und Sistani. Masume Ebtekar (geb. 1960), ehemalige stellvertretende Staatspräsidentin im Kabinett Mohammad Khatami, erklärte, die Entscheidungen Sistanis würden in Reformkreisen genau beobachtet, seine Thesen, insbesondere seine Befürwortung und Definition des Begriffs «Toleranz», würden in Iran diskutiert. Auf die Frage, ob die neue schiitische Herrschaft im Irak in dieser Hinsicht auch die Entwicklung der Demokratie in Iran fördern könnte, sagte sie, dass dies durchaus der Fall sein könnte. Wenn Iran eine alternative Herrschaftsform vorgeführt bekäme, die grundsätzlich von einer ähnlichen Mentalität wie der schiitischen geprägt sei, werde dies eventuell auch die Iraner dazu ermuntern, über Alternativen zum jetzigen System nachzudenken, die dann vielleicht eine «islamische Demokratie» hervorbringen.

Ähnlich erwartungsvoll beobachtete Mohsen Kadivar die Entwicklungen im Irak und erklärte im persönlichen Gespräch, die Iraker könnten verwirklichen, was die Iraner einst versucht, aber nicht geschafft hätten: eine wirkliche islamische Republik zu schaffen. Eine islamische Republik mit echten islamischen Werten, eine Demokratie, in der die Geistlichkeit keine besonderen Rechte hat. Diese Ansicht entspricht der von Großayatollah Hosein Ali Montazeri, der mir gegenüber erklärte, dass Irak von der iranischen Erfahrung lernen und den Geistlichen nicht erlauben sollte, eine politische Rolle, für die sie nicht qualifiziert sind, zu übernehmen. Sein Sohn ging sogar noch einen Schritt weiter: «Geben Sie dem Ganzen etwas Zeit. Innerhalb von ein oder zwei Jahren wird Nadschaf zu einer freien und offenen Umgebung werden und iranische Dissidentenkleriker werden dorthin gehen und beginnen, die göttliche Herrschaft der Kleriker hier zu debattieren.»

Es stellte sich jedoch bald heraus, dass das Gegenteil der Fall war: dass sich die Schiiten Iraks gerade nicht anschickten, aus der Erfahrung der Iraner zu lernen. Das schiitische Modell à la Khomeini ist im Irak akzeptierter, als es sich die iranischen Reformer und die Amerikaner träumen lassen. Als die USA das Baath-Regime beseitigt hatten, konnte sich eine neue politische Kraft entwickeln, die eine Islamische Republik à la Iran etablieren will. Die USA haben den Khomeinismus nicht besiegt, so scheint es, sondern ihm möglicherweise Millionen irakischer Alliierter verschafft.

Die irakischen Schiiten sind durch zwei Ereignisse radikalisiert worden: durch die Niederschlagung ihres politischen Aktionismus Ende der siebziger und in den Achtzigerjahren sowie durch die Niederschlagung des 1991er-Aufstandes und die Verfolgung der Schiiten im Süden des Landes. Das Ergebnis war, dass Khomeinis Ideen unter der jungen Generation an Einfluss gewannen. Deshalb wurde der Einfluss der Entwicklungen im Irak im Hinblick auf eine Demokratisierung Irans überschätzt, und es wurde unterschätzt, dass im Irak eine Mehrheit eine Islamische Republik à la Khomeini favorisiert – vielleicht mehr als in Iran selbst. Von dort geht jedenfalls kaum Hoffnung aus für einen demokratisch-islamischen Iran.

Habermas in Iran: Hier werden meine Bücher gelesen

Studenten und junge Menschen allgemein scheinen einem demokratisch verfassten Islam immer weniger eine Chance zu geben. Immer seltener spielt der Islam überhaupt eine Rolle in ihrem Wunsch nach Wandel. Das sah man bereits Anfang der 2000er-Jahre. Beobachter meinen, der Wunsch nach grundlegenden Reformen sei der wichtigste Grund, warum Studenten und Intellektuelle die westliche politische Philosophie als eine Form des Widerstands gegen politische Ideologien und religiösen Dogmatismus sehen. Beispielhaft dafür ist die Begeisterung, mit der Jürgen Habermas in Iran empfangen wurde. Er besuchte Teheran 2002 auf Einladung des von Khatami gegründeten Zentrums für den Dialog der Zivilisationen. Der Andrang bei seinem Vortrag an der Universität Teheran über die «Säkularisierung in den postsäkularen Gesellschaften des Westens» war groß, die Studenten drängten sich vor dem Audimax und diskutierten lebhaft. Die Presse nahm seine Vorträge auf und schlug eine Brücke zur aktuellen politischen Lage in Iran. Über seine Erfahrung sagte Habermas später im Gespräch mit Christiane Hoffmann:

> Wenn man mit kleinem geistigem Gepäck von Westen nach Osten reist, tritt man in die übliche Asymmetrie der Verständigungsverhältnisse, die für uns die Rolle der Barbaren bereithalten: Sie wissen mehr über uns als wir über sie. Die Soziologen, die ich traf, sind meistens in Frankreich ausgebildet worden, folgen aber heute den Entwicklungen in den Vereinigten Staaten. In der Philosophie scheinen Kant und die angelsächsischen Analytiker zunehmend Interesse zu finden, ebenso die zeitgenössischen Ansätze der politischen Philosophie. (Habermas 2002, 47)

Ramin Jahanbegloo erklärte das Interesse an Habermas damit, dass dieser in der Tradition der Frankfurter Schule stehe:

Habermas' Besuch im Iran war ein Riesenerfolg. Er wurde hier so aufgenommen, wie man in Indien mit Bollywood-Stars umgeht. Wo immer er auftauchte oder einen Vortrag hielt, umringten ihn sofort hunderte junger Studenten und neugieriger Zuhörer. Das gleiche Phänomen wiederholte sich, als zwei Jahre später Richard Rorty den Iran besuchte: An die 1500 Leute kamen zu seinem Vortrag über «Democracy and Non-Foundationalism» im Haus der Künstler in Teheran. Habermas' Teheran-Besuch war von großer Bedeutung für die Entwicklung des demokratischen Gedankens und den interkulturellen Dialog. Wie Victor Hugo in «Geschichte eines Verbrechens» sagt: Die Invasion einer Armee kann man abwehren, nicht aber Ideen, deren Zeit gekommen ist. Im Iran ist die Zeit philosophischer Gedanken gekommen. Philosophie ist hier heute so etwas wie ein Fenster zur westlichen Kultur, zur Offenen Gesellschaft und zum Konzept der Demokratie. Und deshalb sind Habermas, Rorty, Ricoeur, Berlin und viele andere im Iran so wichtig. Die meisten Intellektuellen im Iran stehen heute im Kampf gegen verschiedene Formen des Fundamentalismus, des Fanatismus und der Orthodoxie. Und Habermas gilt als der Erbe der intellektuellen Tradition der Frankfurter Schule, die von Anfang an alle Orthodoxien und Autoritarismen in Frage stellte. (Jahanbegloo 2006)

Ein Volk verschwindet

«Wenn die Iraner die Regierung satthaben und nicht länger ertragen können», schreibt Ryszard Kapuscinski in *Schah-in-schah* über die Geschichte der Revolution, «dann erstarrt das ganze Volk und verschwindet schließlich, als hätte es der Erdboden verschluckt.» Und die Iran-Korrespondentin der *Frankfurter Allgemeinen Zeitung* Christiane Hoffmann zitiert in einem Artikel aus dem Jahre 2003 einen Freund mit den Worten: «Das iranische Volk weiß, dass das System am Ende ist. Aber wir Perser sind ein höfliches Volk. Wir sind zu höflich, es unseren Herrschern zu sagen.»

Gegen Ende der zweiten Amtszeit von Khatami sagten es einige schließlich sogar selbst. Namhafte Ayatollahs warnten vor der bevorstehenden Explosion der Gesellschaft und sprachen von einer ernsten Gefahr für das System. So erklärte Ayatollah Amini: «Es war nicht das Ziel der Islamischen Revolution, ein System durch ein anderes zu ersetzen und das Verhalten des Staates beim Alten zu belassen.» Sein Kollege Ayatollah Taheri verglich die islamistischen Schlägertrupps mit dem «hirnlosen Schaban», dem berüchtigten Anführer der Schlägertrupps des Schahs. Insgesamt wurde in der politischen Debatte immer häufiger ausgerechnet der Vergleich mit der Schah-Zeit bemüht. Der Islamischen Republik, so hieß es, könnte das gleiche Schicksal drohen. «Der Hauptgrund für den Sturz des Schah-Regimes war sein Widerstand gegen die Forderungen der Studenten nach Freiheit und Gerechtigkeit», erklärte Mohammad Reza Khatami. Damals herrschten Autokratie und Diktatur, heute hingegen eine «Diktatur mit religiöser Färbung».

Als im Februar 2003 Kommunalwahlen anstanden, hatte der Reformstau, der eine Folge der Pattsituation zwischen den Reformkräften und dem Bollwerk ihrer Gegner war, schließlich das produziert, was die Reformer am meisten fürchteten: Wählerapathie. Diese Kommunalwahlen, die zum ersten Mal seit Bestehen der Islamischen Republik stattgefunden hatten, waren die bislang freiesten Wahlen in ihrer Geschichte. Das hing damit zusammen, dass die Koordinierung der Kommunalwahlen nicht dem Wächterrat unterstellt war, sondern dem damals liberal geführten Innenministerium. Zum ersten Mal seit 1984 wurde daher die national-religiöse Allianz, also den *nehzatis* nahestehende Personen, zugelassen. Doch in den größeren Städten ging die Bevölkerung nicht zur Wahl. In Teheran betrug die Wahlbeteiligung weniger als 14 Prozent, nur die Konservativen konnten ihre Wähler mobilisieren. Damit gewannen die Hardliner die Kontrolle über die Kommunalparlamente der größeren Städte. Mahmud Ahmadinedschad wurde Bürgermeister von Teheran – womit er die politische Bühne Irans betrat.

Immer deutlicher, aber auch immer resignierter lasen sich daraufhin die Stellungnahmen der Reformpolitiker: Bereits einige Tage vor den Studentenprotesten vom 9. Juni 2003 hatten 148 Parlamentarier in einem Brief an Revolutionsführer Khamenei deutliche Kritik geübt. Sie bezeichneten seinen Anspruch, in Gottes Namen zu regieren und daher unfehlbar zu sein, als Ketzerei. Sie beklagten, dass einige Gruppen seit Jahren versuchten, den Reformprozess zu stoppen, indem sie Mordattentate auf Regimekritiker verübten und Proteste niederschlügen. Zeitungen würden verboten und Intellektuelle und Journalisten inhaftiert. Die Verfassung werde vom Wächterrat willkürlich ausgelegt, er habe damit das Parlament praktisch ausgeschaltet. Von ihren innenpolitischen Gegnern wurden die Unterzeichnenden daraufhin als amerikanische Abgeordnete denunziert. Die kurz darauf ausbrechenden Studentenproteste legte man ihnen zur Last.

Diese Demonstrationen der Studenten unterschieden sich in zwei wesentlichen Punkten von den vorhergegangenen: Erstmals forderten die Demonstranten auch den Rücktritt Khatamis, während bei den Protesten 1999 sogar noch das Bild des Präsidenten hochgehalten worden war. Vier Jahre später aber meinten immer mehr Menschen, Khatami sei gescheitert. Neu war auch, dass nun ganz offen die Abschaffung der Herrschaft des Rechtsgelehrten gefordert wurde.

Zwar wurden diese Demonstrationen, egal, mit wem man auch sprach, als richtig und wichtig goutiert. Man sah sie sich über die Satellitenkanäle an, redete darüber, nahm aber selbst nicht teil. Dazu war die Desillusionierung zu groß. Ebadi konstatierte 1999 in einem Interview mit mir, das Volk sei tief enttäuscht. Während der Revolution und in dem Krieg mit Irak, der folgte, habe eine unglaubliche Anzahl von Familien ihre Söhne und Männer verloren. «Die Nation verlor ihre besten jungen Männer, und Millionen von Iranern wurden ins Exil gezwungen», zog er Bilanz und prognostizierte: «Es wird noch Generationen dauern, bis wir uns von dem erholt haben, was uns die Revolution gekostet hat.»

Regisseur Bahram Beyzai bemühte den Vergleich mit einem Hundertmeterlauf, um zu erklären, warum das Volk nicht mehr kann: Ein Läufer würde einige Stunden brauchen, um sich zu erholen, ein Volk brauche nach einer Revolution einige Jahrzehnte.

Hosein Khomeini sucht die Hilfe der Amerikaner

Die Abschaffung der Herrschaft des Rechtsgelehrten, nach der die Studentinnen und Studenten riefen, forderte 2003, also nach dem Einmarsch der Amerikaner im Irak, auch jemand, bei dem die Welt aufhorcht. Wenn ausgerechnet Hosein Khomeini, der Enkel des Staatsgründers, eine militärische Intervention der Amerikaner gutheißt, um das herrschende System zu beseitigen, mag dies in Deutschland mit Verwunderung zur Kenntnis genommen werden. Doch nach einer Iran-Reise im Herbst 2003 blieb bei mir der Eindruck zurück, dass viele Iraner, zumindest aus der Mittelschicht, die Iran-Politik der USA gutheißen. Das mag mit der von Ebadi und Beyzai konstatierten Enttäuschung und Müdigkeit zusammenhängen. Anders als die USA wurden Deutschland und die EU heftig dafür kritisiert, dass sie immer noch auf den Dialog setzten und auf Reformen von innen hofften. Nein, sagten überraschend viele Gesprächspartner frustriert, was hat der Dialog denn gebracht? Wir haben seit 1997, seit wir Khatami zum Präsidenten gemacht haben, durch unsere Teilnahme an den Wahlen belegt, dass wir Reformen wollen, zu warten bereit sind und uns auf einen Wandel einlassen, der friedlich, aber damit wahrscheinlich langsam, eigentlich zu langsam ist. Doch die Konservativen haben kein Einsehen, und deshalb ist die Politik der Amerikaner richtig. Druck von außen sei das Einzige, was jetzt noch helfen könne, sagten 2003 immer mehr Menschen. Allerdings war das, bevor das Chaos im Irak ausbrach.

Diese überraschend unkritische Haltung gegenüber der amerikanischen Politik zeugte weniger von einer wirklichen Akzeptanz oder auch nur Kenntnis der US-Politik im Nahen Osten. Sie belegte bloß, dass die Menschen keine Alternative mehr sehen. Und noch immer gab es auch diejenigen, die, wie die Friedensnobelpreisträgerin des Jahres 2003, Shirin Ebadi, mahnten, dass es nicht gut wäre für Iran, wenn sich das System ausgerechnet auf Drängen und Betreiben der Amerikaner wandeln würde. Das müsste man schon selber schaffen, gerade im Hinblick auf die eigene Geschichte und wegen des Selbstbewusstseins eines Volkes, das sich einst erfolgreich erhob, um den Status einer Semi-Kolonie abzuschütteln. Die Voraussetzungen dafür sind in Iran nicht die schlechtesten. Denn trotz aller Rückschläge im Reformprozess hat sich eine ihrer Lage bewusste, politisch interessierte Öffentlichkeit herausgebildet. Es gibt Ansätze zivilgesellschaftlicher Organisation und vor allem eine Gesellschaft, die Liberalisierung und Demokratie will.

Der Friedensnobelpreis für Shirin Ebadi

Das Nobelpreiskomitee hat eine wichtige Botschaft gesendet, als es Shirin Ebadi 2003 mit dem Friedensnobelpreis auszeichnete. Weil Ebadi an die Möglichkeit der Reform von innen glaubte, waren die Monarchisten in der iranischen Exilopposition allerdings nicht erfreut über die Ehrung. Diese Kreise befürworten im Gegensatz zu Ebadi eine Intervention der USA, sei es militärisch oder indem die USA den ökonomischen Druck auf Iran weiter erhöhen. Dass Iran dann, wie Ebadi befürchtet, wieder zu einer Quasi-Kolonie werden könnte, schert die Exilopposition in Amerika ebenso wenig wie manche Iraner in Iran. Ebadi trat 2003 für den langsamen, beschwerlichen Kampf innerhalb des iranischen Systems ein. Dem *Spiegel* erklärte sie:

> Der Kampf muss im Innern eines Landes und einer Gesellschaft geführt werden. Jede fremde Einmischung erschwert dieses Ringen nur. Kein Staat hat das Recht, einem anderen seinen Willen aufzuzwingen, und wäre es, um das Gute durchzusetzen. Meistens wird das Gegenteil dabei herauskommen. (Ebadi 2003 a)

Ebadi ist überzeugt: Es wird sich etwas ändern, wenn viele den Wandel wollen. Das sei in Iran der Fall. Längerfristig sei daher der Demokratisierungsprozess nicht aufzuhalten:

Ich denke, das Zeitalter der Revolutionen ist vorbei. Außerdem gibt es keine Garantie dafür, dass eine weitere Revolution uns etwas Besseres bringen würde als die von vor 25 Jahren. Nachdem ich das Phänomen *Revolution* lange Jahre beobachtet habe, bin ich zu dem Schluss gekommen, dass Revolutionen niemals versprechen, was sie halten. Was ich fordere, ist eine Reformbewegung, die alle Bereiche umfasst: das politische, soziale, kulturelle Leben und natürlich Menschenrechte. Der einzige Weg hieraus ist Reform mit friedlichen Mitteln. Khatami ist nicht der Einzige, der Reformen fordert, und nur weil seine Regierung gescheitert ist, heißt das nicht, dass die Reformbewegung gescheitert ist. (Ebadi 2003 b)

Ja, sie war zu diesem Zeitpunkt wohl gescheitert, die Reformregierung. Doch die Bewegung für Reform war es nicht. Das zeigten auch die Diskussion um den Nobelpreis für Ebadi und die Reaktionen der Öffentlichkeit. Wie sehr sich diese 2003, sechs Jahre nach seinem so stürmisch begrüßten Amtsantritt, von ihrem Präsidenten entfernt hatte, belegte Khatamis Reaktion. Er begrüßte zwar die Verleihung an Ebadi, spielte aber die Bedeutung des Friedensnobelpreises herunter: «Eine rein politische Entscheidung. Ein Friedensnobelpreis ist nicht viel wert, im Gegensatz zum Literatur- und Medizinnobelpreis.» Harter Tobak, ein fast unverzeihlicher Ausrutscher in den Augen vieler. Sogar das banalste Gefühl für Höflichkeit habe Khatami damit verletzt, fanden die meisten. Dem Präsidenten, der in den letzten Monaten seiner zweiten Amtszeit ohnedies viel an Ansehen eingebüßt hatte, ist seine Reaktion teuer zu stehen gekommen. Shahla Lahidschi, eine gute Freundin Ebadis, kommentierte: «Khatami hat in den letzten Monaten viele Fehler gemacht, aber das war sein schwerwiegendster.»

Wie sehr die Verleihung des Preises an Ebadi die Gesellschaft aufmischte, zeigte auch die Reaktion der Konservativen. Die von ihnen kontrollierten staatlichen Medien hatten am 10. Oktober, als die Vergabe bekannt wurde, nur zögerlich berichtet. Erst Stunden nach der Bekanntgabe kam eine kleine Meldung in den Nachrichten. Mehr als «Ebadi bekommt Friedenspreis» war es nicht. Auch am nächsten Tag berichteten die Zeitungen der Konservativen kaum, die fundamentalistische *Siyasat-e ruz* nahm statt dieser Meldung einen Bericht über die Entdeckung eines Friedhofs aus der Eisenzeit in Spanien auf die Titelseite. Ali Yussefpur, Leiter der Gruppierung der sogenannten islamischen Journalisten, erklärte: «In den letzten Jahren waren wir Zeugen, dass dieser Preis auch an Sadat und Carter vergeben wurde. Ich bin der festen Überzeugung, dass diesen Preis nur Personen bekommen, die im Interesse des Westens arbeiten oder gegen die islamischen Prinzipien.» Und Asadollah Badamchian, der Direktor der einflussreichen Organisation *Dschamiyat-e Motalefe-ye Eslami*, schrieb: «Wenn ein Preis dazu dient, den Interessen des Kolonialismus und der verdorbenen Welt zu dienen, ist er ein Zeichen der Schande.»

Ebadi kämpft für all das, was die Radikalen dem iranischen Volk vorenthalten wollen, für Demokratie, Menschenrechte, die Gleichberechtigung der Frau. Für die Reformer wurde sie durch die internationale Aufmerksamkeit zur Hoffnungsträgerin in diesem Kampf gegen die Konservativen. Die Einzige, die diesen Kampf führt, ist sie allerdings nicht. Es hätten sicher auch andere Intellektuelle und Frauenrechtlerinnen mit dem Preis ausgezeichnet werden können. Viele, die in Iran für Reformen kämpfen, haben es Ebadi in den letzten Jahren gleichgetan. Sie haben ebenso viel Engagement, Tapferkeit, Stärke gezeigt.

Das Nobel-Komitee zollte der gesamten gesellschaftlichen Bewegung Achtung und Respekt, als sie Ebadi ehrte. So hat Ebadi die Absicht des Komitees verstanden: Sie erklärte, sie werde den Preis stellvertretend für alle annehmen, die diesen Kampf führen. Viele hofften, der Preis könnte der Reformbewegung noch einmal Auftrieb geben, nachdem sie so viele Rückschläge erlitten hatte. Sie hofften, Ebadi könnte zur Symbolfigur werden. Nachdem die Reformpolitik gescheitert war, weil sie gegen die Konservativen nichts ausrichten konnte, stand Ebadi für die *gesellschaftliche* Reform.

5.
Hardliner in der Wagenburg

Das politische Scheitern der Reformer wurde bei den Parlamentswahlen 2004 deutlich: Der Wächterrat verweigerte Tausenden von Kandidaten die Kandidatur. Unter ihnen war – neben achtzig anderen noch amtierenden Mitgliedern des Parlaments – auch die Enkelin von Staatsgründer Khomeini, Zahra Eshraqi (geb. 1964), die als Ehefrau von Mohammad Reza Khatami zudem Schwägerin des damals amtierenden Präsidenten war. Wie allen anderen wurde auch ihr vorgeworfen, nicht an die islamischen Grundlagen des Staates zu glauben und eine Trennung von Staat und Religion anzustreben. Der Ausschluss der Kandidaten hatte eine der größten Verfassungskrisen seit Bestehen der Islamischen Republik zur Folge. Denn die Parlamentarier, die nicht erneut kandidieren durften, traten in einen Sitzstreik, und als dieser erfolglos blieb, traten sie zurück.

Blockierte Kandidaten, apathische Wähler, Abgeordnete im Sitzstreik

Die ausgeschlossenen Reformer riefen zum Boykott der Wahl auf, wollten die Abstimmung zu einem Referendum über die Islamische Republik machen. Zwar hat die Wahl dies nicht erbracht. Jedoch hatte sie mit 50 Prozent die niedrigste Wahlbeteiligung seit Bestehen der Islamischen Republik zu verzeichnen, was gerade im 25. Jahr ihres Bestehens, das durch die Wahl gefeiert werden sollte, mehr als peinlich war. Für das Regime war eine hohe Wahlbeteiligung immer wichtig gewesen. Den Reformern indes erschienen auch 50 Prozent noch hoch. Sie erhoben den Vorwurf der Wahlfälschung. Zudem herrschte eine Art Wahlzwang. Viele Menschen gingen wählen, weil sie ohne entsprechenden Nachweis, einen Stempel im Ausweis, Angst um ihren Arbeitsplatz bei einer staatlichen Behörde haben müssen oder ihnen die Exmatrikulation droht.

Durch die Kandidatenauslese und die weitverbreitete, bekannte Wählerapathie war schon vor dem Ausschluss der Kandidaten klar gewesen, dass die Radikalen die Wahl gewinnen würden, denn wieder einmal würden nur sie ihr Wählerpotenzial mobilisieren können. Da dies schon viele Monate vor der Wahl feststand, wäre es gar nicht notwendig gewesen, so viele Reformer auszuschließen.

Ein Zeichen der allgemeinen Desillusionierung war auch die Reaktion der Wählerschaft auf den Sitzstreik der Parlamentarier. Als dieser begann, wäre denkbar gewesen, dass die Bevölkerung die Abgeordneten in ihrem Kampf unterstützt, beispielsweise indem sie demonstriert. Aber das tat sie nicht. Es kann nicht daran gelegen haben, dass die Öffentlichkeit nichts von dem Geschehen wusste. Zwar kontrollieren die Konservativen den staatlichen Rundfunk und werden sogar die Ansprachen des Präsidenten zensiert gesendet. Aber erstaunlicherweise wurden eine überaus kritische Ansprache und ein Wahlboykottaufruf eines streikenden Abgeordneten sogar im staatlichen Rundfunk übertragen. Außerdem lassen sich ohnedies viele Iraner von *BBC Persian*, der *Voice of America* und den Sendern, die von der iranischen Exilopposition in Prag und Großbritannien betrieben werden, wie *Manoto* und *Radio Farda*, über das Geschehen in Iran informieren. Gemäß einer *BBC*-Recherche aus dem Jahre 2008 empfangen 30 Prozent aller Iranerinnen und Iraner diese Sender.

Die Menschen wussten also Bescheid, aber es interessierte sie nicht mehr. So enthusiastisch hatten sie diese Parlamentarier vier Jahre zuvor gewählt, so viele Hoffnungen in sie gesetzt. Und dann, im Februar 2004? Nichts. Niemand schien sich für die spektakuläre Aktion der Abgeordneten zu interessieren. Streiken die? Ja, dann streiken sie halt, schienen die meisten zu denken. Die Abgeordneten hatten sich wohl einfach zu spät zum Streik entschlossen, wie die Abgeordnete Elahe Kulai (geb. 1956) selbstkritisch zu bedenken gab. Nämlich erst in dem Moment, als es um sie selbst ging. 50 Reformgesetze aber haben sie scheitern lassen, ohne sich zu widersetzen.

Mit dem Sieg bei den Parlamentswahlen hatten die Hardliner wieder alle Institutionen in der Hand. Dass das System an Ansehen und Legitimität verliert, je weniger Menschen zu den Wahlen gehen und je mehr Kandidaten ausgeschlossen werden, scheint sie wenig zu scheren. Einige verweisen darauf, dass George W. Bush auch nur von rund 30 Prozent der Bevölkerung gewählt worden sei. Schon 1997 hatten ja Skeptiker auf die Besonderheiten des iranischen Systems verwiesen, sie würden eine Reform verhindern. Politiker wie Intellektuelle waren deshalb nach den Parlamentswahlen vollends der Meinung, dass ihr Ansinnen, Islam und Demokratie in diesem System miteinander zu vereinbaren, gescheitert ist. Eine Wagenburg aus Reaktionären würde sie hindern, und die Bevölkerung, vor allem die junge, habe inzwischen das Vertrauen in sie verloren.

Denn diese Bevölkerung will inzwischen deutlich mehr als die Reformer: Mohammad Reza Khatami, dessen Reformagenda weit über die seines Bruders hinausgeht, erklärte, die Jugend habe heute ganz andere Vorstellungen als jene, die die Macht innehaben. Die absolute religiöse Macht habe deshalb in Iran keine Zukunft. Die Jugend verweigere sich jeder Art von Ideologie. Und Mashallah Shamsolvaezin, der ehemalige Chefredakteur von *Jame'eh* sekundierte ihm:

> In einem Satz: Das ideologische System dieses Landes war nicht erfolgreich. Nehmen Sie den Fußball. Den wollte das Regime nicht – wie andere moderne Sportarten auch nicht. Aber die Leute haben trotzdem gekickt, sie haben trotzdem diese unglaubliche Leidenschaft für Fußball entwickelt und für andere Sportarten, die in der Ideologie des Regimes nicht akzeptabel sind. Eine Zeitlang wurde hier diskutiert: Bringt der Jugend bloß nicht

den Fußball nahe! Aber jetzt ist es offenbar so, dass die Menschen, wenn das Regime ihnen etwas verbietet, genau das wollen und auch machen. (Interview 1994, s. Amirpur 2005)

Drogen, Druck und Depressionen

Desillusioniert und frustriert stürzen sich immer mehr Menschen in den Drogenrausch. Das riesengroße Drogenproblem Irans ist eine Folge des gesellschaftlichen Frusts: Dr. Khashayar Nuri hat viel zu hören bekommen, seit er Drogensüchtige in seiner Privatklinik entgiftet. Von Zukunftsängsten, von gescheiterten Leben, die eigentlich noch gar nicht angefangen haben, erzählen ihm seine Patienten. Deshalb hätten sie zu Drogen gegriffen: «Sie wollen endlich einmal auf andere Gedanken kommen, diesen unendlichen Druck nicht mehr spüren müssen», erläutert er mir. Dr. Nuri diagnostiziert bei fast allen seinen Patienten Depressionen, verursacht durch die herrschende gesellschaftliche Situation.

In seiner privaten Klinik im Norden Teherans kuriert der Arzt Drogenabhängige mit dem Medikament Naltrexon. Bedingung für die Aufnahme ist allerdings, dass der Patient sich danach einer sechsmonatigen Therapie unterzieht. Zwischen 3000 und 3500 Euro kostet die Entgiftung. Bei Heroin dauert die Entgiftung länger und ist damit teurer als bei Opium. Die meisten Patienten von Dr. Nuri allerdings sind opiumabhängig. Opium wird schon seit alters in Iran konsumiert. Doch inzwischen ist der Konsum von einem kulturellen Phänomen zu einem sozialen geworden. Ein Problem vor allem von Jugendlichen.

Die jungen Menschen im Land wollen nichts anderes als das, was ihre Altersgenossen in Europa auch wollen: einen Job, eine Familie und ein wenig Spaß, Abwechslung, Freizeit. Keine allzu hohen Erwartungen. Eigentlich. Doch einen Job haben viele wegen der schlechten wirtschaftlichen Lage nicht. Einem Bericht des Ministeriums für Arbeit und Soziales vom November 2021 zufolge lebten

2020 26 Millionen Menschen in «absoluter Armut». Und das Institut für Sozialforschungen erklärte, die Zahl der Menschen, die in absoluter Armut leben, habe sich 2019 und 2020 im Vergleich zu den Vorjahren verdoppelt (Nirumand 2021, 12). Die inoffizielle Arbeitslosigkeit, die auch Unterbeschäftigung und verdeckte Arbeitslosigkeit umfasst, liegt bei bis zu 50 Prozent. Sogar die iranische Handelskammer gibt an, dass 40 Prozent aller Iraner unterhalb der Armutsgrenze leben, ausländische Diplomaten schätzen die Zahl auf über 60 Prozent. Kein Wunder, dass viele Jugendliche sich auch das Heiraten nicht leisten können. So steigt in einem Land, das vorehelichen Geschlechtsverkehr hart bestraft, auch der sexuelle Frust.

Abwechslung und Freizeitspaß werden jungen Menschen ebenfalls im Namen des Islams verboten. Unsittlich und lasterhaft nennt der offizielle Iran harmlose Vergnügungen wie Tanzen und Musik, sogar Lachen gilt den reaktionären Klerikern als sündig. Trotzdem ist die Jugend heute mit westlicher Musik vertrauter als mit Revolutionsliedern oder schiitischen Trauergesängen. Die meisten haben Satellitenschüsseln – auch wenn die offiziell verboten sind. Aber in Iran lebt man eben in zwei Welten: in einer, die verboten ist, und einer anderen, offiziellen. Zu lügen ist daher unausweichlich: Die Klassenlehrerin darf nicht wissen, dass die Mutter zu Hause auch vor fremden Männern kein Kopftuch trägt. Dass man am Wochenende mit seinem Freund im Kino war, sollen die Eltern nicht erfahren. Schon kleinen Kindern wird beigebracht zu lügen: «Erzählt nirgendwo, dass wir zu Hause eine Satellitenschüssel haben.» Und sie werden angelogen: «Mein Schatz, das ist Wasser, was Papa trinkt», sagt meine Freundin ihrer Tochter mit Blick auf das Wodkaglas ihres Mannes. «Aber ich hole dir doch lieber ein eigenes Glas, trink nicht davon.» Immer heucheln zu müssen, macht krank, Lügen wird zur Gewohnheit, Heucheln zur zweiten Natur. Offizielle Statistiken sprechen von 28 Prozent der Bevölkerung, die an Depressionen leiden, Iran hat weltweit die höchste Selbstmordrate von Frauen. Schon lange wird daher über die Islamische Republik mit den Füßen abgestimmt. 200 000 Menschen verlassen das Land jedes Jahr. Noch viel mehr würden gehen, wenn sie könnten. Wer nicht rauskommt, flüchtet sich ins innere Exil oder in eine Traumwelt und Exzesse. «Hier steigen wirklich wilde Partys, bei jeder Gelegenheit», erzählt die neunzehnjährige Nazanin, Schülerin in Teheran: «Und häufig arten sie in hemmungslose Exzesse aus.» Exzesse, wie man sie aus Filmen über amerikanische Teenager kennt, in der Islamischen Republik aber nicht unbedingt erwartet hätte: Alkohol, harte Drogen, wildes Rumgemache, Sex auf dem Küchentisch. «Hier erlebst du Sachen», sagt Nazanin. «Dagegen sind die Amis Waisenkinder.»

Obschon der Konsum verboten ist und rigide – mit bis zu 70 Peitschenhieben – bestraft wird, kann man sich Alkohol problemlos beschaffen. Inzwischen kann man ihn sich sogar nach Hause liefern lassen. Ein Anruf reicht. Noch einfacher und billiger allerdings ist es, an harte Drogen zu kommen, weil die Drogenroute von Afghanistan nach Westeuropa durch Iran verläuft. Ein Schuss Heroin kostet in Teheran weniger als eine Packung Zigaretten oder eine Flasche Milch. In der Hauptstadt kann man sich ohne größere Probleme innerhalb von nur zehn Minuten harte Drogen beschaffen. Eltern mit kleinen Kindern meiden öffentliche Parks, weil es dort von Dealern und Junkies und liegen gebliebenen Spritzen nur so wimmelt.

Die Zahlen sind erschreckend: Nach Angaben der Vereinten Nationen steht Iran hinsichtlich des Drogenkonsums an erster Stelle in der Welt. Demnach leben allein in Iran 15 bzw. 20 Prozent der weltweit Süchtigen. Sogar an den Schulen haben sich Drogen inzwischen epidemisch ausgebreitet. Die Teheraner Stadtverwaltung hat errechnet, dass dort täglich große Mengen Opium konsumiert werden. Bittere Wahrheiten. Dabei lebte die Islamische Republik von ihrem Selbstbild: Hier herrsche Anstand und Sitte, ein Drogenproblem habe nur der böse Westen, weil der so areligiös sei.

Positiv ist, dass seit 1997 die verantwortlichen Stellen nicht mehr die Augen vor dem Problem verschließen. Es wurde sogar zugegeben, dass Depressionen für den hohen Drogenkonsum verantwortlich sind. Dass man so schnell an Drogen kommen kann, ist es also nicht allein, erklärt man damit offen. Und immerhin wurde begonnen mit der Aufklärungsarbeit: Informationssendungen wenden sich an Jugendliche und Eltern, auf Plakaten wird für «Sport statt Drogen» geworben, und im Teheraner Park «Park-e Shahr» ist der Hinweis zu lesen: «Bitte benutzen Sie keine gebrauchten Spritzen – AIDS-Gefahr.»

Doch die Aufklärungsarbeit und die damit verbundenen Erfolge sind nur ein Tropfen auf den heißen Stein: Statistisch gesehen erleiden rund 90 Prozent der wenigen Behandelten einen Rückfall. Was sicherlich daran liegt, dass sie nach dem Entzug nicht herauskommen aus der Situation, die sie in die Sucht gebracht hat. Erstaunlich ist der geringe Prozentsatz von Frauen, die sich behandeln lassen. Dies dürfte zwar auch daran liegen, dass Drogensucht unter Männern stärker verbreitet ist als unter Frauen. Dass Frauen der iranischen Mittelschicht Drogen nehmen, ist eher ein neues Phänomen, drogenabhängige Frauen kommen traditionell eher aus den unteren Schichten. Ein weiterer Grund dafür, dass Frauen die angebotene Hilfe viel seltener annehmen, ist jedoch Scham. «Für Frauen geziemt es sich ja in dieser Gesellschaft nicht einmal, in der Öffentlichkeit zu rauchen. Wie hoch muss die Hemmschwelle da sein, zuzugeben, dass man opiumsüchtig ist», erläutert Fereshte Sharifi, die in einer Drogenberatungsstelle arbeitet.

«Die da oben wollen uns doch drogenabhängig machen. Wenn wir völlig abgestumpft sind, haben sie uns total unter Kontrolle.» Diese Aussage hört man immer wieder. Aber stimmt sie? Iran führt auf breiter Front einen Kampf gegen den Schmuggel aus Afghanistan, wo 2021 schätzungsweise 6800 Tonnen Opium produziert wurden, der Marktanteil des Landes lag in 2020 bei 85 Prozent, wie aus dem UN-Weltdrogenbericht hervorgeht (United Nations 2020). Wie Iran weltweit hinsichtlich des Konsums an erster Stelle steht, so auch in Bezug auf die Menge der Rauschmittel, die abgefangen werden. Über 50 Prozent der gesamten Drogen, die in der Welt sichergestellt werden, werden in Iran gefunden. Unzählige Tonnen gelangen dennoch auf den Markt. Irans Grenze mit Afghanistan hat eine

Länge von fast 1000 Kilometern. Zwar wird diese Grenze von Zehntausenden Polizisten kontrolliert, dennoch sind weite Teile durchlässig. Der Kampf gegen den Schmuggel gleicht einem Kampf gegen Windmühlen, und er fordert viele Opfer. Immer wieder hat Iran um internationale Hilfe im Kampf gegen die Drogen gebeten. Man brauche Nachtsichtgeräte und besonders ausgerüstete Helikopter. Aber Hilfe fließt spärlich. Weil Iran auch in diesem Bereich mit Sanktionen belegt wird, sind die Drogenbosse besser ausgerüstet als das Militär.

Das Konsumverhalten ändert sich. Seit einigen Jahren ist Crystal Meth besonders angesagt, viele nehmen das Amphetamin wegen seiner euphorisierenden Wirkung. Crystal Meth wird auch im Iran fabriziert, in Teheran gibt es viele illegale Drogen-Küchen, die das «shisheh» herstellen, wie es auf Persisch heißt.

Die Drogenabhängigkeit schafft große Tragödien: verwahrloste Familien, mittellos zurückgelassene Ehefrauen, Kinder, die im Gefängnis aufwachsen, weil die Mutter beim Dealen erwischt wurde. In Chorasan und Sistan-Belutschistan sowie in Kerman – den Regionen mit dem höchsten Rauschgiftkonsum – ist die Drogensucht des Ehepartners in 70 Prozent aller Fälle der Scheidungsgrund. «Inzwischen hat sich wenigstens in diesem Land die Einsicht durchgesetzt, dass Drogensucht eine Krankheit ist», erklärt mir Fereshte Sharifi.

Die staatliche iranische Organisation für Wohlfahrt schätzt, dass jedes Jahr Millionen Frauen und junge Mädchen wegen sozialer Probleme, die meist in der Drogenabhängigkeit der Eltern oder des Ehemannes begründet liegen, weglaufen. Manche von ihnen mussten sich als Dealer verdingen oder wurden von den Eltern an ältere Ehemänner verkauft. Die Eltern sind froh, ein hungriges Maul loszuwerden, und bekommen noch etwas Geld für die nächste Opiumration. Vor den Ehemännern, die oft älter sind als ihre Väter oder selbst drogenabhängig, flüchteten viele junge Frauen in die Hauptstadt. Sie erträumen sich ein besseres Leben, doch meist landen sie in den Fängen von Zuhälterbanden.

Weil Prostitution verboten und mit hohen Gefängnisstrafen geahndet wird, lässt sich nicht belegen, wie viele Prostituierte es in Iran gibt. Als seriös geltende Schätzungen gehen aber davon aus, dass es rund 300 000 bis 500 000 sind. Anders als über die genaue Anzahl, herrscht über drei Dinge allgemeine Einigkeit: Die meisten Prostituierten stammen aus zerbrochenen Familien. Ihre Zahl steigt beständig. Und sie werden immer jünger. «So gut wie alle weggelaufenen Mädchen enden als Prostituierte», schrieb Mohammad Ali Zam, ein Mitglied des Innenministeriums, in einem Bericht, den er 2000 über Prostitution und Drogenmissbrauch verfasst hat und der in iranischen Zeitungen veröffentlicht wurde, was damals einer Sensation gleichkam. Bis dahin wurden die Augen vor der Wirklichkeit verschlossen: Die Islamische Revolution hatte sich immerhin den Kampf gegen die sexuelle Unmoral auf die Fahnen geschrieben. Viel Erfolg war ihr dabei nicht beschieden.

Dass Probleme der Gesellschaft angesprochen und nicht mehr länger geleugnet werden, war immerhin ein Verdienst der Regierung Khatami. Doch andererseits sind das Drogenproblem, die Depressionen, die hohe Selbstmordrate von Frauen und die steigende Prostitution eben auch ein Zeichen für die wachsende Entfremdung zwischen dem iranischen Volk und seinen Regierenden. Ein Volk versinkt im Unglück. Dass der Islam Drogen, Prostitution und Selbstmord verbietet, hält die Betroffenen jedenfalls nicht ab.

Schuhputzer der Nation: Ahmadinedschad gewinnt die Wahl

Frustriert über den Verlauf von Mohammad Khatamis Präsidentschaft gingen 2005 deutlich weniger Menschen an die Urnen als bei den beiden vorherigen Wahlen. Wie immer konnten jedoch die Radikalen ihre Wähler mobilisieren, sodass der relativ unbekannte Bürgermeister von Teheran gegen den ehemaligen Präsidenten Rafsandschani gewinnen konnte. Als der Schuhputzer der Nation hatte sich Ahmadinedschad präsentiert. Damit hatte er gegen den Wirtschaftsbonzen Rafsandschani bei der einfachen Bevölkerung Punkte machen können.

Schon bald machte sich jedoch nicht nur im Ausland, sondern auch in Iran selbst Entsetzen breit angesichts von Ahmadinedschads martialischer Israel-Rhetorik. Allerdings sind der staatlich verordnete Antizionismus und der Antisemitismus, in den dieser oft abgleitet, keine Erfindung Ahmadinedschads. Seine Ausfälle sind alter Wein in neuen Schläuchen.

Ein Beispiel für staatlichen Antisemitismus aus den Jahren vor Ahmadinedschad ist der Film *Zahras blaue Augen,* der 2004 erstmals in Iran ausgestrahlt wurde. Die siebenteilige Reihe spielt im israelisch besetzten Westjordanland und erzählt die Geschichte des israelischen Generals Yitzhak Cohen, der für seinen an den Rollstuhl gefesselten und erblindeten Sohn Theodor ein neues Augenpaar benötigt. Israelische Soldaten, verkleidet als UN-Mitarbeiter, besuchen daraufhin eine palästinensische Schule. Unter dem Vorwand, die Kinder auf Augenkrankheiten zu untersuchen, wird die kleine Zahra ihrem Großvater entrissen und ins Krankenhaus gebracht. Dort werden ihr die Augen entnommen und dem kranken Theodor eingepflanzt. Als ihr Bruder von dem grausamen Organraub erfährt, begeht er ein Selbstmordattentat.

Diese Botschaft des Films von den Israelis als Parasiten, die die Palästinenser aussaugen, ist kein Unfall: Sie ist Staatsdoktrin. Seit die Islamische Republik existiert, ist der antisemitische Antizionismus einer ihrer Pfeiler. Ahmadinedschad hat ihm neue Aspekte hinzugefügt, aber er hat ihn nicht erfunden. Weder geht auf Ahmadinedschad zurück, dass Iran das Existenzrecht Israels leugnet, noch hat er den jährlichen Al-Quds-Tag ins Leben gerufen, auf dem unsägliche Attacken gegen Israel geritten werden. Die Israel-Feindschaft war auch für Khatami, den philosophierenden Präsidenten, eine Grundbedingung; auch von ihm sind unschöne Sätze über Israel überliefert. Dass die Reden Ahmadinedschads in Deutschland so entsetzt aufgenommen wurden, erklärte mir der Iran-Experte Johannes Reissner 2005 in einem Interview für den Deutschlandfunk.

Der inzwischen verstorbene Reissner war seinerzeit Iran-Experte der Stiftung für Wissenschaft und Politik.

> Denn fragen muss man sich schon: Warum reagiert die internationale Staatengemeinschaft gerade jetzt so verschreckt? Was Ahmadinedschad jetzt verkündet, wird in Iran seit 27 Jahren erklärt. Ganz so neu ist das nicht. Warum also jetzt der Aufschrei? Weil man nun einen neuen Buhmann hat. Wie die Bildzeitung sagt, den Hetzer von Teheran. Und die Frage ist, [...] ob man nicht zum Aufbauen einer Drohkulisse beiträgt. [...] Er tut, und das muss man ja in aller Deutlichkeit sagen, er tut den Gegnern Irans, und das sehen Sie ja auch in unseren Medien, den allergrößten Gefallen. (Reissner 2005)

Ähnlich sah es damals der Autor Bahman Nirumand im Gespräch für dieselbe Sendung:

> Die Amerikaner würden vielleicht im Moment keine Aktion gegen Iran wagen. Weil es im Irak ja sehr chaotisch aussieht und dort ihre Hände gebunden sind. Aber ich kann mir durchaus vorstellen, dass jetzt bei dieser Meinung, die international vorherrscht, dass Iran sehr gefährlich ist, ich kann mir also durchaus vorstellen, dass die schon längst bestehenden Pläne in der israelischen Regierung aus der Schublade herausgeholt werden und man Iran tatsächlich militärisch attackiert. Die Atomanlagen bombardiert. Ich meine, ich muss auf jeden Fall dazu sagen, würde ein solcher Angriff stattfinden, dann hätte Ahmadinedschad die Massen hinter sich. Und die Folgen wären verheerend. (Nirumand 2005)

«Israel must be wiped off the map»

Vielleicht war das ja gerade Ahmadinedschads Kalkül. Denn neu war bei ihm, wie laut er war und wie er immer lauter zu werden schien, wenn er die Reaktion im Westen auf seine Ausfälle sah. So eben im Oktober 2005. Damals sprach Ahmadinedschad auf einer

Konferenz, die unter dem Motto stand «Die Welt ohne Zionismus». Er sagte dort wörtlich: «Dieses Jerusalem besetzende Regime muss von den Seiten der Geschichte verschwinden.» Man kann das kaum anders interpretieren als: Die Besatzung muss Geschichte werden. Die iranische Nachrichtenagentur *IRNA* übersetzte aber mit «Israel must be wiped off the map»: Israel muss von der Landkarte getilgt werden. Das ist falsch übersetzt, die persischen Entsprechungen der Worte «Israel», «map» und «wipe off» kommen in dem Originalsatz nicht vor. Alle folgten aber der Falschübersetzung von *IRNA*. Daraus wurde vor allem in Israel geschlossen, Ahmadinedschad plane einen Vernichtungskrieg.

Einwände gegen diese Interpretation gab es durchaus. Der amerikanische Nahostwissenschaftler Juan Cole erklärte, diese Vernichtungsphantasie lasse sich nur aus der falschen Übersetzung schließen, nicht aber aus dem Kontext des persischen Satzes. Denn Ahmadinedschad hatte Staatsgründer Khomeini zitiert und hinzugefügt, dass das israelische Besatzungsregime verschwinden müsse, so, wie auch die Sowjetunion verschwunden sei und Khomeini dies prophezeit hatte. Und so, wie das Regime des Schahs verschwunden sei und Khomeini es einst prophezeit hatte. Dieser Kontext macht deutlich, dass Ahmadinedschad nicht von der Auslöschung Israels sprach oder der Vernichtung des jüdischen Volkes, sondern von einem Regimewechsel.

Erstaunlich ist hier die westliche Wahrnehmung: Während der acht Jahre, in denen Khatami Präsident Irans war, wurden westliche Medien nicht müde, darauf hinzuweisen, dass er keine Reformen durchsetzen könne, weil er als Präsident kaum Handlungsspielraum habe und die Macht in den Händen von Revolutionsführer Khamenei liege. Nun plötzlich schien diese Ohnmacht des Präsidenten vergessen. Den Aussagen Ahmadinedschads, den tatsächlichen wie angeblichen, wurde so viel Bedeutung beigemessen, als handle es sich bei ihm um einen Entscheidungsträger ersten Ranges. Ein solcher ist jedoch nach wie vor nicht der Präsident, sondern der Revolutionsführer – der sich damals um Schadensbegrenzung bemühte.

Ahmadinedschad selbst ließ den Übersetzungsfehler auch auf Nachfrage bestehen. Warum? Tatsächlich ist anzunehmen, dass ihm nicht bewusst war, was er auf internationalem Parkett mit seiner Äußerung anrichtete. Die weltweite Empörung hat ihn offenkundig überrascht, wie Kommentare in der iranischen Presse zeigten. Und dann hat sie ihn vermutlich gefreut. Denn Ahmadinedschad hatte nun ein Thema gefunden, sein Thema, mit dem er sich international als Kämpfer für die Rechte der Unterdrückten positionieren und so in eine Reihe mit Staatsgründer Khomeini stellen konnte. Möglicherweise hat Ahmadinedschad erst durch die Reaktion auf den falsch übersetzten Satz erkannt, welche weltpolitische Relevanz und mediale Aufmerksamkeit er, der kleine, im System tatsächlich lächerlich unwichtige Präsident, mit Drohungen gegen Israel erlangen kann. Zuvor war er jedenfalls nicht mit antisemitischen Äußerungen aufgefallen. Das bescheinigt sein Biograph Kasra Naji, ein *BBC*-Journalist.

Nachdem sich Ahmadinedschad nun einmal als Vorkämpfer gegen den Staat Israel und gegen jedwede Unterdrückung von Muslimen profiliert hatte, ließ er von dem Thema nicht mehr ab. So sprach er sich für eine «Verlegung» des Staates Israel nach Deutschland aus. Nicht die Palästinenser sollten für die Verbrechen der Deutschen zahlen. Wenig später legte er nach und erklärte: «Sie haben im Namen des Holocaust einen Mythos geschaffen und schätzen diesen höher als Gott, die Religion und die Propheten.» Zur Bekräftigung seiner Thesen lud Ahmadinedschad 2006 zu einer Konferenz in Teheran ein, bei der auch Holocaust-Leugner Robert Faurisson prominent zu Wort kam. Damit hatte Ahmadinedschad den Bogen auch in Iran überspannt. Nun empörten sich die iranischen Juden und forderten ihn auf, seine Äußerungen zurückzunehmen: Denn Iran hatte nie die Shoa geleugnet. Dergleichen war nun wirklich neu und nie gehört.

Ahmadinedschad ließ sich lange Zeit, bis er dem Vorwurf widersprach, er wolle Israel auslöschen. Er tat dies erst zwei Jahre später, 2008, indem er erklärte: «Iran hat keine Pläne, Israel anzugreifen.»

Seinem Satz von dem Jerusalem besetzenden Regime, das von den Seiten der Geschichte verschwinden müsse, gab Ahmadinedschad im September 2008 bei seiner Rede vor der UN-Generalvollversammlung eine konkrete Fassung:

> Heute befindet sich das zionistische Regime definitiv auf dem Weg zum Zusammenbruch, und es gibt keine Möglichkeit, sich aus der Kloake zu befreien, die es und seine Unterstützer geschaffen haben. Die Islamische Republik Iran respektiert den Widerstand des unterdrückten Volkes von Palästina und unterstützt ihn uneingeschränkt. Sie schlägt dem Generalsekretär der Vereinten Nationen eine humane Lösung vor, die auf einem freien Referendum in Palästina beruht, um die Art des Staates im gesamten palästinensischen Gebiet zu bestimmen und zu errichten. (UN, A/63/PV.6, 12)

Das ist keine freundliche Aussage. Zudem würde dieses Szenario natürlich auf die Abschaffung Israels hinauslaufen, denn ein Referendum würden die Palästinenser aufgrund der demographischen Verhältnisse gewinnen. Aber diese Aussage entspricht genau der schon immer von Iran vertretenen Position.

Statt die Sorgen der Welt zu beruhigen und das Bild zu korrigieren, das die Welt von ihm hatte, setzte Ahmadinedschad immer noch eins drauf, mit Wettbewerben für Holocaust-Karikaturen, seinen revisionistischen Äußerungen und dem Hofieren von Holocaust-Leugnern. Sogar die englische Formulierung «wipe off the map» tauchte noch weiter in Übersetzungen seiner Reden auf – zuletzt anlässlich des Todestages von Khomeini am 3. Juni 2008. Laut *IRNA*: «The corrupt element will be wiped off the map.»

Eine mögliche Erklärung liefert ein Blick in die neuere iranische Geschichte. 1999 kam es zu einem in vielerlei Hinsicht denkwürdigen Ereignis: Am Vorabend des Pessach-Fests wurden dreizehn Juden aus Shiraz und Isfahan inhaftiert und der Spionage angeklagt. So etwas war seit über einem Jahrzehnt nicht mehr passiert. Doch die Anklage war keinem neu aufflammenden antijüdischen Ressentiment geschuldet. Sie hatte innenpolitische Gründe: Die als moderat geltende Regierung Khatamis sollte gegenüber dem Ausland diskreditiert werden. Damals schrieb *ha.Galil.com,* die größte deutschsprachige Website für jüdisches Leben online, Berichten zufolge hätten die iranischen Behörden mit dem Spionagevorwurf bloß eine üble Nachrede innerhalb der jüdischen Gemeinde aufgegriffen, diese dann aber aufgebauscht: «Ziel der staatlichen Kampagne sei es wohl gewesen, die moderateren Kräfte innerhalb iranischer Regierungskreise in eine Konfrontation mit dem Westen zu verwickeln und dadurch fundamentalistische Positionen zu stärken.» (haGalil 2000)

Hier hatten zum ersten Mal jene Kreise zugeschlagen, zu denen auch Mahmud Ahmadinedschad gehört: Sie waren gegen die Politik der Öffnung, und wollten zurück zum Furor der Revolution. Deshalb benutzten sie die iranischen Juden als Mittel zum Zweck. Mit nichts anderem konnte man dem Westen besser ins Gesicht spucken. Diese Fraktion wollte die fortschreitende Westorientierung unter Khatami und Rafsandschani rückgängig machen. Sie besteht aus Mitgliedern der Revolutionswächter und betreibt das Projekt einer erneuten Radikalisierung. Diesen Hütern der Revolution ist Iran heute zu verwestlicht, sie meinen, die Ideen der Revolution hätten an Farbe verloren. Sie hören auf Ahmadinedschads Mentor Mesbah Yazdi, der die Wähler Khatamis einst «einen Haufen schnapstrinkender Lumpen» nannte.

Als er die internationale Reaktion auf die «wipe off the map»-Übersetzung mitbekam, sah Ahmadinedschad seine Chance auf eine erneute Radikalisierung der Politik. Ahmadinedschad wollte sich zum Fürsprecher der *mostazafan* machen, der Entrechteten, in diesem Fall der Palästinenser. Indem er sich als Kämpfer für ihre Rechte präsentierte, wollte er an das Werk Khomeinis anknüpfen. So konnte er sich als wahren Revolutionär inszenieren. Es ging ihm um die Wiederentdeckung revolutionärer Ideale, die dem Pragmatismus einer westlich orientierten Politik geopfert worden waren. Ahmadinedschad hatte erkannt, dass die meisten Menschen mit den Idealen der Islamisten seines Schlags nichts mehr anzufangen wissen. Sie galten einer jungen, westlich orientierten Bevölkerung nichts mehr, die noch nicht einmal mehr weiß, was der koranische Terminus der *mostazafan* bedeutet, und die für ihre eigenen Rechte kämpft, nicht für diese Entrechteten, denen die Revolution in Iran das gegeben hat, was sie dem Großteil der iranischen Jugend genommen hat: eine Zukunft.

Der Philosoph der Islamisten

Die Radikalen, denen die nicht gewählten politischen Instanzen in Iran unterstehen, hatten in den acht Khatami-Jahren alle Reformversuche zum Scheitern gebracht. Mit der Wahl Ahmadinedschads waren sie auch offiziell an der Macht und leiteten die Exekutive und sollten bald auch die Legislative dominieren. Welcher neue Wind wehte, zeigte sich schnell. Plötzlich bestimmte eine reaktionäre, vernunftfeindliche Agenda das öffentliche Leben.

Ihr Vordenker ist Ahmad Fardid (1909–1994). Fardid, ein ehemaliger Professor für Philosophie an der Universität Teheran, bezeichnete sich als «geistigen Bruder» von Martin Heidegger, bei dem er angeblich studiert hatte. Fardid vermisste im modernen Menschen die Ethik. In seinen Heidegger-Vorlesungen prägte der wortgewandte Fardid eine neue persische Terminologie. Er übersetzte dessen «Geworfensein» oder «In-Sein» mit Begriffen aus der persischen Poesie und betrachtete wie Heidegger die Dichtung als «Haus des Seins». Fardid teilt die Geschichte in fünf Perioden: vorgestern, gestern, heute, morgen und übermorgen. Das «Übermorgen» ist die Endzeit der Geschichte, das Erscheinen des verborgenen Imams wird verstanden als «Wahrheit des Seins».

Fardid hatte in den 30 Jahren seiner Professorentätigkeit mehrere Generationen von Studenten beeinflusst. Mit dem Amtsantritt Ahmadinedschads schien der Verstorbene wiederauferstanden zu sein, er war plötzlich für seine Anhänger ebenso wie für seine Gegner aktueller denn je. Ahmadinedschad ließ der Fardid-Stiftung, die sich der Erforschung der Ideen Fardids widmet, eine große Summe zukommen, denn er verehrt ihn ebenso wie zahlreiche Kabinettsmitglieder und Revolutionsgardisten. Seine Funktionäre, die in Fragen der Kultur das Sagen hatten, waren eng mit Fardids Gedankenwelt vertraut. Nach seinen Ideen wurden Filme produziert, Schulbücher geschrieben, Vorlesungen gehalten, Holocaust-Konferenzen abgehalten oder die aktuellen Weltprobleme analysiert.

Bestes Beispiel dafür ist Ahmadinedschads Rede vor den Vereinten Nationen 2005, bei der er das Ende des säkularen Zeitalters proklamierte, die Aufklärung infrage stellte und über das schreckliche Erbe des agnostischen Zeitalters dozierte. Der Westen, der die Schuld für die Folgen seiner säkularen Verfasstheit trage – Kriege, Armut, Gewalt, Verbrechen, Terror, Staatsterror und Massenvernichtungswaffen –, gebärde sich in arroganter Weise als Richter über andere Völker und mache diese durch Einschüchterungen willfährig. Nur durch eine wachsende Spiritualität könne Frieden hergestellt werden. Dazu werde es kommen, wenn der Mahdi wiederkehrt und, in der Terminologie Fardids, das Übermorgen beginnt, die Wahrheit des Seins.

Soroush warf Fardid vor, geistiger Vater der im iranischen Diskurs hoffähigen Gewaltverherrlichung zu sein. Er habe die Menschenrechte abgelehnt, weil sie westlich seien, und habe mit dieser Idee das Klima Irans vergiftet. Und nicht nur stammten alle Argumente gegen die westliche Demokratie, die Menschenrechte, Toleranz und Freiheit, die den heutigen Diskurs bestimmen, von ihm, sondern vor allem der neue Antisemitismus: Soroush schreibt zum Antisemitismus Fardids: «Der negative Teil der Heidegger'schen Philosophie wurde den Iranern eigen.»

In der Tat war Fardid bekennender Antisemit. Es scheint nicht weit hergeholt – wie Soroush meint –, dass Ahmadinedschads antizionistische und antisemitische Ausfälle in großen Teilen auf Fardid zurückgehen, für den es nur zwei Arten von Weltsicht gibt, die den Gang der menschlichen Geschichte bestimmen: die jüdische und die nichtjüdische. Was immer Spinoza, Marx, Adorno, Freud oder Max Weber gesagt haben, so Fardid, ihre Ideen wurzeln ausschließlich im Judentum – eine Aussage, die an Heideggers Klage über die «Verjudung des deutschen Geisteslebens» erinnert. «Der westliche Liberalismus als zionistisches Projekt» lautete der Titel einer der Vorlesungen Fardids. Der Schlimmste von ihnen sei der Jude Karl Popper gewesen, denn mit Poppers Theorien gingen die Anhänger des westlichen Liberalismus heute in Iran hausieren, erklärte er. Damit war Soroush gemeint. Ende der achtziger, Anfang der neunziger Jahre war die philosophische Bühne Irans von der Auseinandersetzung zwischen Popperianern und Heideggerianern geprägt.

Das Schlimmste an dieser Dichotomie, die von den Fardid-Anhängern im iranischen Regierungslager aufgemacht wurde, war der neu konstruierte Gegensatz von jüdisch und mithin westlich gegen nichtjüdisch und nichtwestlich. Der einstmals antikoloniale, antiimperialistische Befreiungskampf wurde bei Ahmadinedschad umgemünzt zu einem Kampf gegen das Weltjudentum, das vom Westen unterstützt wird. In diesem Kampf müssten sich Iraner und Araber, aber auch andere Dritte-Welt-Staaten zusammenschließen. Soroush schreibt:

> Jetzt lehren in einem solchen Land, welches nie Probleme mit Juden und dem Judentum hatte, das sogar eine lobenswerte Bilanz vorweisen kann und sich in seiner Geschichte eines Cyrus rühmen kann, der die Juden aus der Gefangenschaft gerettet hat, manche Menschen die Kinder und Philosophiestudenten dieses Landes Feindschaft gegenüber Juden und wollen sie dazu bringen, Philosophen danach zu beurteilen, ob sie Juden waren oder nicht. (Soroush 2006)

Das größte Opfer dieser Theokratie ist Gott

Es hatte eine Weile gedauert, bis sich auch die Quietisten zu Wort meldeten und das System infrage stellten. Da sie eben quietistisch sind, mischen sie sich nicht ein in die Politik. Doch sie sehen jetzt die Religion in Gefahr. Der Konstitutionalist Naini hat 1909 formuliert, der Despotismus usurpiere die Rechte Gottes, heute wird er oft mit diesen Worten wiedergegeben: Eine religiöse Tyrannei ist schlimmer als eine politische. Wenn Ayatollah Hossein Kazemeini Borudscherdi sagt, das größte Opfer dieser Theokratie sei Gott selbst, bezieht er sich auf den großen Theoretiker der Verfassunggebenden Revolution: In einer Tyrannei, so Naini, komme es zu drei Sorten von Ungerechtigkeit: gegen Gott, gegen den Imam und gegen das Volk. Weil er diese Ungerechtigkeit heute stattfinden sieht, lehnt Kazemeini die Herrschaft des Rechtsgelehrten ab und fordert eine Trennung von Religion, Politik und Staat.

Kazemeini wird eine gewisse Nähe zu den Monarchisten nachgesagt, zur *hezb-e mashrute-ye iran*. Deren Anhänger favorisieren die Errichtung einer konstitutionellen Monarchie in Iran und liegen damit auf einer Linie mit Großayatollah Shariatmadari, der dies während der Revolution von 1978/79 forderte. Kazemeini ist Anhänger der traditionellen quietistischen Auffassung, dass jedwede Herrschaft auf Erden bis zur Wiederkehr des zwölften Imams illegitim ist, da nur er frei von Sünde ist. Deshalb opponiert Kazemeini gegen die Herrschaft des Rechtsgelehrten, der seine Unfehlbarkeit behauptet. Seiner Meinung nach gibt es nur einen, der nicht irren kann: den Mahdi.

Kazemeini hält die Herrschaft des Rechtsgelehrten für unrechtmäßig. Für diese Ansicht wird er verfolgt. Die meisten, die so denken wie er, wurden zum Schweigen gebracht. Daher erfährt die Welt wenig von dieser Auffassung, die aber im Klerus auch heute noch vorherrscht. Laut Hasan Shariatmadari, dem in Deutschland lebenden Sohn des Geistlichen, der seinerzeit der größte Gegner Khomeinis war, ist Kazemeini einer der wenigen, die dieser Strömung eine Stimme gegeben haben. Er hat sich über das verordnete Schweigen hinweggesetzt. Weil Opposition gegen das Regime sie so teuer zu stehen kommt, fehlt den meisten Geistlichen der Mut, sie offen zu äußern.

Daher ist es ungewöhnlich, wenn wir von dieser Strömung durch mehrere *YouTube*-Videos erfahren. Fast alle zeigen dasselbe Ereignis: eine Zusammenkunft vor dem Haus Kazemeinis am 19. Oktober 2006, die von Polizeieinheiten gestört wird. Kazemeini sagt dort:

> In Iran gibt es zurzeit zwei Islame, einen politischen Islam und einen mohammedanischen Islam. Der Islam im Zeitalter der Verborgenheit ist ein Islam, der unterdrückt wird, der unter Druck steht.

Er spricht direkt über einen namentlich nicht genannten Vertreter des klerikalen Establishments, der versucht hat, ihn zum Schweigen zu bringen:

> So weit ist es mit ihnen gekommen, dass sie die Kinder und Kindeskinder des Propheten umbringen wollen. Dieser Mullah, der in den Straßen keinen Respekt genießt, ist gekommen, mich festzunehmen und zum Folterort zu bringen. Dieser Mullah hat gesagt: Treueschwur oder Tod.

Ein anderes Video zeigt Mitschnitte seiner Reden in verschiedenen Städten, die er im Jahre 2006 besucht hat. Wenn man den Bildern Glauben schenken kann, wird er überall gefeiert. Auch eine Straßenschlacht seiner Anhänger mit der Polizei ist zu sehen. Kazemeini sagt: «Wir sind gegen den politischen Islam. Gott ist kein Unterdrücker.»

Kazemeinis Kritik unterscheidet sich grundlegend von der eines Montazeri. Kazemeini ist sicherlich der wichtigste heute in Iran lebende Vertreter der quietistischen Strömung, weil er an die Öffentlichkeit getreten ist und diese Kritik publik gemacht hat. Durch die neuen Medien ist ihm eine breite Aufmerksamkeit zuteilgeworden. Trotz der Einschüchterungsversuche hat er es geschafft, mit seiner Botschaft ein immer größeres Publikum zu erreichen. Seine Anhänger finden sich in allen Schichten der Gesellschaft.

Diese breite Ablehnung des Regimes durch die Geistlichkeit ist nicht neu: Auch zu Khomeinis Zeiten waren die meisten Qomer Gelehrten gegen die Herrschaft des Rechtsgelehrten. Sie vertraten damit die traditionelle Schia. Und wer unter ihnen dennoch die Herrschaft des Rechtsgelehrten befürwortete, war zumindest nicht einverstanden damit, dass der Revolutionsführer durch eine «révolution populaire» und nicht durch eine Wahl der anderen Ayatollahs an die Macht kommt. Houchang Chehabi zitiert in diesem Sinne Reza Zanjani, der 1981 sagte, das in Iran geschaffene Monopol der rechtlichen Entscheidungsmacht stehe im Gegensatz zum Islam. Die Titel «Führer» und «oberster Führer» seien nicht islamisch. Es gebe bei den Schiiten keine der katholischen Kirche vergleichbare Hierarchie. Ähnlich Ayatollah Hasan Qomi, der erklärte, der wahre Klerus wolle keine politische Macht. Die Aufgabe der Geistlichen sei, das Volk zu beraten.

Die Inquisition in der Islamischen Republik

Wieso die Kritik von Klerikern am klerikalen System schwer wiegt, versteht sich von selbst: Sie kritisieren das System von innen. Deshalb sind sie dem Regime gefährlicher als säkulare Intellektuelle. Eigens um Vergehen von Geistlichen abzuurteilen, wurde daher 1990 der sogenannte Sondergerichtshof für die Geistlichkeit geschaffen. Er hat eine ähnliche Funktion wie die Inquisition im europäischen Mittelalter. Er exkommuniziert Geistliche gewissermaßen – obschon es diese Strafe im Islam nicht offiziell gibt. Man kann niemanden des klerikalen Ranges entheben. Besonders im Machtkampf zwischen Reformern und Radikalen spielte der Gerichtshof seit Ende der neunziger Jahre eine wichtige Rolle. Die Kritiker unter den

Geistlichen, die mit dem Amtsantritt Khatamis vermehrt an die Öffentlichkeit traten, wurden vor das Gericht zitiert. Die prominentesten Angeklagten sind der ehemalige Innenminster Nuri, den die Anklage sogar in seiner Amtszeit ereilte, sowie Kadivar und Eshkevari.

Als Vergehen gilt bereits die Verbreitung von Meinungen, die der theokratischen Staatsführung Irans widersprechen. Der Sondergerichtshof hat die Aufgabe, Geistlichen entgegenzutreten, die nicht auf Linie sind. Damit ist er das wichtigste Instrument der Staatskleriker, um Kritik zu unterbinden. Er macht den Dissidenten unter den Geistlichen den Prozess, wenn sie von der reinen Lehre der Islamischen Revolution abweichen oder eine andere als die staatliche Islaminterpretation formulieren. Er ist vollkommen unabhängig von den anderen Organen der Judikative und keiner der drei staatlichen Gewalten, sondern nur dem Revolutionsführer rechenschaftspflichtig. Damit hat sich Khamenei einen Freibrief ausstellen lassen, um alle unliebsamen Kritiker verfolgen zu lassen. Zu den Aufgaben des Sondergerichtshofes zählt auch, Bücher zu verbieten sowie die Schulen regimekritischer Ayatollahs zu schließen. Seit seiner Einsetzung soll er Tausende Geistliche ihrer religiösen Titel und Gewänder beraubt, mit Berufsverbot belegt und mit Auspeitschung, Geld- und Haftstrafen bestraft haben. In seinen Gefängnissen sollen Tausende Häftlinge einsitzen, Hunderte sollen laut Wilfried Buchta durch seine Urteile hingerichtet worden sein – zumeist Schüler von Montazeri.

Der Großayatollah wurde nie vom Sondergerichtshof angeklagt, vermutlich, weil Montazeri dazu zu populär war. In einer Abhandlung mit dem Titel *Hokumat-e mardomi va qanun-e asasi* (Volksherrschaft und Verfassung) hat er sich eingehend mit der Institution beschäftigt, die seine Anhänger zum Schweigen bringen soll. Die Abhandlung, deren Fertigstellung auf den 11. Februar 2000 datiert, ist nicht erschienen, ich habe sie von Montazeri im April 2004 bei einem Besuch bekommen. Laut Montazeri ist die Einsetzung des Sondergerichtshofes einer von vielen Verfassungsbrüchen der iranischen Führung.

Der Sondergerichtshof, der zu einem Faktor wurde, vielen Persönlichkeiten unter den Geistlichen und den «Quellen der Nachahmung» ins Gesicht zu schlagen, und der unter unbegründeten Vorwänden sich in alle Angelegenheiten einmischt und sich sogar in unannehmbarer Art und Weise in die Angelegenheiten der Quellen der Nachahmung einmischt, […] hat keinerlei gesetzliche Grundlage, und seine Etablierung stand im Widerspruch zum Grundgesetz. (Montazeri 2000, 45)

Der Sondergerichtshof widerspreche den Prinzipien des Republikanismus, da seine Errichtung nicht vom Parlament gebilligt worden sei. Seine Urteile seien daher nichtig und illegal. Zudem seien die meisten aus politischen Gründen gefällt worden.

Zahlreiche gute und revolutionäre Geistliche und Gelehrte sind unter unbegründeten Vorwänden und mit politischen Absichten verurteilt und ins Gefängnis geworfen worden und werden es. Und dies hat sehr negative Spuren in der Seele der jungen Theologiestudenten und in der Seele derjenigen, die ein Interesse am Islam und an der Revolution haben, hinterlassen, und es hat Verzweiflung und Hoffnungslosigkeit in ihnen provoziert und viele dazu gebracht, ihr Studium aufzugeben. (ebd., 49)

Mit dem Schwert in der Hand

Auch Kazemeini wurde mehrfach vor den Sondergerichtshof zitiert. Er erlitt Gefangenschaft und Folter. Doch jedes Mal, wenn er entlassen wurde, setzte er das Predigen von zu Hause aus fort. Nicht nur die Sorge um die Menschen treibt ihn an, sondern vor allem die Sorge um Gott, der ihr größtes Opfer sei. Die Ungerechtigkeit, die in seinem Namen von den Klerikern verübt werde, führe dazu, dass die Menschen sich in Scharen von Gott abwenden.

Kazemeini sieht also in der Islamischen Republik die Religion, die Gott und die Menschen unterdrückt, und er betont, dass er eigentlich unpolitisch ist. Dies ist für den Islam, den er lebt, charakteristisch: Er will mit der Politik nichts zu tun haben, muss aber eingreifen, wenn Gott oder das Volk zu Schaden kommen. Das ist seine Pflicht als Geistlicher und als Schiit. Ihm ist am Ansehen des Islams gelegen, daran – und auch das ist ein häufiger Topos im Diskurs jener Jahre –, den Menschen ein Antlitz des Islams zu zeigen, das barmherziger ist als dasjenige, das die meisten kennen. Aus seinen Worten geht hervor, dass er das Risiko kennt: «Sagt der Welt, dass Kazemeini den Tod nicht fürchtete. Er verteidigte einen Islam, der Liebe und Freundlichkeit predigt, nicht den Islam, den diese Leute propagieren.» Er tritt im Leichentuch auf. Auf den ersten Blick sieht er aus, wie wir uns einen Hassprediger vorstellen: bärtig, grimmig. Doch er besticht durch das Bild des gottesfürchtigen Mannes, welches er abgibt, und dann sagt er:

> Der Islam will nicht unterdrücken, der Prophet will nicht unterdrücken, der Islam ist nicht angetreten, das Hab und Gut der Menschen zu fressen. Ich will keinen politischen Islam.

Dieser Ausbruch Kazemeinis ist nicht notwendig Zeichen für eine demokratische Gesinnung; Kazemeini ist sicher kein Liberaler im westlichen Sinne. Seine Haltung entspringt eher dem Bedürfnis, den Islam rein zu halten von der Beschmutzung, die die Politisierung des Islams in seinen Augen mit sich gebracht hat. Deshalb entschuldigt er sich immer wieder beim Volk für die Verbrechen, die die Herrschenden im Namen des Islams begangen hätten. Sie hätten den Islam absichtlich missinterpretiert, um die Menschen zu betrügen.

Ganz wesentlich ist in seiner Ansprache die Versicherung, dass der Islam keine Unterdrückung wünsche, sondern Gerechtigkeit. Der Begriff der Gerechtigkeit spielte im revolutionären Diskurs Irans eine bedeutende Rolle, war die Parole der Revolution schlechthin. Deshalb ist es der größtmögliche Vorwurf, der erhoben werden kann, wenn der Regimekritiker behauptet, die Entwicklungen der letzten Jahre hätten keine Gerechtigkeit gebracht. Denn in den Augen der Revolutionäre macht der Kampf um Gerechtigkeit das Wesen der Revolution aus. Dieser erst macht sie islamisch.

«Der Islam ist keine aggressive Religion»

Ähnlich argumentiert Montazeri in *Resale-ye hoquq*, seiner 2004 erschienenen «Abhandlung über die Rechte»:

> Weil leider in den letzten Jahren von manchen Strömungen versucht wird, den Islam, der eine Religion der Barmherzigkeit ist, als eine aggressive Religion und eine, die den Menschenrechten widerspricht, zu präsentieren, haben wir beschlossen, uns in einer gesonderten Abhandlung mit speziellen Erläuterungen der Frage der Rechte zuzuwenden. (Montazeri 2004, 10)

In der kurzen Abhandlung – mehr habe sein Gesundheitszustand nicht erlaubt, erläutert Montazeri im Vorwort – geht er vor allem auf die Rechte des Volkes gegenüber der Regierung und auf die Pflichten der Regierung gegenüber dem Volke ein. So und nicht anders sei das Verhältnis zwischen beiden definiert. Montazeri tritt ein für Religionsfreiheit, Meinungsfreiheit, das Recht auf einen fairen Gerichtsprozess und die Gleichheit aller vor dem Gesetz – ungeachtet der Rasse, des Geschlechts, der Religion. Zudem spricht er sich gegen Folter aus und erklärt, dass erzwungene Geständnisse illegitim seien.

Das kleine, 134 Seiten umfassende Büchlein ist die Essenz der politischen Philosophie Montazeris, sein Handbuch der *good governance*. Wie schon in anderen Werken, begründet er alle genannten Normen des politischen Handelns mit der Sunna des Propheten und den Überlieferungen der Imame, vor allem mit den Überlieferungen Imam Alis. Die Zitate aus dessen *Nahdsch al-balagha* (Pfad der Beredsamkeit) nehmen breiten Raum in diesem Büchlein ein, vor allem Zitate aus dem Regierungsauftrag Imam Alis an seinen Statthalter in Ägypten, Malik al-Ashtar. Ihm gilt das Handeln und Wirken des ersten Imams als Vorbild, an dem sich jede Regierung, die sich «islamisch» nennt, orientieren muss.

Man kann *Resale-ye hoquq* als einen kurzen Leitfaden des optimalen politischen Handelns beschreiben, als Norm für das Verhalten der Herrschenden gegenüber den Staatsbürgern. So fordert Montazeri von den Herrschenden, dass sie gegenüber ihren politischen Gegnern Toleranz üben und Andersdenkenden jedes Recht geben, am politischen Prozess mitzuwirken. Auch zur Transparenz und Offenlegung politischer Prozesse sei die Regierung gegenüber der Bevölkerung verpflichtet. Der politischen Despotie wird eine klare Absage erteilt, ebenso wie der göttlichen Legitimation der Regierung: Wenn die Regierung nicht zur Zufriedenheit des Volkes handelt, verliert sie ihre Legitimität. Montazeri erklärt, dass auch in einem religiösen Staat das Volk der Souverän ist. Zudem betont er die Eigenverantwortlichkeit der Menschen für ihr Schicksal – auch für ihr politisches.

Auffällig ist, dass Montazeri nirgendwo sagt, eine Herrschaft des Rechtsgelehrten würde die angestrebten Ziele verwirklichen können. Die von ihm aufgestellten Regeln des politischen Handelns klingen eher nach einer Demokratie westlichen Zuschnitts. So jedenfalls liest sich die Abhandlung. Das ist eine entscheidende Veränderung bei Montazeri, dem früheren Theoretiker der iranischen Staatsdoktrin.

Ahmadinedschads Heiligenschein

Die vernunftfeindliche, von Aberglauben geprägte Agenda, die die Präsidentschaft Ahmadinedschads charakterisierte, erschreckte seine Zuhörer und ließ sie endgültig zu der Überzeugung kommen, dass mit dem Islam kein moderner Staat zu machen sei. Ahmadinedschad inszenierte sich penetrant als die Person, die direkt mit dem Verborgenen Imam in Kontakt stehe. Dessen baldige Wiederkehr stehe bevor, behauptete er, und verwandte Unmengen von Staatsgeldern darauf, um diese Rückkehr vorzubereiten: etwa durch den Bau von Prachtstraßen zwischen Teheran und Qom und den Ausbau der Hotelinfrastruktur. Immerhin werde ein großer Andrang herrschen, wenn der Verborgene Imam seine Verborgenheit aufgebe, verkündete er. Schließlich wurde es sogar dem Revolutionsführer zu viel, der ja laut Verfassung als der Stellvertreter des Verborgenen Imams regiert. Sein Posten würde obsolet, käme der Imam zurück. Insofern war die Behauptung Ahmadinedschads, dass er höchstselbst in engerem Kontakt zum Mahdi stehe als sein verfassungsgemäßer Repräsentant, gewagt.

Muhammad ibn al-Hasan al-Mahdi, der zwölfte Imam, der von Ahmadinedschad plötzlich so häufig in seinen Reden bemüht wurde, ist dem jüdischen Messias vergleichbar. Er entschwand nach christlicher Zeitrechnung im 10., nach islamischer im 4. Jahrhundert in die sogenannte Verborgenheit, und seither warten die Schiiten auf seine Rückkehr. Der zwölfte Imam kehrt wieder, wenn die Welt im totalen Chaos versunken ist, um dann die vollkommene Gerechtigkeit herzustellen. Ahmadinedschad kündigte diese Rückkehr für die nahe Zukunft an, weil er sie in seinen Visionen gesehen habe. Das war nicht das Einzige, was er sah: Als er vor der UN-Vollversammlung sprach, habe er einen Heiligenschein um seinen Kopf gesehen, erklärte er 2005 nach seiner Rückkehr aus New York. Er habe gespürt, wie sich die Atmosphäre wandelte: «Die Politiker im Publikum zuckten nicht mehr mit der Wimper – 27 oder 28 Minuten lang. Sie hatten Augen und Ohren weit geöffnet, um die Botschaft der Islamischen Republik zu hören.»

Ahmadinedschad ist durch ein sehr traditionelles Milieu geprägt, das moderner Musik, dem Internet und dem iranischen Nationalsport Fußball den Kampf angesagt hat. Stattdessen ist er in einer Volksfrömmigkeit verhaftet, die die meisten Religionsgelehrten längst zugunsten einer vernunftorientierten Deutung aufgegeben haben. Mit Ahmadinedschad kam also in den öffentlichen Diskurs zurück, was lange als rückständiger Aberglaube galt.

Schlimmer wog aber seine Neubesetzung wichtiger Positionen

mit Hardlinern: Auf den Amtsantritt Ahmadinedschads folgte ein Führungswechsel in allen Ministerien. Ahmadinedschad holte sich ausschließlich Weggefährten aus seiner Zeit bei der Revolutionären Garde und andere verlässliche Hardliner in die Regierung und Verwaltung, zur Polizei und zum Militär: Ezzatollah Zarghami, der Chef des staatlichen Fernsehens und der Radioanstalten *(IRIB)* wurde, war einer der Studenten, die am 4. November 1979 die Teheraner US-Botschaft stürmten und damit eine Eiszeit einläuteten, die bis heute anhält. Mohammad Hosein Harandi, der Kulturminister, hatte zuvor als Offizier bei den Revolutionswächtern gedient. Als neuer Präsident beorderte Ahmadinedschad zudem 40 Botschafter aus aller Welt nach Iran zurück und besetzte ihre Posten mit «vertrauenswürdigerem» Personal. Er übernahm kaum einen der Funktionäre der Vorgängerregierungen und setzte damit eine große Säuberungsaktion in Gang. Gemeinsam mit Ahmadinedschad und seinem Mentor Mesbah Yazdi machten sich die neuen Funktionäre daran, die wahrhaft islamische Herrschaft zu errichten, die seit der Revolution in Vergessenheit geraten sei.

Kein Wunder, dass viele dem zuletzt heftig kritisierten Khatami in den Jahren unter Ahmadinedschad so manche Träne nachweinten. Kurz vor der 2009 anstehenden Präsidentschaftswahl hatte auch die Situation der Kulturschaffenden wieder einen Tiefpunkt erreicht. Vieles, was unter Khatami möglich geworden war, war rückgängig gemacht worden: Neben Theater und Musik betraf dies auch die Sammlung zeitgenössischer Kunst im Teheraner Museum für Moderne Kunst.

Zusammengetragen hatte sie Farah Diba, die Frau des letzten Schahs, die auch Gründerin des Museums war. Die Sammlung von 188 Werken gilt als die größte moderner Kunst außerhalb der USA und Europas. Nach der Revolution fanden die neuen Machthaber wenig Gefallen an dem, was sie dekadente westliche Kunst nannten. Die Sammlung verschwand im Keller des Museums. Über 25 Jahre später kam durch Khatamis Kulturministerium erstmals die Erlaubnis, die Werke auszustellen: Bilder von den französischen Impressionisten bis zu den amerikanischen Neo-Realisten, von Renoir, Matisse über Picasso, Braque, Miró, Dalí, Francis Bacon bis zu Jackson Pollock, Roy Lichtenstein und Andy Warhol. Unter Ahmadinedschad verschwand sie sofort wieder im Keller.

Viele Künstler und Literaten hofften daher darauf, dass Mohammad Khatami sich 2009 wieder zur Wahl des Staatspräsidenten aufstellen werde. Als er 2005 den Stuhl räumte, hatten zwar viele eine insgesamt negative Bilanz seiner Regierungszeit gezogen. Er hatte wenig halten können. Doch als ihm Ahmadinedschad nachfolgte, sehnten sie sich nach dem wenigen zurück, was Khatami ermöglicht hatte: Andy Warhol in Teheran beispielsweise.

Kein persischer Frühling

Khatami ließ sich 2009 nicht noch einmal auf eine Kandidatur ein: Er unterstützte allerdings Mir Hosein Musavi, dessen Wahlkampf in Teheran Zehntausende mobilisierte. Mit Parolen wie Rechtsstaatlichkeit und bürgerlichen Freiheiten konnte er große Teile der Bevölkerung für sich einnehmen. Begleitet wurde er stets von seiner Frau Zahra Rahnavard, einer Bildhauerin, Professorin für Politikwissenschaft und einstigen Universitätsrektorin. Mit ihr an seiner Seite, so dachten viele Wählerinnen, werde Musavi sich schon für Frauen starkmachen, dafür werde sie sorgen. Überall war in den Tagen vor der Wahl die Farbe Grün zu sehen, als Farbe der Hoffnung. Jedem Kandidaten werden traditionellerweise Farben zugeordnet. Dass Musavi die Farbe Grün bekam, war Zufall, Ergebnis eines Losverfahrens. Doch Grün wurde zur Farbe der Bewegung und namensgebend.

Die Stadt war im Freudentaumel. Wenige Tage vor der Wahl waren die Anhänger der Grünen Bewegung davon überzeugt, dass sie siegen würden. Zu viel Schaden hatte Ahmadinedschad in seiner ersten Amtszeit angerichtet, zu viele Gegenstimmen waren mobilisiert.

Doch nach den Wahlen am 12. Juni 2009 erklärte das Innenministerium schnell den Amtsinhaber zum Sieger. Auch die höchste religiös-politische Instanz des Landes, Ali Khamenei, ließ verlauten, Mahmud Ahmadinedschad sei erneut von einer beeindruckenden Mehrheit gewählt worden. Die Opposition hingegen sagte das Gegenteil. Ihrer Meinung nach war Mir Hosein Musavi der Wahlsieger und somit Irans rechtmäßiger Präsident. Die Bilder dieser ersten Tage nach der Wahl sind vielen Menschen bis heute in Erinnerung. Drei Millionen Menschen sollen am 17. Juni allein in Teheran auf die Straße gegangen sein, um gegen eine in ihren Augen gefälschte Wahl zu demonstrieren. Wo ist meine Stimme?, skandierten die Menschen und fragten die Plakate. Auch nach dem 17. Juni gingen die Demonstrationen weiter, doch das Regime unterdrückte die landesweiten Proteste brutal. Nach einigen Monaten herrschte weitgehend Ruhe, nur noch vereinzelt war von Demonstrationen zu hören. Die Grüne Bewegung schien am Ende.

Deshalb hofften viele Iraner im Winter 2010/11, dass der Funke des Arabischen Frühlings auf Iran überspringen würde. Die Aufstände könnten das Feuer neu entfachen und Mut machen durch ihre Erfolge in Tunesien und Ägypten. Das dachte allerdings auch das iranische Regime. Damit sich niemand daran erinnerte, dass Millionen von Iranern im Juni 2009 genau aus denselben Gründen auf die Straße gegangen waren wie nun die Ägypter, redete das Regime der Bevölkerung seine eigene Interpretation der ägyptischen Proteste ein. Erst wurden sie auf Irans wichtigster Kanzel, der Teheraner Freitagspredigt, als «ein Nachbeben der Islamischen Revolution von 1979» gefeiert. Dann befand Revolutionsführer Khamenei: «Das ist genau das, wovon wir ständig gesprochen haben, nämlich die islamische Erleuchtung.» Diese Lesart wurde so penetrant verbreitet, dass die ägyptischen Muslimbrüder sich gezwungen sahen, sich zu distanzieren. Und der nach 27 Jahren Londoner Exils nach Tunesien heimgekehrte, von der Jasminrevolution profitierende Islamist Rashid al-Ghannoushi erklärte, er möchte sich eher mit Recep Tayyib Erdogan verglichen sehen als mit Khomeini.

Doch nicht nur das Regime der Islamischen Republik versuchte, die Ereignisse in seinem Sinne auszulegen. Laut Oppositionsführer Musavi hat, «was wir heute in Ägypten sehen, 2009 im Iran begonnen». Aus Sicht der Grünen Bewegung um Musavi standen die arabischen Aufstände also in der Tradition der Demokratiebewegung von 2009 und waren keineswegs Ausdruck einer Reislamisierung. Ausschlaggebend hierfür dürfte sein, dass man die eigene Revolution von 1978/79 für kein nachahmenswertes Erfolgsmodell hielt.

Zudem versuchten die iranischen Oppositionellen, die Gunst der Stunde zu nutzen: Da das Regime die Proteste in Ägypten unterstützte und an Mubarak gerichtet erklärte, das Volk müsse das Recht zum Demonstrieren haben, meinte die iranische Opposition, auch ihr könne das Demonstrationsrecht nicht verweigert werden. Musavi und Karrubi, die beiden Oppositionsführer, riefen zu Protesten auf – und zwar zum ersten Mal nach den Ereignissen vom Sommer 2009. Vorgesehen für die Proteste war der 14. Februar. Sie wurden verboten. Aber immerhin stellte dies einmal mehr die Verlogenheit des Regimes bloß. Und noch etwas zeigte sich an jenem Tag: Offensichtlich war die Angst vor Massenprotesten nach wie vor extrem groß, und man hielt es für sehr wahrscheinlich, dass es dazu kommen könnte. Teheran glich am 14. Februar 2010 einer Festung. Es müssen Hunderttausende von Einsatzkräften auf den Beinen gewesen sein.

Aber die Frage bleibt: Warum gingen nicht mehr Menschen auf die Straße? Dafür kann nicht nur das Polizeiaufgebot verantwortlich sein. Warum dachten sich nicht mehr Menschen, dass, wenn sogar der Pharao Mubarak fallen konnte, dies doch auch mit Seyyed Ali Khamenei zu schaffen sein müsste. Zwar waren Protestrufe genau dieser Art zu hören: *Mubarak, Ben Ali, noubat-e Seyyed Ali!* – «Mubarak, Ben Ali, nun ist die Reihe an Seyyed Ali!» Und angesichts des Polizeiaufgebots und der Tatsache, dass man wusste, man riskiert hier sein Leben, waren es immens viele Menschen, die dennoch protestieren gingen. Mehrere Zehntausend dürften es an jenem Tag gewesen sein. Aber es waren zu wenige.

In Iran wurde in der Folge selbstkritisch diskutiert, warum den Arabern gelang, was die Iraner nicht schafften: *Tunes tunes, Iran na-tunes*, hieß es in einem doppeldeutigen Satz, der einerseits bedeutet: *Tunis konnte, Iran konnte nicht.* Aber er bedeutet auch: *Tunis konnte, Iran ist nicht Tunis.* Warum, wurde im Internet gefragt, fangen wir Iraner immer als Erste an – Konstitutionelle Revolution 1905/06, Nationalisierung 1951, Revolution 1979 – und bringen es nie zum gewünschten Ergebnis? Warum haben wir nicht zu Ende bringen können, was im Sommer 2009 hoffnungsvoll begann?

Doch es gab große Unterschiede zwischen der iranischen Situation und jener in den Ländern des Arabischen Frühlings. Die ägyptische Armee hatte erklärt, sie werde nicht auf die Demonstranten schießen. Dies war maßgeblich für den Erfolg der Bewegung. Dass eine Armee nur schwer einsetzbar ist gegen das eigene Volk, wusste allerdings schon Khomeini. Denn auch die iranische Armee hatte sich 1978 geweigert, auf das Volk zu schießen. Nur so konnte die Revolution siegen. Khomeini hatte daraus seine Lehre gezogen und eine oder gar zwei Parallelarmeen etabliert. Die Revolutionswächter und die Basidsch haben den einzigen Daseinszweck, das Regime zu verteidigen, auch gegen das eigene Volk. Sie profitieren immens von diesem System, wissen sehr gut um ihre Verbrechen und was ihnen blühen würde, wenn dieses Regime fiele. Deshalb werden sie noch lange kämpfen, auch mit dem Rücken zur Wand. Sie haben die Proteste 2009 niedergeschlagen und hätten dies mit aller Gewalt und Brutalität wieder getan, wenn die Iraner es den Ägyptern gleichgetan hätten und auf die Straße gegangen wären.

Das iranische Regime hatte zudem das Internet nicht nur zeitweise abgeschaltet wie die Regierung Mubarak in den ersten Tagen der Revolte. In Iran wird das Internet bis heute an entscheidenden Tagen so verlangsamt, dass es als Kommunikationsmedium nicht mehr zu nutzen ist. Außerdem geht die Polizei seit vielen Jahren hart gegen Blogger vor. Es gibt eine Internet-Polizei, die das Internet durchforstet. Sie spürt Dissidenten auf und verhindert viel von dem, was das Internet als Samisdat leisten könnte. Dasselbe gilt für die

Smartphone-Welt. Siemens und Nokia haben Iran die Technologie geliefert, mit der sie die Handynutzer ausspionieren können. Keine Twitter-Revolution also.

Außerdem gab es keine ausländischen Journalisten in Iran. Das Regime kann weitgehend unbeobachtet gegen die Bevölkerung vorgehen, Proteste niederknüppeln, Demonstranten erschießen. Das konnte Mubarak nicht. In Ägypten sah die Weltöffentlichkeit zu. Das ließ Mubarak innehalten. Ein weiterer Unterschied besteht darin, dass kein Obama das iranische Regime wie das ägyptische mahnen konnte, die Menschenrechte zu achten, oder drohen konnte, die Militärhilfe zu streichen. Im Gegenteil. Wenn der Westen mahnt, kontert Teheran seit jeher sofort, man verbitte sich eine Einmischung der arroganten Mächte in die inneren Angelegenheiten Irans. Westliche Unterstützung für die Protestierenden wird dazu genutzt, diese als fünfte Kolonne des Feindes zu denunzieren. Es existierte also niemand, der auf die entscheidenden Beweger hätte einwirken können. Das wären die Kräfte gewesen, die die Wirtschaft kontrollieren. Denen aber ging es gut unter Ahmadinedschad, warum hätten sie sich gegen ihn wenden sollen?

Zudem gab es einen psychologischen Unterschied: Die Iraner hatten vor gar nicht so langer Zeit eine Revolution gemacht. Und sie hatte ihnen nichts Gutes gebracht. Es sind viele Eltern, die ihren Kindern sagen: Macht es nicht, setzt euer Leben dafür nicht aufs Spiel, es lohnt sich nicht, wer weiß, was kommt. Das ist vielleicht der entscheidende Faktor, warum es in Iran 2009 und 2010 nicht an den Punkt kam, der in anderen Ländern erreicht wurde: dass die Angst abfällt; dass man trotz der Verluste an Menschenleben weitermacht, sich nicht einschüchtern lässt und siegesgewiss ist. Iran hat im 20. Jahrhundert dreimal erlebt, wie schnell ein Sieg sich in eine Niederlage verwandeln kann.

Die größte Legitimationskrise seit der Revolution

Das iranische Regime steckt seit 2009 in seiner größten Legitimationskrise. Längst war nach Tagen der Proteste nicht mehr der einzige Vorwurf der Opposition, dass diese Wahl gefälscht wurde. Der Vorwurf reichte schon bald viel tiefer, und er betraf auch nicht mehr nur Ahmadinedschad. Er zielte auf den Mann, der das Staatsoberhaupt der iranischen Theokratie ist, der Gottesherrschaft. In den Augen der Theoretiker dieses Systems wird die Staatsgewalt von einer Person ausgeübt, die von Gott selbst erwählt ist. Sie sieht sich als Gottesstaat. Und damit betrifft die Legitimationskrise auch den Islam selbst.

Der Vorwurf, den die Opposition Khamenei im Anschluss an die Niederschlagung der Proteste 2009 machte, ist der schlimmste, der im schiitischen Kontext erhoben werden kann. Es ist der Vorwurf, dass seine Herrschaft ungerecht sei. Symptomatisch dafür sind Hunderte von Videos von den Unruhen, zu denen es im Anschluss an die Wahlen gekommen war. Die meisten sind mit einem bekannten iranischen Lied unterlegt, in dem es um den Kampf für Gerechtigkeit geht. Das Lied mit dem Titel *Yar-e dabestani-ye man*, «Mein Klassenkamerad», ist die heimliche Hymne des Widerstands, die den Kampf junger Menschen für die Freiheit und gegen die ihnen widerfahrene Ungerechtigkeit in Musik umsetzt. Es wurde im Jahr 1980 von dem Filmemacher Mansour Tehrani geschrieben, anlässlich seines politischen Dramas *Vom Schrei zum Terror*, und damals von Fereydoun Foroughi gesungen, einem von Chanson, Jazz und Blues beeinflussten Musiker, Komponisten und Schauspieler mit viel gerühmter Stimme, dem unter dem Schah vorübergehend die Schauspielerei verboten gewesen war. Für eine Zeit lang geriet das Lied in Vergessenheit, wurde jedoch durch die Studenten während der Proteste 1999 wiederbelebt und galt fortan unter Iranern als das Freiheitslied schlechthin. Auch 2009, als die Grüne Bewegung in den Straßen Irans gegen das Regime protestierte, war das Lied überall zu hören.

Der Film zeigt die Erfolglosigkeit des revolutionären Kampfes; beschrieben wird er oft als grimmiges, manchmal sentimentales Dokument der Iranischen Revolution. Die Wege dreier Freunde, die als junge Revolutionäre die Geheimpolizei des Schahs bekämpft haben, kreuzen sich nach fünfzehn Jahren. Hossein ist drogenabhängig geworden, Davoud ist der Chauffeur des Chefs des Kriegsgerichts, und Reza gehört einer bewaffneten Widerstandsgruppe gegen die Islamische Republik im Untergrund an. Reza soll den Chef des Kriegsgerichts ermorden, wird aber durch eine verirrte Kugel getötet. Davoud wird verwundet, kann aber entkommen. Und Hossein stirbt schließlich an einer Überdosis.

Ein weiteres solches Lied ist *Sar amad zemestun*, «Der Winter ist zu Ende gegangen». Es wird zu der Melodie eines alten armenischen Liebeslieds gesungen, wurde während der Revolution von 1979 durch die *Fedayeen khalgh*, eine säkulare marxistische Gruppe, populär gemacht und schließlich von allen Revolutionären übernommen. Wiederbelebt worden war das Lied von der Musavi-Kampagne 2009.

Alle Videos über die Unruhen, die meist Bilder von den Unruhen zusammenschneiden, waren mit solchen Liedern unterlegt, die jeder kennt. In einem anderen Video spricht eine Stimme aus dem Off: «Die Herrschaft hat sogar bei Unglauben Bestand, nicht jedoch bei Ungerechtigkeit.»

Wichtiger, als dass eine Regierung islamisch ist, ist also, dass sie gerecht ist. Diese Aussage, mit der man auch den Säkularismus begründen kann, stammt von Nizam al-Mulk, der 1092 starb. Er gilt als einer der größten iranischen Staatsmänner. Sein wichtigstes Werk, das *Siyasatname,* das Buch der Politik, wird als die schönste persische Prosa in der Schule gelesen. Deshalb ist dieser Ausspruch jedem bekannt – seit Generationen. Als Beispiel für seine Wirkmächtigkeit sei aus dem Brief einer jungen Frau an die Tochter von Ali Khamenei zitiert. Die Verfasserin ist eine ehemalige Klassenkameradin dieser Tochter, der Brief wurde während der Niederschlagung der Proteste verfasst:

Liebe Boshra, ich wollte Dir nur von den Hooligans erzählen, von denen Dein Vater bei der Freitagspredigt gesprochen hat: von Deinen Klassen- und Schulkameraden. Neda, die auf der Straße getötet wurde, das unschuldige Mädchen, war in Deinem und meinem Alter. Sie hatte keine Waffe, kein Messer, sie war nur gekommen, um ihre Stimme zu erheben für ihr Recht. Wer sagt, dass der Ruf nach Gerechtigkeit mit Blei beantwortet werden muss? Haben wir denn vergessen, dass sich auch der Schah so verhalten hat und dass er daran zugrunde ging? Neda musste sterben. Sie wird ihre Stimme nicht mehr erheben können, um den Schlaf Deines Vaters zu stören. Aber hat sich der Prophet der Barmherzigkeit auch so verhalten wie Dein Vater? Du hörst doch jeden Abend die Rufe des Volkes, dass *Gott größer ist*, Allahu akbar, auch wenn Dein Vater sie nicht hört. Das ist die aufgestaute Wut eines Volkes, dessen Intelligenz beleidigt wurde und das nur bei dem großen Gott Schutz sucht. Ein Volk, das sich einst für die Revolution opferte und heute als Abschaum beschimpft wird. Ein Volk, das seine Botschaft an den Wahlurnen zu Gehör bringen wollte und dessen Recht nun mit Füßen getreten wird. Kannst Du Dich noch an unser Schulbuch erinnern, in dem es hieß: «Die Herrschaft hat auch bei Unglauben Bestand, aber nicht bei Ungerechtigkeit»?

Dieser Brief wurde über die Google Group *coup d'etat* verbreitet, die im Sommer 2009 ein wichtiges Kommunikationsmedium war. Neben den Bildern kursierten unzählige solcher Texte im Netz. Sie alle beklagen die Ungerechtigkeit. Das war in Iran schon immer so: Es ging in Iran schon immer zuvorderst um Gerechtigkeit, wenn eine Regierung kritisiert wurde. Weil die Regierung ungerecht war, kam es 1905/06 zu einer Revolution und 1978 zur nächsten.

Bekanntlich ist gemäß schiitischer Theorie nur die Herrschaft des zwölften Imams vollkommen legitim, denn nur er ist in der Lage, Gerechtigkeit herzustellen. Aus der Idee, dass nur seine Herrschaft vollkommen gerecht sei, resultierte die quietistische Haltung der Geistlichen zur Regierung, nicht selbst herrschen zu wollen. Khomeini war eine revolutionäre Ausnahme. Die anderen hingegen legitimierten sogar die weltliche Herrschaft, solange diese nicht gegen das einzige Gebot verstieß, das die Herrschaftslehre entwickelt hatte: Sei gerecht! Wo die Geistlichen eine ungerechte Herrschaft ausmachten, stellten sie sich dagegen.

Mit der Norm, dass Gerechtigkeit herrschen muss, folgt die schiitische Herrschaftstheorie dem Begründer ihrer Glaubensrichtung. In einem Schreiben, das seitdem als Charta der Regierung gilt, seinem Regierungsauftrag an Malik al-Ashtar, schrieb Imam Ali 658:

> Oh Malik, sei gerecht gegenüber Gott und dem Volk. Wer immer die Diener Gottes unterdrückt, macht sich Gott zum Feind und ebenso jene, die er unterdrückt. Das Schlimmste, was einem Volke widerfahren kann und was den Zorn Gottes und seine Vergeltung unwiderruflich hervorruft, sind Unterdrückung und Tyrannei über die Geschöpfe Gottes. Davor möge sich der Herrscher hüten: Der barmherzige Gott hört die Rufe der Unterdrückten. (Abu Talib 1972, 995)

Hinzu kommt: Auch der Gründungsmythos der Schia ist der Kampf gegen die ungerechte Herrschaft, nämlich gegen die Muslime, die sich durch Lug und Betrug der Herrschaft bemächtigt haben. Das ist mit Usurpation gemeint, die als die größte Sünde gilt. Jedem Schiiten ist der Kampf des Prophetenenkels Hussein mit seinen siebzig Getreuen gegen die Übermacht Yezids präsent bis heute. Es ist die Erinnerung an eine Schlacht, die verloren ging, aber zeigte: Im Recht ist, wer für Gerechtigkeit kämpft. Das ist das wichtigste Dogma des schiitischen Glaubens, dem ein identitätsstiftendes Moment innewohnt mit einem immensen Potenzial – wie nicht nur die Revolution von 1978/79 gezeigt hat.

Weil sie gegen die Normen der guten Regierungsführung verstoßen haben, entzog Großayatollah Montazeri dem jetzigen Regime und seinem Revolutionsführer per Fatwa die religiöse Legitimität. Das Rechtsgutachten verdient die Bezeichnung historisch. Ohne Khamenei beim Namen zu nennen, schreibt Montazeri: Sollte ein Verantwortlicher seine weltlichen und religiösen Pflichten versäumt und das Vertrauen des Volkes missbraucht haben, gelte er automatisch als abgesetzt. Sollte er versuchen, durch Gewalt, Lug und Trug sich an der Macht zu halten, seien die Gläubigen verpflichtet, ihn mit allen gesetzlich erlaubten Mitteln abzusetzen. Kein Gläubiger dürfe sich, unter welchem Vorwand auch immer, dieser Verpflichtung entziehen. In ungewöhnlich scharfen Worten hat Montazeri im Juli 2009 auf Fragen seines Schülers Mohsen Kadivar zur Lage nach den Wahlen und den blutig niedergeschlagenen Demonstrationen Stellung bezogen und dem Regime in seinem augenblicklichen Zustand die Legitimation abgesprochen. Aus diesen Fragen entstand die Fatwa. Fatwas sind immer Antworten auf Fragen der Gläubigen, also Rechtsgutachten.

> Eine Obrigkeit, die auf Knüppeln, auf Ungerechtigkeit und Rechtsverletzungen basiert, die sich der Wahlstimmen bemächtigt und diese manipuliert, die mordet, verhaftet und wie im Mittelalter und mit stalinistischen Methoden foltert, die ein Klima der Unterdrückung schafft, Zeitungen zensiert, Kommunikationswege stört, die gebildete Elite der Gesellschaft unter absurden Vorwänden inhaftiert und falsche Geständnisse erpresst, eine solche Obrigkeit ist aus religiöser Sicht und in den Augen eines jeden Vernünftigen zu verurteilen und hat keinen Wert. (FAZ 16.7.2009)

Deshalb kam Montazeri zu dem Schluss: «Dieses System ist keine Herrschaft des Rechtsgelehrten, sondern nur noch eine Herrschaft der Gewalt.» Die Islamische Republik sei weder republikanisch noch islamisch.

Andere schiitische Ayatollahs bestätigten Montazeris Fatwa direkt oder indirekt. Zudem gratulierte keiner der Granden dieses schiitischen Adels Ahmadinedschad zu seinem angeblichen Sieg. Auch dadurch wurde die Legitimität Khameneis, der sich für ihn ausgesprochen hatte, geschwächt. Ein religiöser Führer wie er, der sich nur noch mithilfe von *Nezamiyun*, also Gewalt, an der Macht hält, ist für einen Staat, der sich auf den Islam beruft, eigentlich nicht mehr tragbar. Er verliert seine religiöse Legitimität vollends, wenn er den Anspruch auf die Führung der Geistlichkeit erhebt, diese seine Führung jedoch nicht mehr anerkennt.

Das Wahlergebnis von 2009, das die Opposition für das richtige hält, ist das Ergebnis einer Krise und eines Wandels, die schon vor Jahren eingesetzt haben. Das spiegelt sich vor allem in den Biographien derer wider, die man als die *chodi* bezeichnet: die Eigenen. Sie hatten die Revolution gemacht, bekannten sich zu ihr und dem System, das daraus hervorging; sie verfügten über *ta'ahod*, über Hingabe zum Islam. Das war das Wichtigste, allein mit dieser Qualifikation besetzten sie nach der Revolution Botschafter-, Funktionärs- und Ministerposten. Die säkularen Intellektuellen hingegen galten mangels Hingabe zum Islam als illoyal und wurden als fünfte Kolonne des Feindes betrachtet. Sie waren die *gheyr-e chodi*, die Nicht-Eigenen.

Auch Said Hajjarian hatte einst zu den Eigenen gehört. Immerhin war er ein Revolutionär der ersten Stunde gewesen und hatte den iranischen Geheimdienst mitaufgebaut. Ende der achtziger Jahre aber begann wie bei vielen heutigen Reformern sein Umdenken. Um den Islam und die Revolution zu retten, wollten sie Reformen. Hajjarian trug zur Aufdeckung der Kettenmorde bei. Nachdem sich die Konservativen dafür mit einem Attentat an ihm gerächt hatten, war der Teheraner Stadtabgeordnete teilweise gelähmt. Er konnte sich im Gespräch nur noch schwer artikulieren. Das Letzte, was man von Hajjarian zu sehen bekam, war sein Auftritt im August 2009 bei einem der Teheraner Schauprozesse, zu denen es nach der Wahl kam. Im Verhandlungssaal widerrief er sein Denken der vergangenen anderthalb Jahrzehnte. Man zwang ihn, ein seitenlanges Dokument vorzutragen, in dem er allem abschwor, für das er bisher eingetreten war. Hajjarian bekannte, eine Revolution geplant zu haben, und entschuldigte sich beim Volk für seine Versuche, es in die Irre zu führen. Das Staatsfernsehen zeigte sein Geständnis in voller Länge. Alle sollten hören, dass nur ein paar ferngesteuerte Jugendliche und ihre Rattenfänger Khamenei kritisiert hatten.

Doch das Kalkül des Regimes ging nicht auf: Denn sich an dem in den Rollstuhl geschossenen Hajjarian nun noch einmal zu vergreifen, empfanden viele als erbärmlich, als Ausdruck des tiefen Falls der unbelehrbaren Reaktionäre, die nichts und niemanden außer sich selber dulden und ihren Kreis immer enger machen. Dasselbe passierte, als das Regime sich Mohammad Ali Abtahi vornahm. Der Reformer war einst der Vize Khatamis. Er hatte sich einen Namen als der «bloggende Mullah» gemacht und war deshalb unter Jugendlichen beliebt. Ihn bei diesem Schauprozess ohne Turban, im Pyjama und mit Gummilatschen im Fernsehen vorzuführen, wurde als unerhörte Demütigung empfunden. Nicht einmal davor machen sie halt, sagten sich viele: Sie führen die Eigenen als irregeleitet vor.

Mit Aktionen wie diesen manövrierte sich das Regime immer mehr in seine Legitimationskrise hinein. Dabei war das Verhalten des Regimes so vorhersehbar, dass Ebrahim Nabavi, Irans begnadetster Satiriker, der wegen seiner beißenden Kritik im belgischen Exil leben muss, Wochen vor der Ausstrahlung des Geständnisses von Abtahi eine Videoaufzeichnung ins Internet stellte. Im Video sieht man Nabavi in Gefängniskleidung als Mohammad Ali Abtahi. Und er gesteht das Absurdeste des Absurden, das Lächerlichste vom Lächerlichen. Also in etwa das, was Abtahi Wochen später vor dem Teheraner Revolutionsgericht gestehen wird: Ja, er habe einen Mann getroffen, vor einigen Jahren in Mekka, der ihn für die CIA angeworben habe; ja, er habe mit Musavi und Karrubi die samtene Revolution angeleiert. Da es nur grünen Samt im Bazar gegeben habe, habe man dann eben eine grüne Revolution gemacht. Er entschuldige sich nun beim Volk, dass er sich auf seinen Auslandsreisen zu unsittlichen Beziehungen habe hinreißen lassen zu Frauen wie Angelina Jolie, Scarlett Johansson, Carla Bruni und ja, auch Sophia Loren und Marilyn Monroe waren darunter. Nun wünsche er sich nichts mehr, als dass Mahmud Ahmadinedschad alle Wahlen immer mit 80 Prozent und gerne auch 150 Prozent gewönne. «Und wenn es noch etwas gibt, das ich jetzt bereuen soll, dann bereue ich auch das jetzt. *Wa rahmatollahi wa barakatuhu.*»

Mohsen Kadivar war einer der Sprecher der Grünen Bewegung

im Ausland. Im Gespräch mit mir fasste er noch mal die Fehler zusammen, die das Regime seit den Wahlen vom Sommer 2009 gemacht habe: die Verstöße, mit denen es sich um seine Legitimität brachte.

Den ersten Fehler hat Ali Khamenei begangen, als er diese Wahl anerkannt hat. Den zweiten hat er begangen, als er kein unabhängiges Schiedsgericht zugelassen hat. Den dritten, als er das Blut Unschuldiger vergossen hat. Auch nach der Verfassung zählt das Demonstrieren zu den Grundrechten der Bevölkerung. Doch das Regime der Islamischen Republik hat die friedliche Demonstration der Bevölkerung in eine Schießerei verwandelt. Und sie lügt: Was an Ashura passiert ist, war der brutale Angriff der Sicherheitskräfte auf eine friedliche religiöse Prozession. Niemand hat auf Seiten der Demonstranten die religiösen heiligen Werte beleidigt, wie das Regime behauptet. Das behaupten die nur, weil sie sich selbst für heilig halten und deshalb in dem Ruf «Nieder mit dem Diktator», mit dem die Menschen Khamenei meinen, eine Beleidigung der Heiligen Werte sehen. Aber an Herrn Khamenei ist nichts heilig und den, der uns heilig ist, Imam Hossein, hat niemand beleidigt. (Amirpur 2010a)

Das wirklich Neue war bei diesen Protesten, dass alle alles mitbekommen haben. Denn gefoltert hatte das Regime auch schon früher, aber nun verlor es zum ersten Mal sein Nachrichtenmonopol. Es gab nun erstmals Berichte von Opfern, die sich über das Internet rasant verbreiteten. Es sind erschütternde Zeugnisse blutjunger Menschen, die demonstriert haben und dafür im Gefängnis gefoltert, missbraucht und vergewaltigt wurden. Viele von ihnen haben es nicht überlebt.

Der 80-minütige Dokumentarfilm *The Green Wave* des deutschiranischen Regisseurs Ali Ahadi Samadi hat einigen von ihnen eine Stimme gegeben, indem er Interviewszenen mit Posts, Tweets und Handyaufnahmen mischte. Viele weitere sind in dem Film *Letters from Iran. The aftermath of Iran's Green Revolution* aus dem Jahre 2011 versammelt. Auch die Graphic-Novel *Zahra's Paradise*, die fiktive Geschichte um Mehdi, dessen Mutter sich im Internet und in den Krankenhäusern des Landes auf die Suche nach ihrem verschollenen Sohn macht, erhebt den Anspruch, exemplarisch für das Schicksal vieler Iraner zu stehen. Andere Protagonisten haben ihre persönlichen Erfahrungen in aus Bildern und Filmen zusammengeschnittenen Videos ins Netz gestellt, wie Mohammad Reza Dschalaipur, der Sohn des bekannten Reformers Hamid Reza Dschalaipur. Er war in der Haft gefoltert worden. Es betraf nun also auch die Kinder der ehemals Eigenen.

Die Opfer der Willkür, die sich an die Öffentlichkeit gewagt haben, fanden in Mehdi Karrubi, dem anderen Herausforderer von Ahmadinedschad bei der Wahl 2009, einen Verbündeten, der das Geschehene öffentlich gemacht hat. Es standen Bilder im Netz, auf denen die Anti-Aufruhr-Polizei auf die Demonstranten einprügelte. Oder ein Film, der zeigte, wie ein Pick-up einen Protestierenden überfährt. Auch das Video vom Sterben der Neda Agha Soltan verbreitete sich im Netz. Die Philosophiestudentin, die zur Ikone der Protestbewegung wurde, war von Heckenschützen ermordet worden. In einem 40-Sekunden-Clip sieht man ihr Blut aus Mund und Nase quellen und ihre Augen brechen. Jeder, der wollte, konnte das sehen. Es gibt Millionen Internetnutzer in Iran.

Das Internet ermöglichte sogar, dass man die Kritik mitbekam, die im Inneren des Regimes formuliert wurde, im Parlament beispielsweise. Der Videomitschnitt der Rede des Geistlichen Alikhani war tagelang Stadtgespräch in Teheran. Mit ihm verteidigte jemand, dessen revolutionäre Integrität niemand in Zweifel ziehen konnte, im Parlament die Demonstranten. Hier wurde also auch die Spaltung im Regime selbst offenbar. Alikhani wandte sich gegen die Unterstellung, die Demonstranten seien die US-gesteuerte fünfte Kolonne des Feindes. Und er schloss seine Anklage mit einem Satz von Staatsgründer Khomeini über Musavi: «Der Imam (Khomeini) sagte einst: Herr Musavi, diejenigen, die gegen Sie opponieren, sind nicht einmal kompetent genug, eine Bäckerei zu führen.»

Diese Bilder und Videos haben das Regime viele der Anhänger

gekostet. Es gibt zweifellos eine konservative Klientel, einen nennenswerten Teil der Bevölkerung, der keinen Wandel will und der Ahmadinedschad gewählt hat. Doch durch diese Bilder hat es auch Teile seiner ureigenen Klientel verloren. Dieser entstammte etwa der Sieger der landesweiten Mathematikolympiade. Er fragte Khamenei bei der Preisverleihung, was hast du mit meinem Land gemacht? Mahmoud Vahidnia sagte ihm frei heraus, niemand würde glauben, dass die staatliche Berichterstattung über die jüngsten Ereignisse objektiv sei: «Da Sie den Verantwortlichen des Staatssenders ernennen, sind Sie entweder verantwortlich für die unausgewogene Berichterstattung oder Sie haben die Kontrolle über sie verloren.» Dieser Satz wurde live übertragen, es dauerte einen Moment, bis die Kamera abschaltete. Er erreichte Millionen.

Ein anderes Beispiel ist ein berühmt gewordener Gedichtvortrag. Verfasst und vorgetragen hat das Gedicht eine junge Frau, Hila Sedighi, bei einer quasi-öffentlichen Veranstaltung im Herbst 2009, also nach der Niederschlagung der Proteste und zu Beginn des Semesters. Ich habe dieses Video damals von bestimmt 25 Personen aus Iran zugeschickt bekommen, und bei *YouTube* sind Hunderttausende Aufrufe gezählt worden.

> Es regnet und herbstet.
> Der Zorn schnürt dem Himmel die Kehle zu.
> Eine Wolke verbeugt sich zum Gebet wie
> einer, der in der Sommerhitze zusammenbricht.
> Es duftet nach Alphabet in der Schule.
> Es schlägt die erste Stunde schrill in den Ohren.
> Die Strafe für unerlaubte Lacher
> und die kleinen Freuden des Lebens.
> Überhäuft von Zorn und Vorwürfen
> für unsere Jugendstreiche.
> Es ist der Schulanfang und in mir
> werden die Erinnerungen wachgerufen.
> Vor den verwelkten Blumen sitze ich

in der verwaisten Klasse ohne dich.
Ich fühle mich wie ein regnerischer Herbst
gefangen in meiner inneren Wut.
Wie oft haben wir geträumt von einem schönen Morgen
und wie oft wurden unsere Hoffnungen zunichtegemacht.
Welch eine Zeit, welche hochfliegenden Träume!
Was strebten wir nach Glück!
Du und ich, wir waren eine Generation von Flügellosen
festgesetzt in den Fängen des Falken.
Jener Falke, der mit seinen Krallen
nahm dir das Leben vor meinen Augen,
machte unsere Träume zunichte und
trennte uns die ausgestreckte Hand der Freundschaft.
Du trankst den Schierlingsbecher
und gingst so plötzlich von mir.
Ich schwöre auf die Tränen der Mütter:
auf jene ewigen Gedanken,
auf jeden Bluttropfen der Liebenden,
auf das Leiden der Eingesperrten,
Mir zersprang das Herz vor Gram
in hundert Stücke und fiel in den Staub
Sag ... sag, bist du froh, dort, wo du hingegangen bist?
Bist du frei jenseits des Hofes?
Erinnerst du dich an deine Jugend?
Hast du immer noch den Kopf voller Liebe zur Heimat?
Gibt es dort keine Ruchlosigkeit?
Bestimmt dort auch die Axt das Schicksal der Zypressen und Wiesen?
Stiehlt dir dort keiner den Verstand?
Verletzt dort keiner deine Würde?
Weiß man dort von den ungezeichneten Gräbern?
Hört man dort auch die Klagelieder der Mütter?
Singt, meine Leidesgenossen, meine Gefährten!
Singt mein Lied mit Sehnsucht und Seufzer!
Wieder der Schulanfang und der Herbst.

Der Zorn schnürt dem Himmel die Kehle zu.
Ich und der verwaiste Tisch
und die verwelkten Blumen darauf.

Gedichte wie dieses gibt es viele. Sie sind eine subversive Art des Widerstands. Er kommt so unauffällig daher, dass seine Tragweite schwer zu messen ist. Doch er arbeitet mit den Mitteln, die ihn potenziell eine breite Wirkung entfalten lassen. Iraner sind ein Volk der Dichter. Hila Sedighi holt sich die Leute also genau mit dem Medium, mit dem sie am besten zu kriegen sind. Und sie spricht alte Topoi an. Sie bezieht sich auf das Lied «Mein Klassenkamerad». Und sie spricht über die Ungerechtigkeit, die einem jungen Menschen in diesen Protesten widerfahren ist. Obschon sie wussten, wie gefährlich es ist, standen die Menschen nach diesem Vortrag auf, klatschten und weinten.

6.
W wie weiblich. W wie Widerstand

Weitere Akte zivilen Widerstandes folgten. Manche bekamen viel internationale Aufmerksamkeit: und hatten zur Folge, dass die Frauenfrage inzwischen als Teil der Demokratiefrage wahrgenommen wird. Dies ist eine neue Entwicklung, denn lange galt die rechtliche Benachteiligung von Frauen als ein Problem, das nur Frauen betrifft.

Men in Hijabs

Ein wichtiger Auslöser für die inzwischen herrschende, veränderte Haltung war eine Kampagne mit dem Titel *Men in Hijabs,* Männer im Hidschab, oder besser: Männer mit Tschador. Die Kampagne machte im Dezember 2009 in der internationalen Presse Schlagzeilen: Auf einer Facebook-Seite waren nach dem Aufruf eines iranischen Fotografen Hunderte von Fotos von Männern mit Kopftuch eingegangen. Es entstand ein Film mit diesen Fotos und einer eindeutigen politischen Botschaft: Die Männer, die sich hier hatten ablichten lassen, verstanden ihr Foto als Bekenntnis zur Grünen Bewegung.

Men in Hijabs war keine Solidaritätskampagne mit den iranischen Frauen wegen des in Iran herrschenden Kopftuchzwanges. Vielmehr handelte es sich um eine Solidaritätsaktion mit einem Mann, der vom iranischen Regime gezwungen worden war, sich in Frauenkleidern und mit Kopftuch ablichten zu lassen: Madschid

Tavakoli (geb. 1986) hatte am 7. Dezember 2009, dem iranischen Studententag (16. Azar), eine flammende Rede an der Amir-Kabir-Universität in Teheran gehalten. Als die Polizei ihn daraufhin festnehmen wollte, flüchtete er. Einen Tag später veröffentlichte die iranische Nachrichtenagentur FARS einen Artikel über den Regimekritiker – und ein Foto von ihm in Frauenkleidern. Bei diesem Foto handelte sich um eine Anspielung auf Abolhasan Bani Sadr (1933–2021), den ersten Präsidenten der Islamischen Republik Iran.

Die beiden Fotos wurden zusammen und nebeneinander veröffentlicht. Bani Sadr war im Jahre 1981, nachdem er in Ungnade gefallen war, angeblich in Frauenkleidern aus Iran geflüchtet. Ob das stimmt, ist nicht erwiesen. Bani Sadr hat nie dazu Stellung bezogen. Da der danach in Paris lebende Oppositionelle aber auf der Flucht nicht erwischt worden ist, dürfte das Foto, das ihn in Frauenkleidern zeigt, eine Fälschung sein. Tatsache ist: Die Flucht des oppositionellen Bani Sadr in Frauenkleidern und mit Kopftuch ist ein in Iran bekannter Topos, auf den hier rekurriert wird. Der Journalist Masoud Golsorkhi schrieb erläuternd: «Im Straßenjargon ist das Bild eines als Frau verkleideten Mannes eine Verleumdung seiner Sexualität und essenziellen Männlichkeit. In politischer Hinsicht ist das Heraufbeschwören von Bani Sadr eine Art politische rote Karte.»

Die Botschaft, die die staatliche Nachrichtenagentur aussenden wollte, war also: Die Mitglieder der oppositionellen Grünen Bewegung sind keine echten Männer, sie sind feige, sie stehlen sich in Frauenkleidern davon. Sie sind Memmen, Weiber, kein ernst zu nehmender Gegner. Das ist unsinnig, weil gerade unter den Protestierenden vom Sommer 2009 besonders viele Frauen waren. Auch deshalb ging der Schuss nach hinten los, die Taktik des Regimes ging nicht auf. Die erwähnte Facebook-Seite titelte: *Be a Man. Send us your picture as a Woman* – und es entstand der Film *Men in Hijabs*, der Furore machte.

Bei *YouTube* ist der Film auf Persisch und Englisch überschrieben mit: «Wir alle sind Madschid Tavakoli», *ma hame majid tavakoli hastim*. Mit diesem Abspann (auf Persisch) endet der Film auch. Er zeigt zuerst Bilder und einen kleinen Einspieler von den Studentenprotesten an der Amir-Kabir-Universität sowie der Rede Tavakolis bei dieser Demonstration. Außerdem enthält der Film einen Screenshot der Internet-Seite, auf der neben einem Artikel das Foto von Tavakoli und Bani Sadr in Frauenkleidern zu sehen ist. Unterlegt ist der Film zu Beginn mit einem Kommentar von Mir Hosein Musavi, dem Oppositionsführer und angeblich unterlegenen Präsidentschaftskandidaten, der den Anhängern der Grünen Bewegung als der rechtmäßige Präsident Irans gilt. Musavi sagt: «Das Regime kann unsere Kinder einsperren und ihnen Kleider anziehen, um sie zu demütigen, aber wir können sie als Helden sehen, wir wissen, sie sind Helden, und sind stolz auf sie.»

Am Ende wird immer wieder das Wort Freiheit gerufen und der Aufruf gesendet: «Lasst Madschid frei!» Der Film ist unterlegt mit einem an Madschid Tavakoli gerichteten Lied:

Ich bin ein Gedicht, Du ein Lied

Mach ein Lied aus mir

Ich wandere, Du fliegst

Mach (Du) mich auf den Weg

Ich bin der Tod, Du ein Lied

Mach mich zum Märchen

Ich bin ein schweigender Zorn, Du ein Schrei

Meinem sorgenvollen Schrei hast Du neues Leben eingehaucht

Freiheit, Freiheit, Freiheit

Ich bin Schlaf, Du bist Traum

Bleib in meinen Augen

So pathetisch dieser Text im Deutschen klingt, so wenig ist er das im Persischen. Hier passt er sehr gut zu der Form von Ästhetik, in der der Film gedreht ist. Diese sieht man inzwischen sehr oft. Sie wird als Tehrangeles-Ästhetik bezeichnet. Tehrangeles ist der Name von Los Angeles im Persischen, da dort eine halbe Million Iraner leben.

Man kennt diese Ästhetik aus Hunderten von Videos über die Unruhen vom Sommer 2009: wehmutsvolle Klagen, romantisierend und voller Sehnsucht nach der Heimat.

Der Film brach die Sehgewohnheit von Männern und Frauen in Iran. Vielen Männern machte er zum ersten Mal bewusst, was es bedeutet, ein Kopftuch zu tragen. Ein weiterer wichtiger Effekt war, dass in der iranischen Öffentlichkeit neu über Gender-Fragen diskutiert wurde. Denn der Film richtete sich neben der internationalen Öffentlichkeit, die mobilisiert werden sollte, natürlich an ein iranisches Publikum, und zwar sowohl an das in Iran wie auch an das im Ausland lebende. Diese beiden Öffentlichkeiten sind in den letzten 15 Jahren immer mehr zu einer Diskurs-Gemeinschaft zusammengewachsen. Das sehen wir auch seit dem September 2022.

Wenn hier von inneriranischer Öffentlichkeit die Rede ist, so ist die Öffentlichkeit gemeint, die sich als Gegenöffentlichkeit zur kontrollierten iranischen Öffentlichkeit konstituiert, namentlich im Internet, das in Iran weitverbreitet ist. Diese Internet-Agora ist stark von Exilanten geprägt, die aber in einen intensiven Dialog mit Iranern in Iran getreten sind. Ein Blogger schrieb: «Wir demütigen dich, indem wir einen deiner Freunde als Frau verkleiden! Oh ja? Nun, jetzt sind wir alle wie Frauen angezogen. Und überhaupt, was ist so schlimm an Frauen?»

Nur ein Stück Stoff?

Um sich die Rolle und die Bedeutung des Kopftuches für Iran zu vergegenwärtigen, sei Folgendes rekapituliert: Viele Frauen zogen während der Revolution von 1978/79 ganz bewusst ein Kopftuch an, um damit gegen das Schah-Regime zu protestieren. Es galt ihnen als Zeichen des Protests, weil ihren Müttern und Großmüttern das Tragen des Kopftuches 1936 von Reza Pahlavi (1878–1944) verboten worden war. Unter seinem Sohn Mohammad Reza Pahlavi (1919–1980) war es zwar wieder erlaubt worden, dennoch blieben

Kopftuch tragenden Frauen viele Möglichkeiten verschlossen – der Besuch der Universität ebenso wie eine Anstellung im öffentlichen Dienst. Das Kopftuch wurde so während der Revolution zum Symbol für den Widerstand gegen eine Form von Fremdherrschaft, als die das westlich gestützte Schah-Regime wahrgenommen wurde.

Nach dem Sieg der Revolution wechselte das Symbol seine Farbe. Khomeini verabscheute die Entschleierung der Frau von 1936 als Sexualisierung der Gesellschaft. Er machte das Tragen des Hidschabs zur Pflicht. Frauen, die sich dem verweigerten, verdammte er als korrupte Repräsentanten des monarchistischen Regimes und des Westens. Was eben noch als Zeichen des Widerstands gegolten hatte, stand nach dem Machtwechsel für politischen und moralischen Gehorsam. Aus einem Kann war ein Muss geworden, ein Zwang hatte den anderen abgelöst. Die Demonstrationen von Frauen am 8. März 1979, am internationalen Frauentag, mit denen diese gegen den gerade angeordneten Kopftuchzwang protestierten, waren wiederum der erste oppositionelle Akt gegen das neue Regime. Sie hätten sich zu einer breiten Bewegung für Demokratie ausweiten können, doch die Besetzung der US-Botschaft im November, die zu einer Radikalisierung im politischen Raum führte, und der Krieg mit dem Irak verhinderten dies ab September 1980. Der Kampf für Gleichberechtigung wurde in Kriegszeiten den nationalen Prioritäten untergeordnet. Es ging um Wichtigeres, es ging jetzt auch den Frauenrechtlerinnen darum, das Land zu verteidigen.

Der Kampf für Frauenrechte wurde verschoben – aus Sorge, dass er von den äußeren Gegnern instrumentalisiert würde. Immerhin war der Feminismus seit seiner Geburtsstunde von den Europäern auch dazu benutzt worden, den Anspruch Europas auf Überlegenheit zu zementieren. Als sich der Feminismus als Idee und als Bewegung in Europa und den Vereinigten Staaten formierte, wurde er auch dazu eingesetzt, «to morally justify the attacks on native societies and to support the notion of the comprehensive superiority of Europe», wie Leila Ahmed es in ihrem Buch *Women and Gender in Islam* formuliert hat.

Deshalb ordneten iranische Frauen, die zwar gläubig waren, aber ein feministisches Bewusstsein hatten, ihr Streben nach Gleichberechtigung den antiimperialistischen Prioritäten unter. Sie liefen sonst Gefahr, als Bewegung angesehen zu werden, die der sogenannten «kulturellen Invasion» *(tahajom-e farhangi)* des Westens in die Hände spielt. Die Idee, dass man auf das kulturell Eigene setzen müsse, *bazgascht be chischtan* (die Rückkehr zum Eigenen), hatte über Ali Shariati in den iranischen Diskurs Eingang gefunden, den Übersetzer von Frantz Fanons *Die Verdammten dieser Erde* und großen Ideologen der Revolution. Während also westliche Frauen das Patriarchat im Namen von Liberalismus und Demokratie kritisieren konnten, waren diese Gesellschaftsentwürfe in den Augen iranischer Frauen häufig negativ besetzt und diskreditiert. Hunderttausende waren Shariati darin gefolgt:

> Welcher Denker, Humanist, gar Sozialist und Kommunist hat in Europa protestiert, als der Kolonialismus und der Kapitalismus unter der Maske der Demokratie und des Liberalismus solch ein Feuer in der ganzen Welt entfacht hatten, als Millionen wehrloser Muslime und Inder, schwarze und gelbe Völker ausgeplündert und vernichtet wurden? [...] Wir verdanken den Kolonialismus, der Massenmord an Völkern, Vernichtung der Kulturen, Reichtümer, Geschichten und Zivilisationen der nicht-europäischen Menschen mit sich brachte, den Regierungen, die demokratisch gewählt wurden, Regierungen, die an Liberalismus glaubten. Diese Verbrechen wurden nicht von Priestern, Inquisitoren und Cäsaren begangen, sondern im Namen der Demokratie und des westlichen Liberalismus. (Shariati 1980, 164)

Für die iranischen Antiimperialisten und Nationalisten war der Feminismus also Teil eines kolonialistischen Projekts, dem es sich entgegenzustellen galt. Der Islam wiederum galt säkularen Intellektuellen und Modernisierern als Synonym für eine zurückgebliebene Gesellschaft. Deshalb wurde er im Namen des Fortschritts abgelehnt. Viele Frauen hatten daher nur die Wahl, zwischen «Verrat und Verrat», wie Leila Ahmed es ausgedrückt hat. Sie mussten wählen zwischen ihrem Glauben und ihrem feministischen Bewusstsein. Paradoxerweise führte das Aufleben des politischen Islams in den siebziger Jahren dazu, dass Frauen ihren Glauben und ihre Identität mit ihrem Kampf für Gleichberechtigung versöhnen konnten. Zwar konnten sie dies nicht in Politik umsetzen. Aber die Agenda der Islamisten, ihre patriarchalischen Vorstellungen in Gesetze zu gießen, provozierte die Frauen in den achtziger und verstärkt in den neunziger Jahren zu einer Kritik an diesen Vorstellungen. Eine immer größer werdende Zahl von Frauen meinte nicht länger, dass islamische Ideale nicht ohne Patriarchat zu haben wären, und sah keinen Widerspruch zwischen ihrem Glauben und dem Feminismus. So befreiten sie sich von der Zwangsjacke des antiimperialistischen Diskurses. Die Sprache des politischen Islams gebrauchend, konnten diese Frauen nun eine Kritik an der Gender-Ungerechtigkeit formulieren, die nicht in den Verdacht kam, westlich gesteuert zu sein.

Islamischer Feminismus

Die Frauen, die einen islamischen Feminismus vertraten, sammelten sich in der Zeitschrift *Zanan*. Sie hatten angenommen, dass die Revolution auch ihnen Befreiung bringen würde. Doch als sie merkten, dass die ehemaligen Revolutionäre unter revolutionärer Befreiung auch Jahre nach dem Krieg immer noch nicht die Befreiung der Frau vom Patriarchat verstanden, zogen sie ihre Konsequenzen. So wurde *Zanan* zu der Plattform schlechthin für den sogenannten Islamischen Feminismus – wobei Herausgeberin Sherkat diesen Ausdruck nie benutzte. Er stammt von iranischen Exilantinnen, die sich – oft von amerikanischen Lehrstühlen aus – mit Gender-Themen beschäftigen und auf die feministische Bewegung in Iran aufmerksam wurden.

Unter diesen Frauen entbrannte 1994 mit einem Vortrag von Afsaneh Najmabadi, Professorin für Geschichte und Gender Studies an der Harvard University, eine heftige Debatte. Denn Najmabadi beschrieb den Islamischen Feminismus, den die Zeitschrift *Zanan* ihrer Meinung nach repräsentierte, als eine Reformbewegung, die den Dialog zwischen religiös und säkular orientierten Feministinnen eröffnen könne. Sie erklärte, ihr Enthusiasmus für den Islamischen Feminismus beruhe auf der Einsicht, dass es einen gemeinsamen Nenner zwischen beiden Richtungen des Feminismus gebe, nämlich den Versuch, den rechtlichen und sozialen Status von Frauen zu verbessern.

Najmabadi wurde daraufhin von der Fraktion der Linken, die besonders zahlreich unter iranischen Exilanten sind, heftig attackiert. Haideh Moghissi beispielsweise, eine US-Professorin für Soziologie, war mit der Aufweichung der Fronten gar nicht einverstanden:

> Es ist Mode geworden, mit Sympathie und Begeisterung über die reformistischen Aktivitäten muslimischer Frauen zu sprechen und auf ihrer gedanklichen Unabhängigkeit zu bestehen. Die Botschaft ist, dass Frauen – Musliminnen und Nicht-Musliminnen gleichermaßen – ein neuer Weg eröffnet wurde, die gleichen Rechte wie Männer zu erlangen: ein Weg, der auf feministischen Interpretationen der islamischen Scharia-Gesetze basiert. (Moghissi 1998, 42)

Sie kritisierte die islamischen Feministinnen als Apologetinnen des Regimes und erklärte, der Terminus Feminismus werde falsch und in unverantwortlicher Weise verwendet. Plötzlich seien alle Frauen islamischen Glaubens, die aktiv in der Gesellschaft seien, islamische Feministinnen, auch wenn ihre Aktivitäten nicht einmal der weitesten Definition von Feminismus entsprächen. Als säkulare, linke Feministin dürfe man sich auf keine islamische Begründung für Frauenrechte einlassen; allein der Terminus Islamischer Feminismus sei ein Widerspruch in sich. Diese Ansicht war in den neunziger Jahren unter Exil-Iranerinnen, die zu Iran forschten, vorherrschend.

Doch auch die Gegenmeinung fand Zuspruch: Zu den Forscherinnen, die dem Islamischen Feminismus Positives abgewinnen konnten, zählte von Anfang an die in Großbritannien lebende Ethnologin Ziba Mir-Hosseini. Sie beschreibt ihn als einen Geschlechterdiskurs, der in seinem Anspruch und seinen Forderungen feministisch ist, in seiner Sprache und seinen Legitimationsquellen jedoch islamisch. Und Nayereh Tohidi, Professorin für Gender and Women Studies an der California State University, beschreibt ihn als glaubensbasierte Antwort bestimmter Schichten muslimischer Frauen in ihrer Auseinandersetzung mit und ihrem Kampf gegen das alte traditionalistische Patriarchat einerseits und die neuen modernen und postmodernen Realitäten andererseits.

Inzwischen, fast dreißig Jahre nach Beginn der Debatte und nach mehr als vierzig Jahren Kampf für Frauenrechte in der Islamischen Republik, scheint Konsens zu sein, dass der Unterfütterung mit islamischen Argumenten zumindest ein gewisser praktischer Wert abzugewinnen ist – und sei es als Mittel zum Zweck. Dieser Haltung liegt die Erkenntnis zugrunde, so müsse argumentieren, wer in einem System etwas erreichen will, in dem alles durch die Religion legitimiert wird.

Säkulare Intellektuelle wie Mehrangiz Kar und Islamistinnen wie Sherkat, worunter ich Musliminnen verstehe, die dem Islam eine maßgebende politische Rolle zugestehen, waren sich in diesem Punkt schon lange einig. Und selbst Post-Islamistinnen, die diese Position inzwischen aufgegeben haben und finden, Islam und Staat sollten getrennt sein, argumentieren in Iran immer noch mit dem Islam.

Der Islamische Feminismus hat den Gender-Diskurs anschlussfähig gemacht an den allgemeinen Diskurs in Iran über Menschenrechte und Demokratie. Deshalb wird er nun von einer breiteren Masse getragen als vorher. Damit komme ich zurück zu der These, dass es heute einen stärkeren Konnex zwischen der Demokratiebewegung und der Frauenfrage gibt, und dass dieser paradoxerweise durch die versuchte Demütigung Tavakolis hergestellt worden ist – nicht nur, aber auch.

Sehr deutlich wurde dies bei einer Solidaritätsveranstaltung in den USA für Tavakoli. Hauptredner war Ahmad Batebi (geb. 1977). Batebi ist einer der international bekanntesten Oppositionellen. Er wurde bei den Studentendemonstrationen des Jahres 1999 mit dem blutbeschmierten Hemd seines getöteten Kommilitonen abgelichtet, als der Campus der Universität Teheran gestürmt, die Studierenden attackiert und aus den Fenstern geworfen worden waren. Das Foto von Batebi brachte es auf die Titelseite des *Economist* und wurde Foto des Jahres 1999 – und den Fotografierten brachte das Bild ins Gefängnis. Seit seiner Entlassung ist er Aktivist in den USA. Die Interviews, die Batebi nach seiner Entlassung gegeben hat, haben ihn berühmt gemacht. Alles, was er tut, wird in Iran im Internet wahrgenommen. In seinem Eingangsstatement sagt Batebi:

> Die Islamische Republik wollte Madschid Tavakoli demütigen, da sie annahm, patriarchalisch, wie sie ist, dass die weibliche Identität demütigend sei. Ich habe dieses Kopftuch aus zwei Gründen angelegt. Erstens ist mir dieses Kopftuch heilig, da meine Mutter sich frei entschieden hat, es zu tragen. Zweitens wurde meine atheistische Schwester, die nicht an den Hidschab glaubt, von der Regierung festgenommen. Sie wurde beschuldigt, «eine Schlampe zu sein», weil sie sich weigerte, dieses Kopftuch zu tragen. Ich habe es selbst getragen, um das Recht einer Frau zu respektieren und zu unterstützen, sich frei zu entscheiden, den Hidschab zu tragen oder nicht. Ich werde mich nicht schämen, wenn mich jemand mit dem Titel «Frau» ehrt, im Gegenteil, ich werde mich geehrt fühlen, eine Frau genannt zu werden. (Batebi 2009)

Batebi erklärte, das Publikum solle entscheiden, ob ein Kopftuch zu tragen verachtenswert oder des Lobes würdig sei. Er verweist auf die symbolische Bedeutung des Kopftuchs und stellt eine Verbindung her zwischen der Grünen Bewegung und der Frauenfrage.

Dasselbe hat auch Shirin Ebadi getan. Sie postete einen Artikel auf der Website der Kampagne «Eine Millionen Unterschriften für Frauenrechte», die sie mitinitiiert hat, sowie auf der Website *Madrese-ye feministi*, feministische Schule. Dort erklärte sie, die

Männer hätten gezeigt, dass sie gegen die diskriminierenden Gesetze seien. Sie hätten «herausgeschrien, dass sie ihre Mütter und die Menschenrechte ihrer Schwestern respektierten». Ähnliche Kommentare liest man auch in verschiedenen Blogs oder unter den zahlreichen Filmen mit den Fotos der verschleierten Männer, die es inzwischen gibt. Dort schreibt *lacountess*: «Ich war noch nie so stolz auf unsere Männer. Du hast bewiesen, dass es in dieser Welt möglich ist, männlicher zu sein, indem du dich als Frau verkleidest. Wir alle reiten auf den Wellen dieser erstaunlichen Kulturrevolution, dank Madschid und dank all dieser tapferen, ehrenwerten Männer.» In einem Eintrag unter dem Video von *ak6182* heißt es: «Jeder Einzelne von euch, dessen Fotos in diesem Clip zu sehen sind, macht die vielen Gründe aus, warum ich so stolz darauf bin, eine iranische Frau zu sein. Wer auf der ganzen Welt hat so etwas schon einmal gemacht? Ihr seid meine Helden. Ich habe mich noch nie so unterstützt, so hoffnungsvoll und so optimistisch gefühlt.»

Es hat eine Weile gedauert, bis das Problem der rechtlichen Diskriminierung von Frauen nicht nur als ein Frauenproblem gesehen wurde. Erst in jüngerer Zeit begannen Intellektuelle, ihr früheres Verhalten selbstkritisch zu betrachten. So erklärte Hamid Dabashi, Professor für Iranistik und Vergleichende Literaturwissenschaft an der Columbia University und vermutlich einer der wichtigsten zeitgenössischen iranischen *public intellectuals*, der Kopftuch-Protest sei ein Weg, Solidarität gegen das System zu zeigen, das nach der Iranischen Revolution entstand:

> Wir iranischen Männer sind damit spät dran. Wenn wir dies getan hätten, als das Kopftuch vor 30 Jahren denjenigen unter unseren Schwestern aufgezwungen wurde, die es nicht tragen wollten, wären wir heute vielleicht nicht hier. (CNN 14.12.2009, i. O. englisch)

Ähnlich äußert sich Shahriar Mandanipur, einer der berühmtesten zeitgenössischen Schriftsteller. In seinem Roman *Eine iranische Liebesgeschichte zensieren* schreibt er:

Sara geht in die Ankleidekabine. Das gibt Dara Gelegenheit, die Bitternis nach Saras schlagkräftiger Reaktion auszukosten. Wie viele aufgeklärte iranische Männer schämt er sich tiefinnerlich über die eigene damalige Unfähigkeit und Tatenlosigkeit, als nach der Revolution Mütter, Schwestern, Ehefrauen genötigt wurden, Kopftücher und Tschador zu tragen, unter Drohungen oder indem man ihnen Reißwecken in die Stirn jagte, und als dann Jahr für Jahr ihre Menschenrechte stärker eingeschränkt wurden. Und in dieser Sekunde landet die brennende Ohrfeige einer politischen Erkenntnis an seinem Kopf: Während all der Jahre, als er und seine Generation sich für die Utopie im Iran engagierten, waren sie im Unrecht gewesen. Sie hätten stattdessen für dieses kleine Grundrecht kämpfen sollen. (Mandanipur 2010, 203)

Das Kopftuch ist ein wesentlicher Teil der Geschichte Irans von Unterdrückung und Missachtung der Rechte der Bürger durch die Staatsgewalt. Der sudanesische Reformdenker Abdullahi an-Na'im hat schon vor langer Zeit den Zusammenhang zwischen öffentlichen Ämtern, die Frauen verwehrt werden, und der Verschleierung gesehen: Das Verbot für Frauen, Kalif oder herrschende Rechtsgelehrte zu werden, basiert auf dem, «was als koranische Bestimmung zum Schleier und zur Geschlechtertrennung angesehen wird».

In Iran war dieser Zusammenhang jedoch so gut wie ausgeblendet. Betrachtet man die Schriften der Reformer, die sich in den letzten Jahrzehnten an vorderster Front für Menschenrechte und Demokratie engagiert haben, ist dieses Ausblenden augenfällig. Die meisten Autoren, egal, ob religiös oder säkular orientiert, hielten sich bei diesem Thema zurück. Das gilt besonders für die religiösen Aufklärer, die *roushanfekran-e dini*. So widmet sich ihr *shooting star* Abdolkarim Soroush dem Thema kaum, und wo er es tut, bewegt er sich in traditionellen Denkschemata. Parvin Paidar attestiert ihm, seine Ansichten seien «eingeschränkt und diskriminierend». In der wichtigsten Zeitschrift für Reformislam, *Kiyan*, fand sich nie der Name einer Autorin und nie ein Artikel zu Gender-Fragen. Dazu von Ziba Mir-Hosseini befragt, erklärte *Kiyan*-Hauptautor Soroush, religiöse Intellektuelle hätten wichtigere Fragen zu klären, und für Frauenfragen gebe es ja die Frauenzeitschriften.

Allerdings war die säkulare Opposition ähnlich genderblind, wie Afsaneh Najmabadi einst in einem *Zanan*-Artikel betonte – und das gilt sogar für die exilierte Opposition. Hinzu kommt, was Parvin Paidar beschreibt:

> Die dritte konzeptionelle Unzulänglichkeit betraf die Wahrnehmung der Menschenrechte als hierarchischen Prozess. Demokratie scheint als primärer Rechtstyp angesehen zu werden, der in der Hierarchie der Rechte Vorrang vor Frauenrechten hat, die als sekundärer Rechtstyp angesehen werden. Dies hat dazu geführt, dass die Demokratiebewegung als Hauptkampf und die Frauenbewegung als Abweichung wahrgenommen wurde. Abbas Abdi artikulierte diese Ansicht und kam zu dem Schluss, dass man darauf achten müsse, dass diese speziellen Gruppenaktivitäten nicht in Konflikt mit den breiteren und allgemeineren Kämpfen für Demokratie geraten, auch wenn es akzeptabel sei, dass sich Gruppen für und um ihre speziellen Gruppenrechte organisieren. (Paidar 2001, 28)

Frauen haben gegen diese Haltung protestiert: Es könne keine Prioritätenskala geben, auf der die Frauenrechte womöglich unterhalb der Demokratiefrage rangierten; Frauenrechte seien ein Teil der Menschenrechte und somit des Demokratieprozesses, schrieb Nahid Moti' 2000 in einem *Zanan*-Artikel mit dem Titel: «Die Frauen, wartend in der Demokratie-Schlange».

Ungeachtet dieser Kritik blieb es lange üblich, Gender-Fragen nur in der Rechtswissenschaft, *feqh*, zu diskutieren. Die Rechtswissenschaft jedoch wurde von den meisten *roushanfekran-e dini* nicht als das Feld angesehen, in dem die Neuauslegung des Islams vorangetrieben werden müsse. Mit *feqh* im strengen Sinne beschäftigten sich Intellektuelle wie Soroush, Gandschi oder Hajjarian nicht. Und wer sich wie Kadivar mit *feqh* beschäftigte, widmete sich nur den staatsrechtlichen Fragen. So wurde das Thema Gender entweder als ein weniger wichtiger Bereich betrachtet, oder man nahm an, es würde sich von selbst erledigen, wenn die reformerische Agenda erst einmal in die Praxis umgesetzt werde.

Verglichen mit Iran, hatten Männer in der arabischen und der übrigen islamischen Welt deutlich mehr zum Thema Frauenrechte zu sagen. Das erste arabische Buch über die Frauenemanzipation, *Tahrir al-mar'a* (Die Befreiung der Frau), stammt von einem Mann und erschien 1880. Auch der Pakistaner Fazlur Rahman widmete sich dem Thema und stellte fest: «Die im islamischen Recht festgeschriebene Unterlegenheit der Frau ist im Großen und Ganzen eher das Ergebnis der vorherrschenden sozialen Bedingungen als der ethischen Lehren des Korans.»

Dass der minderwertige Status von Frauen, den das iranische Recht festschreibt, weniger ein koranisches als ein gesellschaftliches Problem ist, mag erklären, warum so wenige Impulse zu dem Thema von Männern kommen. Auch Männer in der iranischen Mittel- und Oberschicht verhalten sich frauenfeindlich und sind noch erstaunlich stark im Patriarchat verhaftet. Das gilt auch für regimekritische, sich modern gebende, gut gebildete Männer, die ihrer Frau die elementarsten Rechte verweigern, etwa das Recht auf Scheidung oder auf Ausreise.

Theoretisch könnte man das Gesetz, das es Frauen fast unmöglich macht, sich scheiden zu lassen, umgehen. Der Bräutigam kann seiner zukünftigen Frau ein Scheidungsrecht einräumen und dieses im Ehevertrag, der ohnehin immer abgeschlossen wird, festschreiben. Auch das Sorgerecht kann man per Vertrag splitten. Und man kann das Erbrecht umgehen und seiner Ehefrau das gesamte Erbe hinterlassen, indem man es ihr vor dem Ableben überschreibt. Normalerweise gerät sie nach dem Tode des Ehemannes in die Abhängigkeit von den Kindern. Der Ehemann meiner Cousine besaß, als er starb, nicht mal mehr ein Telefon, weil er ihr alles rechtzeitig überschrieben hatte, damit seine Kinder aus erster und zweiter Ehe nicht das Erbe bekommen und sie leer ausgeht.

Doch solche Verträge werden nur selten geschlossen. Es fragt sich, was von einem Arbeiter aus dem Teheraner Süden zu erwarten ist, wenn sich nicht einmal der Ingenieur, Arzt oder Anwalt aus den patriarchalischen Strukturen lösen kann. Fast genauso sehr wie ein rechtliches ist der Mangel an Frauenrechten nach wie vor ein kulturelles Problem – und zwar oft ganz unabhängig vom Islam.

Ein Beispiel dafür war der Fall von Lady Goal, wie der Spitzname der Kapitänin der Fußballnationalmannschaft der Frauen lautet. Der Ehemann von Nilufar Ardalan, ein bekannter Sportjournalist, war der Auffassung, am Einschulungstag des Sohnes habe die Frau zu Hause zu sein – und nicht bei den Asien-Meisterschaften im Futsal, einer Variante des Hallenfußballs. Er verbot ihr im Sommer 2015 kurzerhand die Ausreise zum Spiel nach Malaysia. Das Buch *Soccer Woman* von Gemma Clarke zitiert eine Teamkollegin von Ardalan mit den Worten: «Er hat es ihr nur verboten, weil es ihr Traum war.» So saß Lady Goal neben ihrem Sohn in Teheran, als die iranischen Frauen gewannen. Ihr Sohn soll zu ihr gesagt haben: «Mama, du solltest jetzt den Pokal hochhalten.» Ihre Mitspielerinnen hatten mit dem gekritzelten Namen Ardalans auf dem Shirt gespielt und ihr den Sieg gewidmet. Im Internet ging der Hashtag #WeAreAllNiloufarArdalan viral. Einige prominente Iraner ließen sich für Instagram unter dem Hashtag #ItsMensTurn ablichten. Ehemänner posteten ihr Commitment und hielten sich Botschaften vor die Brust: «Jetzt sind die Männer dran. Ich gebe meiner Frau ihr Reiserecht zurück», steht da. Oder: «Menschenrechte haben kein Geschlecht.»

Wie einfach islamische Gesetze umgangen werden können, wenn es staatlich gewollt ist, zeigte die Reaktion von Präsident Rohani kurz darauf. Erneut hatte Lady Goals Ehemann ihr die Ausreiseerlaubnis verweigert, als sie nach Guatemala fliegen sollte, wo 2015 die Weltmeisterschaft stattfand. Der Präsident persönlich gab der Nationalspielerin daraufhin die Erlaubnis zur Ausreise. Denn Frauen-Futsal ist in Iran überaus beliebt. Rohani hatte ein politisches Interesse. Lady Goal flog und schoss.

Zwar wurde das als ein hohler Versuch des Präsidenten gewertet, an Popularität zu gewinnen. Doch es war ein Etappensieg, der erneut zeigte, wie schnell der Staat bereit ist, sich vom Islam zu emanzipieren und islamische Gesetze auszusetzen, wenn es den eigenen Interessen dient. 2017 hob das Parlament das Gesetz, das es Männern erlaubt, ihrer Frau die Ausreise zu verbieten, für Akademikerinnen, Sportlerinnen und Diplomatinnen auf.

Insgesamt brachte paradoxerweise gerade die Islamische Republik die Emanzipation voran: Das islamistische Regime provozierte geradezu die Forderung nach rechtlichen Verbesserungen. Zudem studierten nun Frauen, denen ihre Väter dies unter dem Schah verboten hatten, weil man dort kein Kopftuch tragen durfte und es keine Geschlechtertrennung gab. Und nicht zuletzt halfen auch die religiösen Reformer der Frauenbewegung, denn Soroushs Lehre einer Wandelbarkeit religiöser Erkenntnis bot der Frauenbewegung die Möglichkeit, ihre Forderungen religiös zu untermauern, und half den Frauenrechtlerinnen, ihren Glauben mit ihrem Feminismus zu versöhnen.

Unter Zugzwang gerieten die Reformer vor allem durch die sogenannten islamischen Feministinnen. Sie gingen die Reformer vehement an und konnten die *roushanfekran-e dini* eher dazu bringen, auf ihre Forderungen zu antworten, als die säkularen, da auch sie von einem islamischen Standpunkt aus argumentierten.

Ein Beispiel hierfür ist Mohammad Shabestari als einer der wenigen religiösen Aufklärer, die sich zur Frauenfrage geäußert haben. Auslöser war auch in seinem Falle die Zeitschrift *Zanan*, die ihn zum Gespräch bat. Der Geistliche, der seinen Turban aus Protest gegen das Regime schon lange abgelegt hat, sieht die Frauenfrage in einem größeren Kontext. Er belegt in allen seinen Schriften, dass der Islam die Gerechtigkeit zum Ziel habe, und nimmt hiervon auch das Thema Frauenrechte nicht aus. Der Theologe erklärt, manche meinten, es gebe eine natürliche Ordnung, wonach es die Rolle der Frau wäre, zu gebären und sich um die Familie zu kümmern. Viele Männer finden diese Auffassung bei der Lektüre des Korans bestätigt. Mortaza Motahhari (1920–1979) ist für Shabestari ein Beispiel dafür.

Motahhari, der eines der einflussreichsten persischen Bücher zum Thema Frauenrechte geschrieben hat, hält Geschlechtergleichheit für ein westliches Konzept, das keinen Platz im Islam habe. Er führte damit die Tradition seines Lehrers Mohammad Hossein Tabatabai (1903–1981) fort, der die sogenannte «Natürlichkeit» der Scharia-Bestimmungen belegt hatte. In seinem einflussreichen Buch *Nezam-e hoquq-e zan dar eslam* (Das System der Frauenrechte im Islam) untersucht Motahhari die Quellen des Rechts und findet sie in der Natur selbst. Der Ursprung der Menschenrechte müsse in Natur und Schöpfung gesucht werden. Die Natur aber habe eindeutig Zweiheit und Unterschiedlichkeit gewollt. Die Gebote des Korans spiegelten also jene der Natur.

Dabei galten manche Ansichten Motahharis zu seiner Zeit als fortschrittlich; so hatte dieser betont, dass man die Frau fragen müsse, ob sie der Eheschließung zustimme. Hier wollte er dem Vorbild des Propheten folgen. Doch Shabestari sieht die Haltung Motahharis insgesamt nicht positiv. Er stellt dessen Methode seine eigene gegenüber, die er die historisierende nennt. Diese fragt, welches Gesetz zu welchem historischen Zeitpunkt das wichtigste Ziel der prophetischen Sendung, nämlich die Gerechtigkeit, verwirklichte. Wo der Prophet diese nicht schon selbst geschaffen habe, müsse man, um seinem Vorbild zu folgen, «die Richtung seines Handelns herausfinden», denn es bestehe kein Zweifel, dass «er positive Veränderungen in den Rechten der Frau bewirkt habe». Shabestari führt die Anerkennung des Eigentumsrechts und das Verbot der Tötung von neugeborenen Mädchen an. Hier müsse man ansetzen und das Recht in seinem Sinne weiterentwickeln. Da die Frau heute der Partner des Mannes sei, müsse sie die gleichen Rechte wie er haben. Shabestari selbst ist ein Beispiel dafür, wie sich das Bewusstsein in Bezug auf Frauenrechte in den letzten Jahren verändert hat, denn Anfang der sechziger Jahre hatte er sich noch dagegen ausgesprochen, Frauen das Wahlrecht zu geben, wie sich sein Kollege Eshkevari amüsiert erinnert.

Ein Ayatollah für Frauenrechte

Ein weiteres Beispiel für eine neue Offenheit in Frauenfragen ist Großayatollah Yousef Sanei (1937–2020). Sanei, einst Teil der Machtelite und bis 1983 Mitglied des Wächterrats, in seinen späteren Lebensjahren aber den Reformkräften zuzuordnen, war für die Frauen aus dem Umfeld der «Eine Million Unterschriften»-Kampagne eine wichtige Bezugsperson. Als «Quelle der Nachahmung» konnte er ihre Forderungen besser islamrechtlich legitimieren als Shabestari, der in der Hierarchie weiter unten rangiert.

Die Kampagne «Eine Million Unterschriften» wurde 2006 von Shirin Ebadi und Shahla Lahidschi ins Leben gerufen. Ziel war es, in zwei Jahren eine Million Unterschriften zu sammeln. Dann müsste sich laut Verfassung das Parlament mit ihrem Gesetzesvorschlag zur Verbesserung von Frauenrechten beschäftigen. Würden ihm zwei Drittel der Abgeordneten zustimmen, könnte danach in einem Volksentscheid darüber abgestimmt werden.

Erstmals handelten Aktivistinnen verschiedener politischer Couleur gemeinsam: säkulare und religiöse, linke und national-liberale. Es sollte ein landesweites Netzwerk entstehen, das Frauen aller Schichten miteinander in Kontakt brachte. Der Initiative ging es um die rechtliche Gleichstellung der Geschlechter ebenso wie um die Veränderung kultureller Gewohnheiten. Weil die diskriminierenden Gesetze konservative Ansichten widerspiegeln, setzte die Kampagne auf einen doppelten Wandel: von Recht und Bewusstsein. Auf ihrer Website heißt es:

> Alle Gesetze im Iran betrachten die Frauen als ein zweitrangiges Geschlecht und diskriminieren sie. Dies geschieht in einer Gesellschaft, in der mehr als 60 Prozent der immatrikulierten Studenten weiblich sind. In vielen Gesellschaften glaubt man, dass das Gesetz immer einen Schritt weiter sein müsse als die Kultur, damit die gesellschaftliche Kultur wachsen könne. Im Iran hinken die Gesetze jedoch hinter der Kultur und der Lage der Frauen hinterher.

Gemäß dem Gesetz ist ein neunjähriges Mädchen vollständig strafmündig. Wenn das Mädchen eine Strafe begeht, die mit der Todesstrafe geahndet wird, kann das Gericht die Todesstrafe verhängen. Wenn eine Frau und ein Mann auf der Straße einen Unfall verursachen und beide gelähmt werden, bekommt die Frau nach dem geltenden Gesetz nur die Hälfte des Schmerzensgeldes wie der Mann. Wenn sich etwas vor den Augen einer Frau und eines Mannes ereignet, wird die Zeugenaussage einer Frau, die allein ist, nicht akzeptiert, aber die Zeugenaussage eines Mannes wird akzeptiert. Nach dem Gesetz kann der Vater, mit Erlaubnis des Gerichtes, seine 13-jährige Tochter sogar an einen 70-jährigen Mann verheiraten. Gemäß dem Gesetz darf die Mutter nicht die finanzielle Verantwortung für ihre Kinder übernehmen. Die Mutter darf nicht über den Wohnort, über die Ausreiseerlaubnis und noch nicht einmal über die medizinische Versorgung für ihre Kinder entscheiden. Gemäß dem Gesetz dürfen die Männer mehrere Frauen haben und ihre Frauen verstoßen, wann sie es wollen. (http://www.we-change.org/english/spip.php?article40)

Die Initiatorinnen der Aktion betonten, dass das Sammeln der Unterschriften nur eines der Ziele ist: Man versuche vor allem, mit Frauen ins Gespräch zu kommen – und auch mit Männern. Die Kampagne war gut organisiert. Davon zeugte der mehrsprachige, professionelle Internet-Auftritt. Es fanden sich dort alle Schritte der Kampagne in Artikeln und einem Film dokumentiert. Zudem gab es viele weiterführende Links, Artikel und Interviews zu der Thematik. So kam etwa der berühmte Regisseur Dschafar Panahi zu Wort, dessen sozialkritischer Film *Der Kreis* auf sehr eindrückliche Weise Frauenschicksale nachzeichnet.

Neben dem Sammeln der Unterschriften sind weitere Hürden zu nehmen, bevor konkrete Vorschläge für Gesetzesänderungen eingebracht werden können: Die Frauenrechtlerinnen müssen den Nachweis erbringen, dass ihr Anliegen nicht gegen den Islam gerichtet ist. Das ist der Vorwurf, der ihnen am häufigsten gemacht wird. Und es ist der gefährlichste für sie.

Die Frauenrechtlerinnen interpretieren den Koran nicht selbst, sondern lassen männliche Autoritäten zu Wort kommen. Das ist erstaunlich, denn im islamischen Feminismus ist die Ansicht verbreitet, dass in der Gesellschaft eine frauenfeindliche Lesart des Korans vorherrsche, weil ihn bisher nur Männer gedeutet hätten. Dem wollte man eine weibliche Deutung entgegenstellen. Doch die Kampagne beruft sich lieber auf männliche Autoritäten, um eine größere Schlagkraft zu entfalten.

Theoretisch wohnt dem schiitischen Islam ein großes Potenzial zur Modernisierung inne, da er den *idschtihad,* die Rechtsfortbildung, weit stärker betont als der sunnitische Islam. Zudem kennt er das Prinzip des *taqlid,* also die Nachahmungspflicht des Gläubigen gegenüber einer religiösen Autorität, einer «Quelle der Nachahmung». Die beiden Prinzipien haben zur Folge, dass die Bindung des einzelnen Gläubigen an den Wortlaut des Korans weniger stark ist als im sunnitischen Islam. Hinzu kommt, dass die Schia durch ihre hierarchische Organisation gute Chancen hat, Veränderungen gleichsam ex cathedra durchzusetzen.

Im Kampf für Frauenrechte ist es deshalb nützlich, eine anerkannte Autorität für sich zu gewinnen. Ihr Rechtsgutachten kann ausreichen, um einer Forderung den Ruch des «unislamischen» zu nehmen. Wenn es sich zudem um eine Autorität mit großer Gefolgschaft handelt, steigt die Erfolgschance, da die Breitenwirkung gesichert ist.

Bereits die Regierung Mohammad Reza Pahlavis bediente sich in den sechziger Jahren dieser Taktik: 1962 war es zu Protesten der Geistlichkeit gekommen, als die Schah-Regierung das Frauenwahlrecht hatte einführen wollen. Die Regierung stoppte daraufhin das Vorhaben und versuchte, in Zukunft solche Konflikte im Vorfeld zu lösen, indem sie den Klerus einbezog: Das nächste Mal begab sich der Justizminister mit dem Gesetzesentwurf zuerst ins irakische Nadschaf. Er schaffte es, sich im Vatikan der Schia die Unterstützung der damals wichtigsten schiitischen Autorität zu sichern. Nachdem Großayatollah al-Hakim das Gesetz gutgeheißen hatte, gab es keinen weiteren Widerstand mehr dagegen. Der wäre gar nicht denkbar gewesen, so autoritätshörig ist die Schia. Allerdings gibt es heute keine Autorität, die allseits anerkannt wäre.

Die Frauenrechtlerinnen fanden in Yusuf Sanei dennoch einen wichtigen Mitstreiter für ihre Sache. Er galt seit dem Tode von Montazeri als die höchste außerstaatliche Autorität des schiitischen Islams in Iran. Wie Shabestari leitete auch Sanei sein Argument aus dem Prinzip der Gerechtigkeit ab:

> Das ist ein großer Fehler, dass wir über etwas, was mit der Gerechtigkeit nicht in Einklang zu bringen ist, sagen, gut, dann stimmt es eben nicht überein; aber nun, da die Religion es gesagt hat, akzeptieren wir es. Wir müssen die Gesetze mit der Gerechtigkeit abwägen und schauen, ob sie sich mit der Gerechtigkeit vereinbaren lassen oder nicht. Sind sie ungerecht? Wenn sie ungerecht sind, müssen wir darüber neu nachdenken und eine Ansicht verkünden, deren Grundlage die Gerechtigkeit ist. Obschon die Gerechtigkeit zu den Prinzipien unserer Religion zählt, wird zuweilen beim Verstehen der Gesetze der Gerechtigkeit keine Beachtung geschenkt. (Website Sanei)

Sanei hat auf seiner Website unter der Rubrik *hoquq-e zan*, Rechte der Frauen, mehrere Interviews veröffentlicht, die er der Zeitschrift *Zanan* gegeben hat. Damit kennzeichnet er seine Aussagen deutlich als seine Fatwa, seine Rechtsfortbildung. So erklärt Sanei, dass das Blutgeld *(diye)* – also die finanzielle Entschädigung, die den Hinterbliebenen im Todesfalle vom Verursacher gezahlt wird und die nach heutigem Gesetz für eine Frau halb so hoch ist wie für einen Mann – für beide die gleiche Summe betragen müsse. Alles andere wäre ungerecht. Zudem würden Frauen nicht der Erlaubnis ihres Vaters zur Heirat bedürfen, und müssten sich scheiden lassen können.

Zudem erklärt er, Frauen müssten das Recht haben, Staatspräsident zu werden und «Quelle der Nachahmung» und sogar herrschender Rechtsgelehrter, mithin also das oberste Amt in der iranischen Theokratie übernehmen dürfen. Das durchzusetzen ist politisch und argumentativ eine besondere Herausforderung, da nach konservativer Auffassung Frauen keine Befehlsgewalt über Männer haben dürfen. Hierbei bezieht man sich auf Sure 4, Vers 34, der oft übersetzt wird mit: «Die Männer stehen über den Frauen.» Doch diesen Vers deutet Sanei nicht wörtlich, sondern sieht in dem Verb nur den Ausdruck einer Fürsorgepflicht des Mannes gegenüber der Frau.

Im Gespräch hatte ich Sanei vor Jahren nach der Motivation gefragt, die seinem *idschtihad* und damit seiner progressiven Sicht in Bezug auf Frauenrechte zugrunde liegt. Er antwortete, die Imame hätten den Gelehrten das Instrumentarium der Rechtsfortbildung ganz bewusst hinterlassen, damit sie auf das reagieren könnten, was die Imame vorausgesehen haben. Sie hätten antizipiert, dass die Umstände sich ändern, und sie hätten gewollt, dass dem durch eine Anpassung der Gesetze an die Erfordernisse der heutigen Zeit Rechnung getragen werde. Sonst wären sie ja nicht gerecht. Er erfülle also als ihr Erbe seine religiöse Pflicht.

Die von den Imamen vorgegebene Grundlage des *idschtihad* ist die Gerechtigkeit. Deshalb argumentiert Sanei auch dort mit ihr, wo er keine Gesetzesänderung unterstützt. Er befürwortet sie nicht im Erbrecht in Bezug auf die Kinder. Es sei ungerecht, wenn Mädchen genauso viel erben würden wie Jungen, sagt er, und hält es für richtig, dass laut islamischem und heutigem iranischen Recht die Söhne doppelt so viel erben wie die Töchter. Seine Begründung: Zum einen muss die Familie für die Tochter mehr ausgeben, denn sie zahlt die Brautgabe und richtet die Hochzeit aus. Zum anderen müsse der Ehemann auch dann, wenn die Frau selbst arbeitet, den kompletten Lebensunterhalt der Frau bestreiten, ihr sogar Stillgeld zahlen. Sie darf ihr erworbenes Einkommen ebenso wie das Erbe für sich behalten. Er hat keinen Zugriff auf ihr Vermögen.

Zwar mag es unrealistisch sein, dass die Frau das von ihr selbst verdiente, das von ihr als Brautgabe mit in die Ehe eingebrachte und das ererbte Vermögen nicht zum gemeinsamen Lebensunterhalt aufwendet. Wird es aber so praktiziert, verfügt die Frau tatsächlich über höhere Vermögenswerte als der Mann, der nicht nur für sie, sondern auch für die gemeinsamen Kinder aufkommen muss. Sanei folgert:

Die Gleichberechtigung ist hier also gewahrt. Und eigentlich müssten die Männer gegen das Erbrecht protestieren und sagen, wieso habt ihr unseren Anteil auf das Doppelte festgelegt; ihr müsst unseren Anteil höher festlegen. (ebd.)

Sanei stützt sich hier nicht auf den Korantext und beruft sich auch nicht auf autoritative Entscheidungen des Propheten, also die Sunna, oder die Überlieferungen der Imame, an denen sich die schiitische Rechtswissenschaft sonst gemeinhin stark orientiert. Grundlage seiner Rechtsfortbildung ist vielmehr der Auftrag, den die Imame seiner Zunft gegeben haben, nämlich mittels des *idschtihad* die Gesetze an die neuen Erfordernisse anzupassen – und zwar so, dass sie zum wichtigsten Grundsatz des schiitischen Glaubens, der Gerechtigkeit, nicht im Widerspruch stehen.

Für Sanei ist neben der Gerechtigkeit die Vernunft das wesentliche Kriterium für die Rechtsprechung. Neben dem Koran müssten sogar die Überlieferungen der Imame mit der Vernunft abgewogen werden: «Wir müssen den Islam mit der Vernunft abwägen. Es darf nicht so sein, dass wir der Vernunft unseren Islam diktieren. Die Vernunft ist die Grundlage des Verstehens des Islams.» Das kann sogar in den sogenannten «*idschtihad* gegen den Text» münden – womit sich die Schia sehr weit vom Koran emanzipiert. Schon Khomeini hat dies praktiziert, allerdings nicht zum Wohle von Frauen.

Mit dem Nachweis, dass diskriminierende Bestimmungen veränderbar sind und ihre Abschaffung keineswegs unislamisch ist, unterstrich Sanei, dass das Rechtssystem Irans kaum wahrhaft islamisch zu nennen ist. Ganz anders, aber doch im Resultat ähnlich wie Montazeri sprach er der islamischen Ordnung Irans ihre «Islamität» ab. Anders als im Deutschen hört sich der Begriff auf Persisch, das sehr kreativ neue Wörter bilden kann, nicht seltsam an. *Eslami budan* bedeutet die Islamität, das Islamischsein.

Im Zeitraum von zwei Jahren gelang es nicht, eine Million Stimmen zu sammeln. Man kann sich fragen, ob dies als Zeichen dafür zu werten ist, dass auch die gesellschaftliche Reformbewegung damals scheiterte und sich die Annäherung von Frauen- und Demokratiebewegung doch nur auf theoretischer Ebene vollzog. Sicherlich lag es am rigiden Vorgehen der Behörden, dass nicht genug Unterschriften zusammenkamen. Die Aktivistinnen wurden eingeschüchtert, verhaftet und verurteilt. Ihnen wurde vorgeworfen, gegen die nationale Sicherheit zu verstoßen, Geld aus den USA erhalten zu haben und eine samtene Revolution zu planen.

Aus der Bewegung war auch Selbstkritik zu vernehmen. So bemängelte Homa Zarafshan, dass die Kampagne sich nicht landesweit und nicht jenseits der Großstädte organisieren konnte. Laut Zarafshan gehörten die Aktivisten der Kampagne hauptsächlich der Mittelschicht an. Die Frauenbewegung sei insgesamt eine Bewegung von Intellektuellen, sie habe sich noch nicht zu einer gesellschaftlichen entwickelt. Es würden nicht einmal alle weiblichen Angestellten und studierten Frauen die Forderungen der Frauenbewegung kennen, geschweige denn Frauen aus anderen Schichten.

Doch auch das erklärt schwerlich, warum nicht einmal eine Million Stimmen von Städtern zusammenkamen. Masoomeh Tohidis Erklärung ist überzeugender: Den meisten Frauen sei gar nicht klar, dass ihr Problem ein gesellschaftliches ist, kein persönliches, dass sie andere Betroffene und Verbündete finden können. Deshalb sei es immerhin ein Erfolg für die Aktivistinnen, dass sie lernten, was die Prioritäten und die Schwierigkeiten der Frauen seien. Es ging in der Kampagne um mehr als nur darum, Namen zu sammeln.

Das Level von *public awareness* zu heben, gelang den Frauenrechtlerinnen auch durch die Präsidentschaftswahlen, die im Frühjahr 2009 anstanden. Sie nutzten die im Vorfeld von Wahlen meist offenere politische Atmosphäre, um vermehrt Treffen abzuhalten und Erklärungen abzugeben. Rakhshan Bani Etemad, die international preisgekrönte Filmemacherin, hat über diese Aktivitäten in den Wochen vor dem 12. Juni 2009 den eindrücklichen Dokumentarfilm «Wir sind die Hälfte der Bevölkerung Irans» gedreht, der auf *YouTube* abrufbar ist. Sie zeigt die Versammlungen von Frauen unterschiedlichster politischer Couleur, die sich gemeinsam an alle vier

Präsidentschaftskandidaten wenden und Forderungen formulieren. Genannt werden: der Beitritt zur Frauenrechtskonvention der Vereinten Nationen CEDAW, die Änderung des Scheidungsrechts, die Änderung des Paragraphen zur Polygamie. Kritisiert wird hier, dass man das Wort «Frauenbewegung» in der Zeitung nicht einmal schreiben dürfe. Schon *Zan*, Frau, werde gefiltert, sodass «Frauenkrankheiten» nicht gegoogelt werden könne. Bani Etemad hat alle vier Kandidaten eingeladen, sich den Film anzuschauen – auch ihre Reaktion wurde aufgenommen und ist Teil des Films. Ahmadinedschad ist der Einladung jedoch nicht gefolgt.

Heute gibt es ein gewachsenes Bewusstsein dafür, dass Frauenrechte nicht Rechte zweiten Grades sind. Dem islamischen Feminismus ist es gelungen, durch Rekurs auf schiitische Argumentationsweisen für den allgemeinen Reformdiskurs anschlussfähig zu werden. Dabei halfen ihm die sozialen Medien, die Agora unserer Zeit. Auf diesem Marktplatz haben inzwischen nicht nur die exiliranische und die iranische Gegenöffentlichkeit zusammengefunden, sondern auch Frauen und Männer.

7.
Eine zweite Kulturrevolution?
Ideologien sind out!

Infolge der Proteste 2009 rief Ali Khamenei eine zweite Kulturrevolution aus, nach jener der achtziger Jahre, und erklärte, man müsse westliche Autoren jetzt endgültig aus den Curricula der Universitäten entfernen. Khamenei hat die Lage richtig erkannt: Westliche Philosophie ist gefährlich, zumindest für ihn und seine Schergen. Heute jedenfalls sind Ideologien out. Das gilt für den Marxismus und den Islamismus gleichermaßen, also die beiden Ideologien, die die Gesellschaft im vergangenen Jahrhundert geprägt haben. Dagegen ist Liberalismus in Iran heute die populärste Denkschule. Mit Liberalismus ist hier gemeint: der Kampf für Menschenrechte, speziell für Frauenrechte, Freiheitsrechte, Pluralismus, religiöse Toleranz. Warum all dies begehrt ist, ist nicht schwer zu erklären. Iran ist heute ein theokratischer Polizeistaat.

Die Demokratiedebatte in Iran ist heute weder ein Westimport noch eine Konzession an den Westen. Demokratie ist in Iran kein Projekt des Staates und keines, das die Elite dem Volk aufzwingt, denn die Forderung nach Demokratie ist heute breit in der Bevölkerung verankert. Sicher ist diese Haltung auch eine Folge des real existierenden Islamismus: Gemäß einer schon älteren GALLUP-Umfrage von 2006 finden 56 Prozent der befragten Iraner, Geistliche sollten keine direkte Rolle mehr in der Politik spielen – zum Vergleich: in den USA sind es auch nicht mehr als 65 Prozent. Zu ähnlich interessanten Ergebnissen kommt World-Values-Survey: Demnach sind die befragten Iraner zwar religiös und haben eine starke Bindung zu Gott, allerdings nicht unbedingt mehr zum islamischen. Vor allem aber erwarten sie sich keine Antworten mehr bezüglich sozialer, politischer und persönlicher Probleme von den Geistlichen. Fast 40 Prozent geben an, die «Institution Geistlichkeit» könne keine Antworten auf soziale und politische Problemstellungen geben.

«Wir haben unsere Stimme zurückgewonnen»

Die wohl größte Überraschung der Wahl von 2013 war, dass viele Menschen an ihr teilgenommen haben. Dass so viele die ihr verbliebenen geringen Möglichkeiten der politischen Teilhabe nutzen würden, war alles andere als ausgemacht. Oft hatte man in den Monaten vor der Wahl den Satz gehört: Die werden unsere Stimme wieder stehlen wie schon 2009. Wie ein Faustschlag hatte zudem gewirkt, dass der Wächterrat das politische Schwergewicht Rafsandschani disqualifizierte. Dieser hatte sich 2009 mit den Demonstranten solidarisiert und Khamenei kritisiert. Galten deshalb seine revolutionären Meriten gar nichts mehr? Unterstellte man deshalb auch einem ehemaligen Präsidenten, er glaube nicht mehr an die Grundlagen des Islamischen Staates? Der Ausschluss aus dem Kreis der Kandidaten schlug hohe Wellen, sogar Mitglieder des Expertenrats forderten Khamenei auf, ihn rückgängig zu machen.

Trotz dieser massiven Manipulation ging ein Großteil der Wahlberechtigten zur Urne und hat den Strohhalm ergriffen, der sich bot. In den letzten Tagen vor der Wahl hatte sich die Stimmung im Land verändert. Hasan Rohani, dem zunächst kaum einer eine Chance gab, wurde für die Iraner, die Veränderung wollten, wählbar. Er gehört zwar nicht der politischen Reformströmung an, doch bei drei Fernsehdebatten der Kandidaten vertrat er Positionen, die mit denen dieser Kräfte weitgehend identisch sind. So kritisierte er die rigorosen Sicherheitsmaßnahmen sowie die Pressezensur und forderte bürgerliche Freiheiten. Zudem forderte er eine Verbesserung der rechtlichen Situation der Frau. Er sprach von der Freilassung politischer Gefangener und der Rückkehr «zur Würde in unserer Nation» – ein unverhohlener Seitenhieb auf Ahmadinedschad. Scharfe Kritik übte er an der Atompolitik der vergangenen Jahre, die er als ideologisch verbrämt und zu radikal bezeichnete. Er hatte die Atomgespräche unter Khatami von 2003 bis 2005 geleitet und eine Einigung mit seinen westlichen Verhandlungspartnern erzielt. Wenn er Präsident würde, so versprach Rohani, werde er sich für eine Annäherung an den Westen einsetzen.

Rohani hat mit diesen Reden diejenigen positiv überrascht, die ihn nun wählten, und vermutlich diejenigen negativ, die ihn zur Wahl zugelassen hatten. Sie erwogen nun öffentlich, seine Kandidatur doch noch zu kassieren. Aber sie konnten ihn nicht mehr verhindern. Vielleicht wollten sie es auch nicht; vielleicht scheint er ihnen auch nicht so gefährlich wie Musavi 2009. Denn sie wussten, dass Rohani ihnen eine Ruhepause verschaffen würde. Es mag sogar die Einsicht mit im Spiel gewesen sein, dass man den Volkswillen nicht mehr so einfach übergehen kann wie 2009 und dass Iran wirklich in einer Krise steckt, die nur mit einer gemeinsamen Kraftanstrengung gelöst werden kann und nicht mit einer Spaltung, für die andere Kandidaten wie Ahmadinedschad und Said Dschalili standen. Die Gründe, warum die Machthaber diese Wahl nicht fälschten, liegen letztlich im Dunkeln. Der Wahlausgang wurde jedenfalls als eine Bestätigung des Vorwurfs verstanden, dass die Wahl 2009 gefälscht war. Woher sonst sollten nun so viele Stimmen für Rohani kommen?

Der Freudentaumel über die Wahl Rohanis ließ nicht vergessen, dass bereits Mohammad Khatami als Präsident an der Wagenburg der Radikalen gescheitert war. Doch man traute dem gestandenen Diplomaten und Politiker Rohani etwas mehr zu als Khatami, der sich als der Schöngeist, der er war, in der Politik nie wirklich wohlgefühlt hatte. Über zwei Dinge konnte man sich allerdings schon sofort nach der Wahl freuen. Erstens: Mahmud Ahmadinedschad, der dem Ausland jede Steilvorlage für einen Angriff auf Iran geliefert hatte, war weg. Viele Wähler zogen mit dem Schild *Mahmud raft*, «Mahmud ist weg», durch die Straßen. Die zweite gute Botschaft war, dass die Grüne Bewegung weiterhin über viel Rückhalt verfügte. Das Wahlergebnis belegte, was die Theorien sozialer Bewegungen sagen: Protestbewegungen können mit Polizeigewalt aus der Öffentlichkeit verjagt werden. Ihre Ideen leben jedoch weiter und warten nur auf die nächste Gelegenheit, um aufs Neue artikuliert zu werden.

Die Grüne Bewegung zog im Verlaufe dieses Wahlkampfes auch Rohani immer mehr auf ihre Seite. Ihre Anhänger nahmen ihn für ihre Sache ein. Ein Beispiel dafür war eine Pressekonferenz Anfang Juni 2013. Als Rohani sagte, die *Nezamiyun*, also die bewaffneten Sicherheitsorgane, dürften nicht die Atmosphäre an den Universitäten prägen, skandierten die Anwesenden prompt: «Hoch lebe Musavi, Freiheit für alle politischen Gefangenen!» Rohani widersprach nicht, und da ausländische Mikrofone vor ihm standen, drang der Zwischenfall an die Öffentlichkeit. Eine Videoaufzeichnung verbreitete sich über das Internet und die sozialen Netzwerke.

An dieser positiven Einschätzung der Grünen Bewegung für die Jahre nach 2013 ändert auch die Tatsache nichts, dass ihre eigentlichen Führer, Mir Hosein Musavi und Mehdi Karrubi, seit 2011 im Hausarrest und viele ihrer Mitstreiter entweder im Gefängnis sind oder im Exil. Die Bewegung existiert unabhängig von ihren politischen Führern. Wofür sie stehen, nämlich Öffnung, Pressefreiheit, Frauenrechte, Rechtsstaatlichkeit, war in der Bevölkerung all die Jahre als Idee, als politisches Ziel präsent.

Wann immer sich nur die kleinste Möglichkeit bot, meldete sich die Protestbewegung in den Jahren nach 2009 zu Wort. Zwar wurden auch nur geringste Anzeichen des Protests sofort unterbunden, doch der Protest suchte sich Nischen und brach erneut hervor. So kam es im Vorfeld der Präsidentschaftswahlen von 2013 zu Großdemonstrationen. Zehntausende Menschen verwandelten am 4. Juni das Begräbnis des regimekritischen Ayatollah Dschalaleddin Taheri in Isfahan in einen lautstarken Protestzug gegen das Regime. Dabei wurden auch Rufe wie «Nieder mit dem Diktator» laut. Rohani war der Einzige der sechs Präsidentschaftskandidaten, der an der Beerdigung teilnahm. Dass die Proteste gerade anlässlich der Beerdigung Taheris aufflammten, kann kaum überraschen. Taheri hatte 2009 den Reformkandidaten Mir Hosein Musavi unterstützt. Der Geistliche galt obendrein als höchst integre Persönlichkeit. Nachdem die Regierung bereits Ende 2009 anlässlich des Begräbnisses für Großayatollah Montazeri hatte erleben müssen, dass Trauerfeiern blitzschnell in politische Kundgebungen umschlagen können, verbot sie vorsorglich eine solche Feier für Taheri in der Stadt Qom.

Auch prominente Intellektuelle waren weiter aktiv und standen im Ausland für die Bewegung ein. So machte die seit 2009 im Exil lebende Friedensnobelpreisträgerin Shirin Ebadi unverdrossen auf Menschenrechtsverletzungen in Iran aufmerksam. Und Akbar Gandschi rief dazu auf, die relativ freie Atmosphäre, die vor Wahlen immer herrscht, zu nutzen, um sich politisch zu artikulieren.

Wie stark sich die Bevölkerung damals noch mit der Grünen Bewegung identifizierte, wurde auch nach Bekanntgabe des Wahlergebnisses deutlich. In Teheran, Shiraz, Isfahan, Mashhad, Tabriz strömten die Menschen auf die Straßen und feierten den Wahlsieg Rohanis. Aber sie feierten nicht nur Rohani, sie mahnten ihn auch, Musavi nicht zu vergessen. In Sprechchören wurde skandiert: Rohani, Rohani, vergiss Musavi nicht. Andere erinnerten an Neda Agha Soltan, die 2009 von Heckenschützen erschossen worden war. Sie trugen Plakate, auf denen zu lesen war: Neda, Dein Platz ist leer. Anschaulich wird die Verbindung zwischen der Grünen Bewegung und Rohani, der sich Lila als Farbe gewählt hatte, auf einem Foto, das eine junge Frau mit strahlendem Lachen zeigt. Ihre Finger formen sich zu einem Herzen: Links trägt sie ein grünes Bändchen um die Finger, rechts ein lilafarbenes.

Rohani, ein Wolf im Schafspelz?

Viele Iraner sahen in Rohani eine echte Chance. 511 iranische Intellektuelle veröffentlichten wenige Wochen nach seinem Amtsantritt im britischen *Guardian* einen offenen Brief an Barack Obama. *It's now your turn, president Obama,* schreiben der bekannte Filmregisseur Asghar Farhadi und die Menschenrechtsaktivistin Nazanin Khosravani. Zu den Unterzeichnern gehören 88 ehemalige und gegenwärtige politische Gefangene. Der Brief hebt hervor, was Rohani seit seinem Amtsantritt bereits erreicht habe: Politische Gefangene wurden entlassen, und die Atmosphäre in Politik und Gesellschaft sei offener geworden. Darum könne nun auch der gordische Knoten der amerikanisch-iranischen Entfremdung gelöst werden.

Hoffnungsvoll stimmte auch Rohanis baldige Reise nach New York. Bei seiner Rede vor den Vereinten Nationen setzte er wie schon in den Wochen zuvor in der Innenpolitik auf Entspannung: Verglichen mit seinem Amtsvorgänger Mahmud Ahmadinedschad, waren es viel konziliantere Töne, die von ihm in New York zu hören waren. Schon die Art und Weise, wie er sprach, war vollkommen anders als die des wie ein Einpeitscher auftretenden Ahmadinedschad, der bellte und keifte. Rohani sprach versöhnlich und sanft – und er lächelte.

Dann wandte er sich auch noch auf Englisch an die amerikanische Bevölkerung, als die *CNN*-Moderatorin Christiane Amanpour ihn im Interview bat: *Give me one sentence in English.* Rohani sagte daraufhin: *I would like to say to American people, I bring peace and friendship from Iranians to Americans.* Damit war klar: Iran kann Englisch – und spricht es auch. Früher hätte sich ein iranischer Präsident geweigert. Da galt Englischkompetenz als Zeichen von *gharbzadegi. Gharbzadegi,* wörtlich: «Das-vom-Westen-geschlagen-Sein». So lautete der Kampfbegriff des vor- und nachrevolutionären Irans, geprägt von Ahmad Fardid. Englisch galt als Teil der kulturellen Invasion und des westlichen Imperialismus und Kolonialismus, gegen den man kämpfte.

Mit Rohani waren es plötzlich die Iraner, die Tempo machten bei den Atomgesprächen. Sie sendeten deutliche Signale der Kompromissbereitschaft aus. 2003 und 2005, als die Gespräche gut liefen, war Rohani der iranische Chef-Unterhändler gewesen. Vom damaligen Außenminister Joschka Fischer ist aus jenen Jahren überliefert, dass er Rohani als jemanden sah, der kompromissbereit ist und mit dem man reden könne. Er wisse, wie das Spiel funktioniert, und habe Rückendeckung von oben, um seine Zusagen einzuhalten. Das bestätigte Rohani 2013 in New York, als ihn Amanpour direkt fragte, ob er wirklich alle Befugnisse für eine Annäherung an die USA und einen Kompromiss im Rahmen der Atomverhandlungen habe. Seine Antwort war ein klares Ja.

Dass die Verhandlungen dann tatsächlich vorankamen, war auch Irans Chefunterhändler Mohammad Dschavad Zarif geschuldet. Der Anblick des lächelnden und mit Catherine Ashton, damals Hohe Vertreterin der EU für Außen- und Sicherheitspolitik, scherzenden iranischen Außenministers war so ungewohnt, dass das Bild sofort in die Zeitungen kam. Die Verhandlungen in Genf schienen in betont lockerer Stimmung abzulaufen. Vielleicht, weil sie erstmals auf Englisch stattfanden. EU-Sprecher Michael Mann sagte nach der ersten Sitzung, es habe eine deutlich andere Atmosphäre als in der Vergangenheit geherrscht. Das dürfte daran gelegen haben, dass Zarif, der in den USA studiert hat, sich auf internationalem Parkett auskannte. Während sein Vorgänger das Gespräch mit einem Vortrag über den Islam begonnen hatte, machte Zarif sogar Witzchen – mit doppelter Botschaft: Als er sich nach der ersten Sitzung wegen Rückenschmerzen zurückzog, erklärt er, er habe Rücken, weil ihm die Radikalen wegen der Annäherung an die USA das Leben schwer machten.

Den Zweiflern, die einwarfen, das letzte Wort habe immer noch Khamenei, entgegneten die Unterzeichner des Briefes an Obama beschwichtigend: Als Khamenei selbst von der sogenannten heroischen Flexibilität sprach, derer man sich befleißigen werde, habe er sein Einverständnis zu Verhandlungen und einer Annäherung gegeben. Tatsächlich war Khamenei zu Zugeständnissen bereit. Auch er sah ein, dass das Land, das wirtschaftlich am Boden lag, es sich nicht mehr länger leisten konnte, sich mit der einzig verbliebenen Weltmacht zu befehden.

Der Hass auf Amerika gehört keineswegs zur DNA des Regimes. Dieser Anschein wird fälschlicherweise erweckt, weil nimmermüde Provokateure keine Gelegenheit auslassen, *Marg bar emrika!*, «Nieder mit Amerika!», zu schreien. Doch dem Regime geht es vor allem um Machterhalt um jeden Preis. Und wenn dieser die Annäherung an die USA ist, dann ist das eben der Preis. Das meinte Khamenei mit der heroischen Flexibilität.

Es bedarf dazu nicht einmal einer Abkehr von revolutionären Prinzipien oder von denen des Staatsgründers. Ayatollah Khomeini selbst hat der Exekutive des Landes noch zu Lebzeiten eine Blankovollmacht ausgestellt, damit sie alles, wirklich alles tun kann, um den Systemerhalt zu sichern. Das «Islamischsein» war damit nicht mehr länger Richtschnur für die Politik. Sogar der Staatsgründer selbst glaubte an einen Iran ohne Islam.

Selbst Moscheen dürfen zertrümmert werden

Ayatollah Khomeini hat 1988 ein bemerkenswertes Rechtsgutachten herausgegeben, die sogenannte *maslehat*-Fatwa. Damit emanzipierte er die Politik von den rechtlichen Bestimmungen des Korans. In dem Gutachten heißt es, dass es dem islamischen Regime sogar erlaubt sei, Moscheen zu zertrümmern und das Fasten nicht einzuhalten, wenn es dem Wohl des Systems, also dem Nutzen der Nation, diene. *Maslehat*, der Nutzen für das System, ist das rechtswissenschaftliche Prinzip, mit dem man jedwedes säkulare, unislamische oder unideologische Handeln legitimieren kann. Der Iran-Kenner Johannes Reissner schreibt:

Mit diesem Dekret wurde ein Begründungszusammenhang entwickelt, der erlaubt, sogar Unislamisches islamisch zu legitimieren. Es geht darum, eine politische Entscheidungsfindung jenseits religiöser Kriterien zu ermöglichen. Beachtenswert ist, dass Khomeinis Lösung deutlich an Formen des juristischen Umgangs mit Kontingenz erinnert, wie sie im 8./9. Jahrhundert von muslimischen Juristen für das Verhältnis von Scharia und Politik entwickelt wurden: Die *siyasa*, die politische Entscheidungs- und Regelungsbefugnis des Herrschers (man könnte auch von «governance» sprechen), wurde als eigener Bereich außerhalb der Scharia verstanden. (Reissner 2007, 17)

Gut ist also, was dem System nutzt. Irans Islamisten haben sich mit der *maslehat*-Direktive alle erdenklichen Freiheitsräume zur politischen Entscheidungsfindung geschaffen. Sie haben sich freigemacht von koranischen Bestimmungen und islamischen Vorstellungen. Zwar werden immer noch islamistische Begründungen aus der rhetorischen Mottenkiste geholt, wenn es um die Legitimierung der generellen antiwestlichen Haltung des Staates und die Ablehnung gesellschaftlicher und politischer Ordnungsvorstellungen des Westens geht. Doch eine islamische bzw. islamistische Legitimation politischer Entscheidungen ist letztlich irrelevant.

Das heißt: Es steht Verhandlungen mit den USA und sogar einer Annäherung mit Israel nicht viel Grundsätzliches im Wege, wenn der politische Wille da ist. Das historische Beispiel dafür, wo das rechtswissenschaftliche Instrumentarium der *maslehat* zur Anwendung kam, ist der Waffenstillstand mit dem Irak, der 1988 den Krieg beendete. Acht schreckliche Jahre hatte dieser Krieg gedauert. Khomeini bezeichnete den Waffenstillstand damals als einen Giftbecher. Doch er trank ihn. Der Waffenstillstand wurde geschlossen – und hielt.

Die Iraner wollten im Zuge der Verhandlungen mit den USA Sicherheitsgarantien und die vollständige Wiedereingliederung in die Staatengemeinschaft. Bei dem Gedanken dreht sich Menschenrechtsaktivisten der Magen um. Die Vorstellung, dass das Regime der Islamischen Republik rehabilitiert werden könnte, ist alles andere als angenehm. Aber die Unterzeichner des Offenen Briefes an Obama argumentierten zu Recht: Eine stärkere politische und wirtschaftliche Einbindung in die Welt ist essenziell für die Mehrung politischer Freiheiten. Eine Zivilgesellschaft, die kaputt sanktioniert wird, so schreiben sie, kann kein Gegengewicht zum Regime bilden. Eine Annäherung an die USA werde dagegen auch für eine innenpolitische Öffnung sorgen, so ihre Hoffnung. Wandel durch Annäherung könnte auch für Iran funktionieren, dachten sie damals.

Die Amerikaner gingen auf Rohani zu und erwiderten seine Gesten des guten Willens und lockerten die Sanktionen. Rohani musste Erfolge vorweisen, um politisch überleben zu können. Jeder kleine Erfolg, den Rohani in diesen Jahren außenpolitisch erzielte, half ihm, seine innenpolitische Agenda umzusetzen und eine Öffnung der politischen und gesellschaftlichen Sphäre zu erreichen. Hätte Obama diese goldene Chance verstreichen lassen, wäre geschehen, was die Scharfmacher in beiden Ländern wollten: noch mehr Konfrontation.

Die Radikalen waren nicht gerade begeistert von Rohanis Reise und seiner positiven Aufnahme im Westen. Zwar begrüßten ihn Hunderte Anhänger bei seiner Rückkehr am Flughafen mit Jubel. Doch seine innenpolitischen Gegner warfen ein paar Hundert Meter weiter Schuhe gegen seine Wagenkolonne, weil er mit Barack Obama telefoniert hatte. Kein Wunder, dass Rohani die Gelegenheit auf ein Händeschütteln mit dem amerikanischen Präsidenten ungenutzt hatte verstreichen lassen. Was einige enttäuschte, die dieses historische Foto hatten sehen wollen, war Rohanis besserem Wissen geschuldet, dass er vorsichtig sein muss. Der revolutionäre Eifer seiner Gegner, denen egal ist, was die Sanktionen anrichten und die gar von ihnen profitieren, hätte ihn schnell zu Fall bringen können.

Während Rohani für manchen Altrevoluzzer mit dem Atomabkommen die Revolution und den antiimperialistischen Widerstand verriet, war er anderen zu sehr ein Mann des Systems. Ihre Skepsis ist verständlich, vermutlich gab Rohani ihrem Drängen nach politischen Freiheiten auch nicht aus Überzeugung nach, sondern aus Angst, seine einzigen Unterstützer zu verlieren. Sie trieben ihn vor sich her. Aus purer Not hatte Rohani ihre Forderungen als seinen politischen Plan übernommen. Dass er nicht im Herzen ein Reformer ist, sondern nur Pragmatiker, war aber vielleicht von Vorteil. Als ich Iran im November und Dezember 2016 besuchte und an der Universität Teheran und der Shahid Beheshti Gespräche über universitären Austausch und Kooperationen führte, hatte ich zum ersten Mal seit vielen Jahren das Gefühl, dass meine Gesprächspartnerinnen und Gesprächspartner ernsthaft an Veränderung glaubten. Sie meinten, eine Öffnung wäre tatsächlich möglich – und würde so viel mehr Kraft und Ressourcen freisetzen als die jahrzehntelange Abschottung. Durch den Kontakt zu westlichen Universitäten werde sich das System von selbst verändern.

8.
Sanktionen, Corona und die Flucht vor dem Islam

Solange der Basar nicht schließt ...

Rohani konnte nicht halten, was er seinen Wählern versprochen hatte. Zwar floss Geld nach Iran, doch die Investitionen konnten sich nicht so schnell auswirken, dass es der kleine Mann unmittelbar in seinem Portemonnaie spürte. Es kam zu Protesten, vor allem im Dezember 2017. Diese brachen nicht wie sonst in den traditionellen Protestzentren Teheran oder Täbris aus, sondern in der Provinz, in Mashhad. Über 20 Menschen kamen bei den Unruhen ums Leben, mehr als 3000 Protestierende wurden festgenommen, Polizeistationen brannten. Zuerst wurde nur eine Verbesserung der wirtschaftlichen Lage gefordert, dann die Abschaffung der Islamischen Republik und sogar die Rückkehr des Schahs. In Deutschland wirkte das Ganze so, als stünde Iran nach 1979 erneut vor einer Revolution. Kam es zum dritten Systemwechsel seit 1905?

Wir hätten ein falsches Bild der Proteste, wurde mir im Januar 2018 vor Ort erklärt. Es gehe nicht in erster Linie um politische Freiheiten, sondern um Korruption, um Wirtschaftspolitik. Ich hörte viel Verständnis für die Demonstranten, auch von denen, die die Proteste für sinnlos hielten. So erklärte mir ein junger Mann neben mir im Kleinbus, ihm tue leid, wie die Demonstranten behandelt werden. «Das ist nicht unser Islam, der so etwas erlaubt.» Der vor ihm sitzende junge Mann stimmt ihm zu: Sie hätten ja recht, es laufe viel schief in der Islamischen Republik. Andere zuckten mit den Schultern, um zu sagen: Was kann man da schon machen. Und einer fügte hinzu: Jeder wisse, dass die Proteste nicht vom Ausland gelenkt seien, wie von der Regierung behauptet. Aber Donald Trump brauche sich nun wirklich nicht mit ihnen zu solidarisieren; dass der US-Präsident ihnen nichts Gutes wolle, wüssten sie auch.

Sie sind überhaupt alle recht gut im Bilde. Dass der Zugang zu den sozialen Medien schon lange eingeschränkt wird, um genau diesen Informationsfluss zu verhindern, stimmt zwar. Aber alle umgehen über VPN-Verbindungen diese Filter. Filterbrecher, *filter shekan*, heißen sie auf Persisch. «Jede Oma hat hier VPN, weil ein Enkel ihr die Filterbrecher installiert.»

Überhaupt ist die deutsche Iran-Berichterstattung oft nicht sehr gut informiert. Ich saß einmal in Teheran und las in deutschen Zeitungen im Internet, dass man in Teheran nichts zu lesen kriegen würde. Die meisten Menschen sagen sehr freimütig ihre über die sozialen Medien recht gut informierte Meinung, wenn man sie fragt. Wie in einem Überwachungsstaat fühlen sie sich nicht. Denn das Regime schlägt erst zu, wenn es wirklich gefährlich wird, wenn sich die Menschen versammeln. Eine solche ernste Gefahr scheint es gesehen zu haben, sonst hätte es in den Tagen nach den Dezemberprotesten 2017 nicht so viele Gegendemonstranten auf die Straße geschickt. Dass hier was im Busch war, konnte man sogar den iranischen Zeitungen entnehmen, die über die Gegendemonstrationen berichteten wie auch über die Parlamentarier, die den Ursachen der Proteste auf den Grund gehen wollten.

Von sich aus redet allerdings kaum jemand über Politik. Wenn man dem Reden oder Treiben im Kleinbus oder in der U-Bahn nur zuhört und zuschaut, ohne sich einzumischen, drehen sich die Gespräche um alles, nur nicht um die jüngsten politischen Ereignisse. Vorrevolutionäre Stimmung sieht anders aus: Als an der Haltestelle *Emam Khomeini* eine Frau in die U-Bahn-Linie 1 einsteigt, die in nord-südlicher Richtung von der Haltestelle *Tadschrisch* im Norden bis zur südlichen Endhaltestelle *Kahrizak* verläuft, dem berühmt-berüchtigten Gefängnis, reden alle über die Kräuter, nicht über das

Gefängnis. Die Frau verkauft Koriander, Grundbestandteil von *Ghorme-Sabzi*, einem Kräutereintopf: handgeputzt und oft gewaschen, sie verbürgt sich dafür. Es beginnt eine ausgiebige Diskussion darüber, wie viel Koriander man für das *Ghorme-Sabzi* brauche und warum sie keine Pfefferminze habe. Dass in den Provinzen demonstriert wird und das Gefängnis bald noch voller werden könnte, scheint niemanden zu interessieren.

Auch im Teheraner Basar geht es in diesen Tagen im Januar 2018 wenig um Politik. Anders als in dem Bazar von Isfahan, wo in- und ausländischen Touristen vor allem Souvenirs und Nippes angeboten werden, hat Teheran noch einen richtigen Bazar, in dem die großen Geschäfte getätigt werden, beispielsweise der Teppichexport, aber wo auch Hausfrauen alles für ihre Küche finden: vom Sieb über den Nussknacker und den Topf bis hin zu den Gewürzen und dem Öl. All das ist hier so viel billiger als in den Geschäften, dass sich der weite Weg in den Süden Teherans auch für Einkäufer aus dem Norden lohnt. Angesprochen wird man hier anders als in Isfahan nur im Teppichbasar, wo die eigens dafür angestellten Marktschreier Kundschaft herbeilocken. Einer zeigt ein prall gefülltes Büchlein mit Visitenkarten. Von allen ausländischen Botschaften habe er die Adressen, allen habe er schon Teppiche verkauft. «Ich kann Ihnen alles schicken, kein Problem, wenn Sie jetzt zu viel Gepäck haben.» Auch er beklagt, dass sich die West-Öffnung zu wenig auswirke. Das Geschäft sei immer noch nicht angelaufen, auch nach dem Atomabkommen passierte nichts: «Wir dachten alle, es wird dann wieder. Aber wir sitzen immer noch auf unseren Teppichen. Und schauen Sie doch mal: was für eine Pracht. Ihr Deutschen könntet Euch doch freuen, unsere Teppiche bei Euch im Wohnzimmer zu haben.»

In der iranischen Geschichte wird es immer dann gefährlich, wenn der Basar schließt. Dann wissen die Herrschenden, dass sie die Finanzwelt gegen sich aufgebracht haben, also den wirklich wichtigen Player. Dann beginnt der Aufstand oder gar die Revolution, und die Herrschenden müssen übers Verhandeln nachdenken. Das war unter den Kadscharenherrschern nicht anders als bei Mohammad Reza Pahlavi. Doch der Teheraner Basar ist im Januar 2018 meilenweit davon entfernt, geschlossen zu werden. Im Gegenteil: Im Restaurant *Sharaf ol-eslami*, mitten im Basar gelegen und um vier Uhr nachmittags noch brechend voll, lassen sich die Gäste nicht durch die Politik stören. Sie essen einfach. Dass etwas in den Provinzen passiert, ob etwas passiert, wie brutal die Regierung zuschlägt ..., all das ist weniger von Belang und weniger skandalös als das Problem, dass der Hackfleischspieß aus ist und es nur noch *shishlik*, Filet und Hühnchen, gibt. Die Mittelschicht, die es sich leisten kann, hier für umgerechnet sieben Euro pro Person zu essen, was viel ist, wenn ein Staatsangestellter im mittleren Dienst 450 Euro bekommt, gibt nicht viel auf die Proteste. Warum?, fragt man sich. Wo ist die gebildete und informierte Mittelschicht bei diesen Protesten? Die Proteste des Jahres 2009 trug sie noch wesentlich. Sie war das Rückgrat der Reformbewegung.

Die neue Macht der Revolutionsgarden

«Es gibt sie nicht mehr», beantwortet Raed Faridzadeh, Professor für Philosophie an der Shahid-Beheshti-Universität in Teheran, meine Frage nach der iranischen Mittelschicht. «Man spürt den wirtschaftlichen Niedergang extrem, die Mittelschicht ist wie ausgerottet, sogar die Gehälter der Dozenten wurden um 10 bis 15 Prozent gekürzt.» Deshalb macht er sich große Sorgen um die Zukunft Irans. «Die Mittelschicht ist die Schicht, von der Reformen ausgehen müssten, aber sie existiert nicht mehr als Stimme in der Gesellschaft. Sie ist nur noch mit dem Kampf um das eigene wirtschaftliche Überleben beschäftigt.» Das führt er vor allem auf die Sanktionen zurück. Die Mittelschicht sei ausgeblutet.

Dabei ist die Mittelschicht von der Richtigkeit der Proteste überzeugt – auch wenn sie die Protestierenden nur wenig unterstützt. Natürlich gebe es die Misswirtschaft, die von den Protestierenden beklagt werde, überall sei die Korruption zu sehen, sagen einem alle. Dass man als Politiker ein Diener des Volkes sei, habe sich in Iran noch nicht herumgesprochen: «Da habt ihr es schon besser mit Eurer Merkel.» Hier habe es schon immer nur Diebe gegeben. Allerdings könne man unterscheiden zwischen Dieben mit Klasse und Dieben ohne Klasse, erklärt mir einer. Der Schah sei ein Dieb mit Klasse gewesen, er habe mit Messer und Gabel gegessen. Was eigentlich dem Volk gehörte, habe er sich mit Messer und Gabel einverleibt. Dabei sei ab und an ein Krümel heruntergefallen und den hätten dann die normalen Menschen abbekommen. Aber diese Herrschaften jetzt, die würden mit der *pandsche* essen: Sie formten die Hand zur Kralle, griffen damit in das Reisgericht, machten einen Klumpen aus dem Reis und führten die gekrallte Hand zum Mund, dabei mit der anderen Hand noch selbst die Krümel auflesend und hinterherschiebend. So bleibe dann eben nichts mehr für das Volk. «Der Schah war ein Mistkerl, aber er ließ uns wenigstens ein bisschen was übrig, bei denen hier hat man keine Chance.»

Überall vernahm man in jenen Januartagen 2018, Rohanis Strategie sei gescheitert, er habe wirtschaftlich versagt. Wo sind, fragte man sich, die 90 Milliarden, die festgefroren auf amerikanischen Konten liegen und die freigegeben werden sollten? Wo bleiben die ausländischen Investitionen? Die Menschen auf der Straße, auch der Mittelstand, selbst die, die 2009 gegen die Wahlfälschung protestiert hatten, sagten neun Jahre später: «Unter Ahmadinedschad hatten wir mehr Geld im Portemonnaie.» Dass es nicht voranging, bereitete dem nächsten Hardliner, Ebrahim Raisi, den Weg, der 2021 gewählt wurde.

Dabei ist diese Wahrnehmung vom eigenen Portemonnaie aus nicht richtig, denn in den Jahren unter Rohani, von 2013 bis 2021, hat sich die iranische Wirtschaft ausgesprochen gut erholt. Saeed Leylaz hat als Wirtschaftsprofessor diese Zahlen im Blick. Er erklärte mir bei meinem Besuch im Januar 2018: «Die Rohani-Regierung hat den Karren noch im allerletzten Moment aus dem Dreck gezogen, in den die Ahmadinedschad-Regierung ihn gefahren hat.

Unsere Werte sind gut, die Wirtschaftskraft hat sich um 20 Prozent verbessert, die Kaufkraft stieg um 40 Prozent.» Das zeige sich aber alles nicht, weil Iran durch die verfehlte Wirtschaftspolitik der Vorgängerregierung ein bis zwei Dekaden verloren habe. Mittlerweile habe Iran die korrupteste Wirtschaft überhaupt, zwölf Jahre zuvor sei die iranische Wirtschaft noch gesund gewesen. Seiner Meinung nach sind es noch nicht einmal die Sanktionen, die das Problem so verschärften: «Wir könnten sogar auch ohne Öl zurechtkommen. Ich wäre da ziemlich optimistisch, theoretisch.»

Dass die Radikalen zunächst nur die Wirtschaftspolitik Rohanis diskreditieren wollten und deshalb die Proteste in Mashhad angezettelt hätten, wurde mir oft erzählt. Dann seien die Proteste allerdings irgendwie aus dem Ruder gelaufen. Nach dem Motto: Die Geister, die ich rief, werd ich nicht mehr los. Diese Deutung ist nicht ganz abwegig. Denn Rohanis Demontage führte direkt zu einem neuen Regime aus Hardlinern. Noch vor Ende seiner Amtszeit verschärften die USA ihre Sanktionen. Stärkere Sanktionen würden den Ultras sogar nutzen, vermutete damals Saeed Leylaz. In der Schattenwirtschaft, die die verschärften Sanktionen mit sich bringen würde, könnten manche sehr gute Geschäfte machen; so, wie sie sie unter Ahmadinedschad gemacht hatten und über eine Lockerung der Sanktionen nicht erfreut waren. Leylaz betrachtete die Trump-Regierung und die iranischen Hardliner als die beiden Schneiden einer Schere. «Es sieht aus, als arbeiteten sie gegenläufig, aber im Effekt arbeiten sie zusammen.»

Ähnlich sah es Sadegh Zibakalam von der Universität Teheran. Die Sanktionen hätten ihr Ziel verfehlt, urteilte er. Schlimmer noch, sie seien kontraproduktiv, meinte der Politologe: «Die Sanktionen haben antiwestliche, radikale und revolutionäre Elemente innerhalb der iranischen Führung hochgebracht. Es hat den Radikalen geholfen – nicht den Moderaten, den Reformern, den Prowestlichen oder den Liberalen.» Schwer wiegt, dass davon die Revolutionsgarde profitiert hat, die von einer paramilitärischen Einheit zum wichtigsten militärischen, wirtschaftlichen und politischen Akteur der Islamischen Republik aufgestiegen ist, sodass die Macht der IRGC fast unantastbar scheint. Kian Tabrizi, ein politischer Analyst aus Iran, der unter verschiedenen Pseudonymen publiziert, zog im Februar 2021 eine ähnliche Bilanz. Unter dem Titel «Aus der Schwäche wuchs ihre Macht» schrieb er:

> Ein eingehender Blick auf das bisherige Embargosystem der USA gegen den Iran zeigt, dass die Revolutionsgarde sich den katastrophalen Folgen der amerikanischen Sanktionen entziehen und ihre Macht sogar erweitern konnte. Je mehr die Verbindungen zur Außenwelt minimiert wurden, desto stärker konzentrierte sich die IRGC auf Beteiligungen und Partnerschaften mit den sowieso marginalisierten privaten Unternehmen des Landes. So konnte sie ihre Aktivitäten und langfristigen Ziele vorantreiben. Selbst außerhalb der iranischen Grenzen im Nahen Osten konnte sie ihre militärischen und politischen Aktivitäten trotz immenser Kosten fortsetzen, von der Ausrüstung und militärischer Unterstützung für das Assad-Regime in Syrien bis zur Unterstützung der Hisbollah in Libanon und der Hamas in Gaza.
>
> Je mehr die Revolutionsgarde ihre innenpolitische Macht verfestigt und die Grauzonen ihres ökonomischen Einflusses erweitert, desto hartnäckiger widersetzt sie sich einer Verbesserung der Beziehungen zu den Vereinigten Staaten. Mittlerweile sind die wirtschaftlichen Aktivitäten der IRGC außerhalb des normalen Marktgeschehens so umfangreich, dass der Privatsektor in vielen Bereichen nicht mehr existiert. Er wurde verdrängt und ist gegenüber der Marktbeherrschung der Garden nicht mehr wettbewerbsfähig. (Tabrizi 2021)

Die Revolutionsgarden seien die größten Nutznießer des Embargos. Wegen der Sanktionen werde ein Großteil ihrer Geschäftstätigkeiten geheim und illegal jenseits wirksamer Kontrollen durchgeführt. Tabrizi erwähnt Berichte darüber, dass die Garden schon vor Ahmadinedschads Präsidentschaft am Warenschmuggel beteiligt waren. Erstaunlicherweise war es dann Ahmadinedschad selbst, der im Machtkampf mit seinen früheren Förderern in der Revolutionsgarde im Juli 2011 von «Schmuggelbrüdern» sprach, die außerhalb der regulären Häfen eigene Kais und illegalen Warenverkehr betrieben. Nach Angaben des iranischen Wirtschaftsministeriums vom August 2013, die Tabrizi zitiert, gelangten jährlich geschmuggelte Waren im Wert von etwa 20 Milliarden US-Dollar nach Iran, was 35 Prozent der gesamten Importe des Landes im Jahr 2012 entsprach. Diese Praxis setzte sich fort. Die Einfuhr des Warenvolumens über illegale Grenzen und Docks funktionierte nur mit starker Rückendeckung. Gewinner der US-Sanktionen waren demnach wieder die Schmuggelbrüder, die kein Interesse an einer Normalisierung der Beziehungen zu den USA zeigen. Der Nutzen des amerikanischen Embargos für die Pasdaran ist so hoch, dass ihre Kommandeure in aller Offenheit und Hartnäckigkeit gegen eine Verbesserung der Beziehungen zu den Vereinigten Staaten auftreten, die Voraussetzung für die Lockerung und Aufhebung der Sanktionen wären. So die Einschätzung von Kian Tabrizi auf der Website *Transparency for Iran*, die nach der Niederschlagung der Proteste von 2009 entstanden ist. Als der damalige Staatspräsident Rohani versucht habe, die Aktivitäten der Revolutionsgarden einzuschränken, um die Attraktivität der iranischen Wirtschaft für in- und ausländische Investitionen zu erhöhen, bestand Khamenei darauf, sie im Zentrum der Macht zu belassen. So konnte die Garde neben ihrer bestimmenden politischen Rolle auch ihre zentrale wirtschaftliche Position unangefochten behaupten.

Letztendlich waren diese unterschiedlichen Politik- und Wirtschaftskonzepte der Grund für das Scheitern der Wiederbelebung der iranischen Wirtschaft. Mit der Verhängung neuer US-Sanktionen gegen den Iran hat die Revolutionsgarde ihre dominante Rolle im iranischen Machtapparat behaupten und sich in den Mittelpunkt politischer Ereignisse stellen können. (ebd.)

Habe ich die Revolution verpasst?

Zurück zu meiner Reise 2018: Im Hotel kam mir eine Frau entgegen auf Stöckelschuhen, im Minirock, von ihrem Dutt hing ein kleiner Schal dekorativ herunter, der ein paar Haare bedeckte. Spontan entfuhr mir gegenüber dem Rezeptionisten: «Habe ich was verpasst? War Revolution?» Er grinste: «Leider nicht, dafür brauchen wir doch keine Revolution, so laufen doch hier alle rum.» Er hatte recht. Dafür brauchen sie die Revolution nicht. So extrem das Outfit der Dame im Hotel auch sein mochte, so nahe kommt ihm der Look der Frauen in Darband.

Darband ist das Ausflugsziel, das Teherans Mittelstand an seinem freien Tag ansteuert. Am Berghang gelegen, oberhalb des Tajrish- und des Darband-Platzes, ist es dort angenehm kühl im Sommer. Auch im Winter ist die Luft viel besser als unten im Moloch Teheran. Begrüßt wird man von einem Schneemann aus Plastik mit bunter Lichterkette. An einem gut ausgebauten Fußweg entlang reiht sich neben Ständen, die kandierte Früchte feilbieten oder gegrillten Mais, ein Ausfluglokal an das andere. Es gibt Kabab in allen Variationen. Die Lokale sind bunt geschmückt mit Lampions, man kann über dem Fluss auf Holzgestellen sitzen, den *tachte*, die aussehen wie ein Bett. Oder man sitzt am Hang in kleinen Abteilen, die aus einem *tachte* bestehen, ausgestattet mit einem Teppich und dann umhängt mit einer dicken durchsichtigen Plastikfolie, damit es nicht zu kalt wird. Man fühlt sich wie in einem Zelt, aber es ist hell, die Sonne scheint von oben und wärmt zusätzlich. Wem es dennoch zu kalt wird, der bekommt eine gusseiserne Schale mit Kohlen an die Füße gestellt. Von oben aus betrachtet, sieht alles sehr farbenfroh und fröhlich aus, was an den bunten Dächern der *tachte*-Zeltabteile und den Lampions liegt.

Zu den Menschen, mit denen ich dort sprach, gehörte Abrahimi. Er arbeitete nebenbei freitags in einem dieser Lokale, eigentlich war er IT-Student, ein vergnügter junger Mann, der pausenlos den Berghang rauf und runter rannte, von einem *tachte*-Zeltabteil zum anderen, um die verwöhnten Ausflügler schnell zu bedienen. In seiner Heimatstadt hätten die Aufständischen die *kalantari*, eine Mischung aus Polizeistation und Pasdaran, eingenommen, erzählte er stolz. «Das war nicht mal schwer, bei uns in Chuzistan zählen die Mullahs nicht viel.» Aber das bringe ja nichts. Nun würden die Einheiten aus Teheran kommen und wieder alles übernehmen. Abrahimi konnte es sogar verstehen, denn ihm schwante: Wenn die einzelnen Volksgruppen an Waffen kommen, die Kurden und Belutschen, wenn die Separatisten einmal anfingen, dann drohe eventuell ein Bürgerkrieg, dann würden die einzelnen Ethnien gegen die Zentralregierung kämpfen und sich lossagen wollen. Grund genug dafür, meinte er, hätten sie: «Meine Leute sind sauer. Alles wird in Teheran investiert, alles nach Teheran abgezogen. Dabei ist es das Öl meiner Region, das Iran finanziert. Aber bei uns kommt nichts an.»

Es wäre nicht schwer, den Separatisten die Argumente zu nehmen. Anders als in vielen anderen multiethnischen Staaten haben die einzelnen Volksgruppen Irans neben dem partikularistischen ein sehr ausgeprägtes nationales Zugehörigkeitsgefühl, es gibt ein großes iranisches Nationalbewusstsein unter all den verschiedenen Ethnien. Das haben speziell die Araber aus Chuzistan bewiesen: Als Saddam Hussein 1980 in Iran einmarschierte, ging es ihm vor allem um die Ölprovinz, die er eingemeinden wollte. Der dort lebenden Bevölkerung rief er zu, sie sei doch arabisch, solle sich also dem arabischen Irak anschließen. Doch das wollten die Menschen nicht. Die Chuzistanis verteidigten ihre Provinz gegen die Invasoren; die Provinz, in der Krieg jahrelang am heftigsten tobte, zahlte einen immensen Blutzoll.

Der Vorwurf, nicht Mangel und Not, sondern separatistische Gelüste trieben die Aufständischen an, sich Teheran zu widersetzen, ist also denkbar unbegründet. Und die zentralistische Politik der Machthaber denkbar dumm, wenn sie sich aus Sorge um mögliche Abspaltungstendenzen föderalistischen Vorschlägen versperrt. So erst treibt sie die Volksgruppen den Separatisten zu, auch diejenigen, die stolz sind auf ihre so alte große Kultur, die eine Literatur von Weltrang hervorgebracht hat und Bauten, die als architektonische Meisterwerke gelten. Die Volksgruppen, die Aseri, Arabisch, Turkmenisch, Belutschi und Kurdisch als Muttersprache sprechen, sehen sich dennoch alle als Iraner. Dass Persisch die Verwaltungssprache ist und alle Iraner Persisch können sollten, begründen sogar sie damit, dass es auch die Sprache ihrer gemeinsamen Kultur ist. Die größten Söhne Aserbaidschans haben ihre Werke auf Persisch geschrieben: Nezami im zwölften Jahrhundert ebenso wie Samad Behrangi und Shahriyar im zwanzigsten. Die Ikone des persischen Chansons, Googoosh, eine Aserbaidschanerin, singt vornehmlich auf Persisch. Aber dass die Aseris kein Aseri in der Schule lernen dürfen, ihre Sprache ausschließlich mündlich weitergegeben wird, empfinden viele als ungerecht. Die Rede ist hier von einer Minderheit, die gar nicht so klein ist. In Iran leben rund 18 Millionen Menschen, die Aseri als Muttersprache sprechen. Sie leben an der Grenze zu dem Staat, Aserbaidschan, der für die meisten immer noch nicht attraktiv ist, aber für viele immer attraktiver wird.

Die Ungerechtigkeit dieser Politik gegenüber den Minderheiten war schon 2018/19 ein fruchtbarer Nährboden für den Unmut, der sich in den Demonstrationen niedergeschlagen hat. Es war ein wichtiger Punkt, einer von vielen. Das Wort «ungerecht» fällt oft, wenn es um die Frage geht, was die Leute auf die Straße getrieben hat, was sie dem Staat anlasten. Dagegen spielen für jemanden wie Abrahami die persönlichen Freiheiten eine geringere Rolle. Er meinte damals, mich auf die Lebensfreude verweisen zu können: «Sie sehen doch, die Leute sitzen hier bei ihrer Wasserpfeife, haben Spaß, wer stört sie denn dabei?» Er hatte die Musik aufgedreht; aus großen Boxen wurde das in den Berghang gebaute, aus einzelnen *tachte*-Zeltabteilen bestehende Restaurant beschallt. Man hörte die alten großen Schlagersänger, Dariush, Moin, Marzieh, die alle nach der Revolution ins Ausland gegangen waren. Eigentlich werden sie alle verteufelt als verwestlicht und Teil der kulturellen Invasion. Eigentlich.

Uneigentlich kann man sie wieder spielen, die kitschigen Liebeslieder: «Oh Herz, niemand will dich haben», singt Leila Forouhar in Darband in der Islamischen Republik, in demselben Gottesstaat, der die Musik von Frauen im Radio und auf der Bühne verboten hat, weil sie zu verführerisch ist. Die Ausflügler, die sich in den *tachte*-Zeltabteilen rhythmisch zu dem Song wiegten und mit den Fingern schnippten wie beim Tanz, ließen sich gerne verführen. Kaum wunderte ich mich Abrahami gegenüber, dass diese alten Schlager immer noch gehört und geliebt werden, da musste er auf Geheiß der blondierten, nasenoperierten Mädelsgruppe ein *tachte*-Zeltabteil oberhalb von uns westliche Popmusik spielen. Helene Fischer war gewünscht.

Man kann die Atmosphäre an jenem Tag in Darband mit vielen Worten beschreiben: ausgelassen, vielleicht auch geprägt von Galgenhumor. Aber eines war sie sicher nicht: nervös. Das lag an den kleinen Veränderungen unter Rohani, die viel ausmachten. So eine befreite und lockere Atmosphäre hatte in den acht Ahmadinedschad-Jahren nie und nirgendwo geherrscht. Nicht einmal in Darband. Als Abrahimi merkte, dass ich aus Deutschland komme, gab er mir seine Telefonnummer. Ich solle mich um eine Stelle für ihn bemühen, dann bekomme er ein Visum. «Ich liebe Iran, aber hier geht es nicht, ich will weg. Hier hat niemand eine Perspektive.» Die Handleserin, die uns und allen, die bei ihr am Weg den Berg hinunter vorbeikommen, eine rosige Zukunft vorhersagte, hatte einen schweren Stand.

Trump und die iranischen Falken

Als Folge der Repression ging auch der Protestbewegung von 2017/18 schnell der Atem aus. In Teheran war es ohnehin nicht zu großen Demonstrationen gekommen, allerdings gab es wie immer bei solchen Gelegenheiten ein großes Polizeiaufgebot an den öffentlichen Plätzen. Aber das Scheitern hing auch mit der Tatsache zusammen, dass es eben nicht die breite Masse war.

Oft wurde in den westlichen Medien gefragt, ob es sich angesichts der Tatsache, dass es zunächst Wirtschaftsprobleme waren und es dann allgemein gegen Politik und Staatsführung ging, um gezielten oder diffusen Protest handelte. Doch Proteste gegen Wirtschaft und Politik lassen sich in Iran nur schwer trennen. Der wirtschaftliche Protest richtet sich immer gegen die Politiker, die für die Wirtschaftsmisere verantwortlich sind. Diese Unzufriedenheit im Land ist nicht neu und natürlich auch nicht erst mit den Protesten vom Winter 2017/18 wieder spürbar geworden. Sie war mindestens seit 2009 die ganze Zeit über da und kochte immer wieder hoch, auch wenn Proteste durch das massive Sicherheitsaufgebot eingedämmt werden.

Mit Trumps einseitiger Aufkündigung des Atomabkommens verschlechterte sich die wirtschaftliche Situation nochmals. Schon durch die Ankündigung im Mai 2018 verlor die iranische Währung innerhalb eines Tages drastisch an Wert. Iranische Abgeordnete verbrannten frustriert die US-Flagge im Parlament. Dass das Sternenbanner auf der Straße abgefackelt wird, ist im Iran immer wieder mal zu sehen, aber dass Abgeordnete in ihrem Hohen Haus ein solches Verhalten an den Tag legen, ist politisch nicht akzeptabel. Man sollte sich dabei aber bewusst machen, dass die Volksvertreter mit dieser Haltung wieder mehr Volk vertraten, als dem Westen lieb sein konnte. Denn auch liberale Iraner waren vor den Kopf gestoßen durch die Aufkündigung des Atomabkommens, hielten diesen Schritt für maßlos. Auch sie kamen nicht umhin, zu denken, dass die Hardliner recht hatten: Den USA ist einfach nicht zu trauen.

Trump spielte mit der Aufkündigung des Atomabkommens Irans Falken geradewegs in die Hände und brachte viele natürliche Verbündete des Westens auf Kurs mit den Radikalen. Sie, die für Abschottung und größtmögliche Abkehr vom Westen eintreten, haben schon immer gesagt, die USA seien keine verlässlichen Vertragspartner. Ein Standardargument lautet: Wie sehr die USA dem iranischen Volk schaden wollten, habe ja bereits der von den USA betriebene Putsch Premierminister Mossadeghs in der Zeit der konstitutionellen Monarchie gezeigt. Hier spielen die Falken Irans auf der altbekannten Klaviatur. Alt und Jung erinnern sich, dass es die Amerikaner waren, die das iranische Streben nach Unabhängigkeit und Autonomie in den fünfziger Jahren verhindert haben, mit drastischen Mitteln, und dass sie die Demokratiebestrebungen damit um Jahrzehnte zurückwarfen.

1951 trat Ministerpräsident Mohammad Mossadegh an, das iranische Erdöl zu verstaatlichen. Und tat damit, was seine Wähler von ihm erwarteten. Sie wollten von den Einnahmen aus dem Erdölgeschäft profitieren: Doch die Anglo-Persian Oil Company, ein ziemlich einseitiges Joint Venture zugunsten der Briten, erwirtschaftete bis dato wegen eines unsäglichen Abkommens den meisten Gewinn aus dem Erdölverkauf. Mossadegh kündigte die als oktroyiert und kolonialistisch angesehenen Verträge. Daraufhin verhängte das britische Kabinett Wirtschaftssanktionen gegen Iran, die Ölgesellschaft zog ihre Ingenieure und Fachleute ab, und britische Kriegsschiffe errichteten eine Seeblockade im Persischen Golf, damit ausländische Tanker – eigene Tankschiffe besaß Iran nicht – kein iranisches Öl mehr exportieren konnten. Man wollte die Iraner ausbluten lassen. Die aber standen so sehr hinter Mossadegh und der Nationalisierung des Erdöls, dass sie dem Staat Geld liehen. Mossadegh gab Staatsanleihen aus, und die Menschen verkauften ihren Schmuck und ihre Goldmünzen, die nationale Reservewährung, um sie erwerben zu können. Meine Großmutter erzählte immer stolz, wie sie alle das nationale Projekt unterstützten. Mit Freude habe sie ihren Schmuck hergegeben: «Damit unser Öl uns gehört; für unsere Unabhängigkeit.» Doch das half nichts gegen die Briten, ebenso wenig wie die Tatsache, dass Mossadegh vor den Internationalen Gerichtshof in Den Haag zog – der ihm recht gab. Das Ganze dauerte zwei Jahre, dann machten die Amerikaner dem Spuk ein Ende:

Die CIA stürzte 1953 Mohammad Mossadegh, den einzig wirklich demokratisch legitimierten Premierminister, den Iran je hatte, und setzte den bereits vor Mossadegh nach Rom geflohenen Diktator Mohammad Reza Pahlavi wieder ein. Für die Mullahs ist Mossadegh, der antiklerikal eingestellte Aristokrat und im Westen ausgebildete Anwalt, wegen seiner Herkunft und Haltung eigentlich Persona non grata. Aber wann immer sie das Narrativ vom bösen Onkel Sam bemühen wollen, der Iran sein verbrieftes Recht verweigert, wird er aus dem Zauberkasten gezogen. Und es funktioniert.

Hinzu kommt: Die USA haben Jahrzehnte später noch einmal einen diktaturkritischen Präsidenten auflaufen lassen, einen, der die Islamische Republik Iran gen Westen öffnen wollte und dabei war, den Kurs der Hardliner zumindest aufzuweichen. Doch egal, wie weit Khatami sich auch aus dem Fenster lehnte und Entgegenkommen signalisierte, zum Beispiel als er die USA in Afghanistan bei der Nord-Allianz hoffähig machte: Von den USA kam nichts. Jahre später gab Madeleine Albright zu, es sei der größte Fehler ihrer Amtszeit als Außenministerin gewesen, damals nicht reagiert zu haben. Man ließ Khatami an der ausgestreckten Hand verhungern, seine Bemühungen um ein Atomabkommen, die es auch gegenüber der Regierung Bill Clintons schon gab, liefen ins Leere – weil die Amerikaner nicht wollten. Und das Ergebnis: Nachdem Khatami nicht liefern konnte, wählten die Iraner mit Ahmadinedschad 2005 einen Hardliner, der versprach, wenigstens das gebeutelte nationale Selbstbewusstsein wiederherzustellen, das angeknackst war angesichts des unerwiderten Entgegenkommens.

Schließlich Donald Trump: Viel mehr noch als den damals amtierenden Präsidenten Irans brüskierte Trump mit seiner Politik die iranische Zivilgesellschaft, all die Menschen, die sich seit Jahren wehren und auflehnen: die Frauen mit ihrem Kopftuchprotest, die Arbeiter mit ihren Demonstranten am Tag der Arbeit, Künstler wie den Filmemacher Dschafar Panahi, der mal wieder nicht nach Cannes durfte. Diese Zivilgesellschaft ist so laut, so rege. Aber mit den Sanktionen gräbt man ihr das Wasser ab, man nimmt ihr die Argumente für eine Öffnung; man nimmt ihr die Lebensgrundlage.

Nur zynisch und illusorisch mutete dagegen das Kalkül der Amerikaner an, die annahmen, die verarmende Bevölkerung würde sich erheben und eine neuerliche Revolution wagen. Sie war viel zu kraftlos angesichts des schon jahrelangen Ankämpfens gegen Misswirtschaft und das Regime. Auch ist das Regime viel zu gut gerüstet. Bremsend wirkte zudem die sehr berechtigte Sorge der Iranerinnen und Iraner, auch ihr Land würde im Chaos versinken, wie all die Länder um sie herum. Dass man in Iran immerhin Frieden habe, wussten die meisten zu schätzen. In den Monaten nach Trumps Ankündigung, das Abkommen zu kündigen, war die Angst vor einem Krieg besonders groß; die Angst vor einem Krieg, den man nicht verdient habe, denn so recht verstand eigentlich keiner, was die Rohani-Regierung, die man hier tatsächlich im Recht sah, nun wieder falsch gemacht haben sollte.

Für die Menschen in Iran zählte, dass ihr Land die Vertragsbedingungen erfüllt hatte. Trumps Argument, Iran sei ein Unruhefaktor in der Region, war für sie nicht nachvollziehbar, da es im Abkommen ja gar nicht um Irans Politik im Nahen Osten geht. Sicher, aus westlicher Perspektive ist Iran im Nahen Osten mit seiner Syrien-, seiner Israel-, seiner Jemen-Politik ein großer Störfaktor, und die hegemonialen Ambitionen Irans sind mit allergrößter Sorge zu betrachten. Aber auch hier stellt sich die iranische Perspektive nun einmal anders dar.

Wie Hohn klang es in iranischen Ohren, wie Trump sich als Beschützer des Nahen Ostens vor dieser bösen Macht und als Freund des iranischen Volkes inszenierte. Schließlich hatte er Iran auf die Liste von Ländern gesetzt, deren Einwohner nicht mehr in die Vereinigten Staaten einreisen dürfen. Es leben über zwei Millionen Menschen iranischer Herkunft in den USA. Sie alle sind vor dem gegenwärtigen Regime dorthin geflohen, können also meist Iran nicht mehr bereisen, wo oftmals ihre Eltern, Geschwister, Tanten und Onkel leben. Nun sind sie von ihrer Familie auch noch dadurch abgeschnitten, dass diese nicht zu ihnen kommen darf. Dass Trumps Sicherheitsberater Bolton sich auf einer Versammlung der Volksmudschaheddin für einen Regimewechsel in Iran aussprach, trug auch nicht dazu bei, das Vertrauen der iranischen Bevölkerung zu gewinnen. Drei Iraner mögen zwar über jede x-beliebige politische Frage vier unterschiedliche Meinungen haben, aber in einem sind sich alle einig: dass man sich mit den Volksmudschaheddin nicht in ein Bett legt. Sie haben als Oppositionsgruppe ihre Glaubwürdigkeit verspielt, seit sie sich mit dem damaligen Kriegsgegner Saddam Hussein verbündet haben und von irakischem Territorium aus 1988 in Iran einmarschiert sind, nachdem der Waffenstillstand gerade geschlossen war. Dies und der jahrelange, viele Unschuldige das Leben kostende Terror, mit dem sie Iran überzogen haben, macht sie zur denkbar schlechtesten Option, die die USA sich aussuchen könnten. So gewinnt man keine Freunde in der iranischen Bevölkerung.

Mit den verschärften Sanktionen, die die Aufkündigung des Abkommens begleiteten, verschlechterte sich die Lage weiter. «Wir essen doch ohnehin nur Pasta mit Butter oder Pasta mit Käse. Was sollen wir denn jetzt noch essen?», erklärten 2019 Studenten ihren Protest. Überall machten Geschichten von der steigenden Kriminalitätsrate die Runde. Dass man im Taxi nicht bei offenem Fenster telefonieren solle wegen der Diebe auf dem Motorrad, wurde einem von besorgten Verwandten geraten. «Woher sollen sie es auch nehmen, sie wollen doch nur überleben», fügte meine Cousine verständnisvoll hinzu, als ich berichtete, dass eine Studentin auf dem Campus angeblich aus Versehen meinen Rucksack mitgenommen hatte.

Schon früher war über die Islamische Republik mit den Füßen abgestimmt worden, aber der Gedanke, wie es wäre, wegzugehen, regt sich in immer mehr Köpfen. Als allgemeine Hoffnungs- und Perspektivlosigkeit lässt sich die Zukunftserwartung junger Menschen im Jahre 2019 wohl am besten beschreiben. Auf einer Reise mit meinen Studierenden im April 2019 wurden diese von Gleichaltrigen beständig mit dem Satz konfrontiert: Was habt ihr für ein Glück, dass ihr Deutsche seid!

Der Währungsverfall hat dazu geführt, dass das Ersparte weg ist; junge Leute können an eine Heirat nicht einmal mehr denken, geschweige denn daran, eine Familie zu gründen. Und sie fühlen sich dabei sehr ungerecht behandelt – von den USA. Das einseitige Aufkündigen des Atomabkommens durch Donald Trump hat verschärft, was vorher schon überall zu sehen war: dass die iranische Mittelschicht ausblutet. Sie ist fast mundtot gemacht worden. Denn die schlechte wirtschaftliche Lage führte natürlich auch dazu, dass 2019 kaum noch Forderungen nach politischen Freiheiten laut wurden. Wer mehreren Jobs nachgehen muss, um sich und die Familie über Wasser zu halten, denkt nicht mehr über Presse- oder Meinungsfreiheit nach. Nicht einmal mehr der Lohn eines Professors reicht aus, um eine Familie zu ernähren. Auch der Professor hat jetzt noch einen zweiten Job und schreibt dann am Abend nicht mehr über kritische Vernunft – oder über die Rolle des Islams in Politik und Gesellschaft.

Veilchenöl gegen das Coronavirus

Der Islam spielte auch beim Thema Corona eine wichtige Rolle in Politik und Gesellschaft – und das auf so bizarre Weise, dass auch Corona zum Anlass wurde, die Religion zu fliehen. Schon früh hatte Corona Iran voll im Griff. Die Islamische Republik gehörte zu den am stärksten von der Pandemie betroffenen Ländern der Welt, auch aus religiösen Gründen.

Zu Beginn der Pandemie hatte die Regierung die Krise zunächst heruntergespielt. Man hatte die Berichte von Ärzten ignoriert, wohl um zu vermeiden, dass noch weniger Menschen an den Parlamentswahlen im Februar 2020 teilnehmen, als angesichts der schon länger bestehenden Systemkrise und daraus resultierenden Wählerapathie erwartet wurde. Als Mitte Februar die ersten Toten, bei denen man Corona als Ursache vermutete, in der Stadt Qom gemeldet wurden, verschwieg die Regierung die Vorfälle. Dass die Pandemie gerade in diesem Pilger- und Studienort ausbrach und sich von hier aus rasch verbreitete, war kein Zufall. Man geht inzwischen davon aus, dass einer der rund 600 hier lernenden chinesischen Religionsstudenten das Virus nach Iran brachte. Zur schnellen Verbreitung trug eine religiöse Tradition bei: Nach schiitischem Brauch küssen die Pilger den Schrein der hier begrabenen Fatima Masuma, um ihren Bitten Nachdruck zu verleihen. Islamgegner erklärten sofort, islamischer Aberglaube sei schlicht unhygienisch.

Als die Verbreitung des Virus nicht mehr zu leugnen war, bezeichnete Ali Khamenei Corona Anfang März als «keine so große Tragödie». Die Führung bemühte Verschwörungstheorien und machte wie üblich ausländische Mächte verantwortlich: Hinter der Corona-Epidemie stecke eine biologische Attacke des Erzfeindes USA und seines Präsidenten Trump, hieß es von Irans oberster Kanzel.

In seiner Predigt zum Neujahrsfest am 22. März 2020 erklärte Staatsoberhaupt Khamenei schließlich, für den Ausbruch der Pandemie seien neben den üblichen menschlichen Feinden auch Dschinnen, böse Geister, verantwortlich. Diese Äußerung war allerdings selbst für iranische Verhältnisse so bizarr, dass man sie in der offiziellen schriftlichen Fassung wegließ. Sie ist nur noch in den im Netz kursierenden Videos zu finden, die von vielen Iranern hämisch kommentiert werden.

Als die Forderung aufkam, die beiden wichtigsten Pilgerorte, Qom und Mashhad, wegen der immensen Ansteckungsgefahr zu schließen, hieß es zunächst, gerade in diesen schweren Zeiten sei Religion ein Anker für die Menschen. Außerdem helfe Beten gegen das Virus. Noch absurder wurde es, als Abbas Tabrizian, den seine Anhänger als den Vater der «islamischen Medizin» bezeichnen, meinte, ein Heilmittel gegen das Virus gefunden zu haben. Er propagierte Anfang März 2020 die Einführung von Veilchenöl in den Anus. Zuvor hatte er das internationale Standardwerk *Harrisons Innere Medizin* öffentlich verbrannt. Das geschah in dem Land, dessen berühmtester Arzt, Avicenna, schon vor tausend Jahren in seinem Kanon der Medizin erläuterte, dass man kranke Menschen vierzig Tage lang isolieren müsse, um eine Ansteckung zu verhindern. Nun wurde die Religion endgültig als Hemmschuh für ein tatkräftiges Anpacken in der Krise gesehen.

In den iranischen Krankenhäusern orientierte man sich denn auch eher an Avicenna und der Schulmedizin, um das Virus zu bekämpfen. Um dabei gute Laune zu behalten, hielt das iranische Krankenhauspersonal regelmäßig Tanz-Challenges ab. In den sozialen Medien kursierten zahlreiche Videos, in denen das Personal in voller Schutzmontur zu traditioneller oder moderner iranischer Musik tanzt. Obwohl gemeinsames Tanzen nur verheirateten Frauen und Männern erlaubt und in der Öffentlichkeit verboten ist, schritten die Behörden nicht ein. Ein Twitter-Nutzer witzelte, Krankenhäuser mit Corona-Patienten seien die einzigen Orte, an denen sich die Sittenpolizei nicht blicken lasse.

Epilog: Nur eine islamische Revolution konnte die islamischen Wurzeln ausreißen

Seit der Revolution von 1978/79 gilt Iran der US-Regierung als der Schurkenstaat par excellence. Die Bevölkerung wird gleichgesetzt mit den Kalaschnikows schwenkenden Islamisten, die im Fernsehen zu sehen sind, ein Stirnband tragen, auf dem *Allahu akbar* steht, und «Nieder mit Amerika» schreien.

Seriösen Beobachtern gilt Iran jedoch schon längst als postislamistisch und ausgesprochen ideologiefrei. Die meisten Menschen können mit dem islamistischen Regime und seinen für die fortwährende Revolution identitätsstiftenden antiamerikanischen und antiisraelischen Parolen nur noch wenig anfangen – und oft nicht einmal mehr mit der Religion. Das ist leicht nachvollziehbar. Irans größter Philosoph, Abdolkarim Soroush, sagte einmal: Der Islam war im Volk so tief verwurzelt, dass nur eine islamische Revolution diese Wurzeln ausreißen konnte. Soroush hat recht: Die Bevölkerung war so religiös, dass nur über vierzig Jahre real existierender Islamismus dies ändern konnten.

Ja, Iran war einst ein sehr religiöses Land. Damals, in den sechziger und siebziger Jahren und vorher sowieso. Reza Pahlavi hatte in Kemal Atatürk ein Vorbild gesehen, in dessen erzwungener Modernisierung: Wie der türkische Präsident, der um jeden Preis den gesellschaftlichen Fortschritt beschleunigen wollte, hatte der Schah nicht nur Anstrengungen zur Hebung des Bildungsniveaus und zur Besserstellung der Frauen unternommen, sondern auch autoritär und rigide Kahlschlag unter den Traditionen betrieben – seinem Vorbild Atatürk gleich und sogar noch extremer: Reza Pahlavi verbot das Kopftuch vollständig, überall, um nur das prägnanteste Beispiel für seine religionsfeindliche Politik zu nennen, und meinte, Iran auf diese Weise zu einer modernen Nation zu machen. Er zog es unerbittlich durch: Er betrat mit Reitstiefeln den Schrein von Qom und peitschte den Mullah, der der Schah-Gattin ohne Kopftuch den Zutritt verweigert hatte.

Unter Rezas Sohn, Mohammad Reza Pahlavi, folgten Jahre, in denen Oppositionelle sich nur heimlich treffen konnten. Man traf sich zum Gebet – aber dort, wo man betete, in den Moscheen, wurde die Revolution gemacht. Aus dieser Zeit stammt der Begriff von den Geistlichen als *posht-o-panah-e mardom*, als Rückhalt und Zuflucht des Volkes. Die Form von Religiosität, in die man sich flüchtete, war sehr politisch. Was man beim Gebet hörte, war Khomeini, der von seinem Exil aus, körperlich fern, aber über Kassetten präsent, den Schah angriff, den Handlager der imperialistischen US-Politik.

Die Revolution lief bekanntlich anders als von den meisten erhofft. Aber indem sie im Nachhinein den Namen *islamische* Revolution bekam, ging sie in die wissenschaftliche Literatur ein als die Widerlegung der Säkularisierungsthese: Diese besagte, dass die Religion in naher Zukunft aus dem öffentlichen Raum verschwände. So prognostizierte es der amerikanische Religionssoziologe Charles Wright Mills 1959 in seinem Buch *Sociological Imagination*. Wissenschaft und populärer Journalismus folgten ihm in dieser Analyse. Es wurde fortan, in den sechziger und siebziger Jahren des letzten Jahrhunderts, zum Gemeinplatz soziologischer Forschung, dass die Religion überall auf der Welt im öffentlichen Raum an Bedeutung verliert.

Doch dann folgte die Erfahrung der Revolution in Iran sowie der religiösen Erweckungsbewegungen in Lateinamerika. Daraufhin leiteten Rodney Stark und Roger Finke im Jahre 2000 eine Kehrtwende ein, als sie in ihrem Buch *Acts of faith* erklärten, nach beinahe drei Jahrzehnten von Fehleinschätzungen sei es nun an der Zeit, die Säkularisierungsthese zu begraben. Als Beleg hierfür wurde meist an allererster Stelle Iran genannt. Zuletzt tat dies Mark Lilla, Professor an der Philosophischen Fakultät der Columbia University, in seinem Essay *The Politics of God*.

Doch heute scheint Iran der Säkularisierungsthese recht zu geben. Iran ist vergleichenden Umfragen zufolge das mit Abstand säkularisierteste Land im Nahen und Mittleren Osten. Iran ist postislamistisch, wie Forschungen zum Beispiel von Asef Bayat zeigen. Man will dort aber nicht nur keine Einmischung der Religion in die Politik, sondern ist generell *eslam-zade*, um in Analogie zum einstigen Neologismus *gharb-zade* (vom Westen geschlagen sein), ein neues Wort zu bilden: *Eslam-zadegi*, das Vom-Islam-geschlagen-Sein. Soroush hatte recht: Nur eine Revolution, wörtlich Umkehrung, etwas, das die Welt vom Kopf auf den Fuß stellt, konnte die islamischen Wurzeln ausreißen. Viele Menschen sagen sich: Wenn unsere Praxis hier der reine Islam ist, dann besser keinen Islam. Weil der Islam inzwischen gleichgesetzt wird mit Korruption, Unfreiheit, Gängelung, schreiten auch immer mehr Geistliche ein, wollen selbst wieder zu ihrer alten Rolle zurück. Der desillusionierte Shabestari sagte mir, er habe sich jahrelang die Finger wund geschrieben, um eine Vereinbarkeit von Demokratie und Islam zu begründen. Mittlerweile sagten ihm die Studenten, ob Islam und Demokratie vereinbar seien, sei egal: «Hauptsache, wir kriegen Demokratie. Wenn mit dem Islam kein demokratischer Staat zu machen ist, dann eben ohne.» Der Theokratie in Iran geht inzwischen mehr als das Konzept verloren. Ihr geht die Religion verloren.

Die nicht mehr religiöse, ideologieferne Mehrheitsbevölkerung hat großes Potenzial, die erste Demokratie des Nahen und Mittleren Ostens zu stellen: Iran hat einen hohen Bildungsstandard, eine hohe Alphabetisierungsquote. Zudem ist Iran ein sehr urbanes Land. 74 Prozent aller Iraner leben in Städten und haben dort Zugang zu modernen Kommunikationsmitteln, auch an der Zensur vorbei. Über den in Iran beliebten Messaging-Dienst *Telegram* werden Informationen ausgetauscht, so wird das Nachrichtenmonopol des Staates gebrochen. Hier finden Diskussionen über Themen wie Meinungsfreiheit oder politische Partizipation statt. Vor allem wird hier die von vielen nicht gewünschte Einmischung Irans in die Länder des Nahen Ostens und die Israelpolitik kritisiert.

Beeindruckend ist auch die Lebendigkeit und Vielfalt der iranischen Theaterszene. Zahlreiche kleine Bühnen in Teheran zelebrieren Vielstimmigkeit, wie man sie in der Islamischen Republik nicht erwarten würde. Ein Beispiel ist das Stück *Timeloss* der *Mehr Theatre Group*. In einem Dialog redet ein Paar offen über die gescheiterte Ehe. Bemerkenswert ist auch die Inszenierung *Language of Sleep* des *Tehran Independent Theater*, die das Leben der in Rumänien geborenen, in Berlin lebenden Literaturnobelpreisträgerin Herta Müller und der Iranerin Simin Daneshvar nachzeichnet – zwei Schriftstellerinnen, die beide Erfahrungen mit autoritären Regimen und Ländern gemacht und die Umbrüche dort erlebt haben. Tabuthemen werden auch in Büchern thematisiert, die zu Bestsellern werden, etwa Fariba Vafis Roman über eine Frau, die freimütig erzählt, warum Mutterschaft nicht das ultimative Glück für sie bedeutet. All das trägt dazu bei, die Gesellschaft nachhaltig zu verändern.

Kräfte, Impulse und Ideale dieser hochgebildeten und hoch motivierten Zivilgesellschaft zeigt auch eine Filmreihe eindrücklich, die von Rakhshan Bani Etemad initiiert wurde. Die Regisseurin schob das Projekt *Karestan* an, in dem Dokumentarfilmerinnen und -filmer zivilgesellschaftliches Engagement porträtieren. Diese filmischen Porträts sollen zur Nachahmung ermutigen. 17 Filme wurden inzwischen produziert und in iranischen Kinos gezeigt. *Poeten des Lebens* handelt von der Reisbäuerin Shirin Parsi, die 100 Prozent Bio produziert. Auf der Website von Bani Etemads Produktionsfirma Kara Film heißt es über die Farmerin:

> Shirin und ihre Familie haben sich für einen beispielhaften Lebensstil entschieden, der reich an indigenen Werten ist. Neben dem Reisanbau verbringt sie Zeit als soziale Aktivistin und Freiwillige bei mehreren lokalen NGOs. Sie ist besonders aktiv in Frauengruppen, wo sie sich auf die Sensi-

bilisierung konzentriert. (https://karafilm.ir/en/karestan/entrepreneurs/206-shirin-parsi)

Ein weiterer Film handelt von einem Ehepaar, das im Süden Irans eine Recycling- und Mülltrennungsanlage betreibt: Haydeh Shirzadi studierte Recycling in Deutschland. Sie kehrte in den Iran zurück, um sich für Umweltschutz einzusetzen, die Zerstörung von Ackerland zu verhindern und die Luft- und Wasserverschmutzung einzudämmen. Ihre ersten Versuche wurden ignoriert, aber sie bekam in der Stadtverwaltung den Job der Abfallmanagerin. Heute wird der gesamte Müll der Stadt recycelt. Shirzadi reist nun durchs Land und hilft beim Aufbau von weiteren Recyclingzentren in anderen Städten.

Das Filmprojekt will vor allem eines: Mut machen. So zeigt der Dokumentarfilm, auf welche Schwierigkeiten Unternehmerinnen und Unternehmer in der unwilligen Bürokratie stoßen. Aber es wird eben auch gezeigt, wie man diese Hindernisse mit Tatkraft, Engagement und einem starken Willen überwinden kann, auch und gerade in Iran – wenn kein Krieg und keine Sanktionen es verhindern.

Es ist natürlich kein Zufall, dass es vor allem Frauen sind, die zivilgesellschaftlich aktiv sind und damit gegen das Regime aufbegehren. Die iranischen Frauen haben als Gruppe durch das in Iran herrschende System der Geschlechter-Apartheid am meisten verloren in den vier Jahrzehnten seit der Revolution. Das neue System hatte sich als Erstes daran gemacht, die Rechte von Frauen einzuschränken. Nur Wochen nach dem Zusammenbruch des Pahlavi-Regimes wurde das fortschrittliche Familiengesetz aus dem Jahre 1967 aufgehoben und durch eines ersetzt, das auf den Vorgaben des islamischen Rechts beruhte: Das Recht auf Scheidung und das Sorgerecht geschiedener Frauen für die Kinder wurden eingeschränkt, das Mindestalter für die Verheiratung von Mädchen zunächst auf dreizehn, dann auf neun Jahre herabgesetzt, Polygamie wurde erlaubt. Das Zeugnis einer Frau vor Gericht war fortan nur halb so viel wert wie das eines Mannes.

Doch im Alltag ist die Gender-Apartheid vielerorts überwunden. Das Aufbegehren der Frauen gegen das System setzte sich seit Jahren schon in dem stets präsenten Kampf gegen das Kopftuch fort. Sie eroberten sich immer mehr kopftuchfreie Räume. Zunächst nur in den mondänen Skigebieten Nord-Teherans, dann auch mitten in der Stadt, wo mehr und mehr Frauen im Auto und sogar zuweilen auf der Straße das Kopftuch schon vor den großen Protesten, die im September 2022 einsetzten, einfach nach hinten fallen ließen.

Auf dieses Potenzial zu setzen, dürfte viel hilfreicher sein als auf Sanktionen, die ohnedies nicht die Schuldigen treffen, diese gar reich machen. Erst recht gehen Hoffnungen auf einen Regimesturz von außen fehl. Denn man sollte nicht vergessen: Gegen Einmischung von außen werden sich Iraner immer wehren. Trotz ihrer ablehnenden Haltung dem Regime gegenüber zählt dies zu den Grundfesten, die das Land zusammenhalten. Das erklärt auch, warum so viele Menschen im Januar 2020 anlässlich der Beerdigungsfeierlichkeiten für Kazem Soleimani auf die Straße gingen. Der Offizier der Revolutionsgarden, den die US-Regierung mehrerer Anschläge bezichtigte und von einer Drohne töten ließ, hat Iran vor dem IS bewahrt. Dessen Fernziel wäre Iran gewesen. Es ist kein Widerspruch, dass dieselben Demonstrantinnen und Demonstranten einige Tage später wieder auf die Straße gingen, um gegen die Regierung zu protestieren, weil sie über den Abschuss einer ukrainischen Passagiermaschine Anfang Januar 2020 gelogen hatte. Man kann gleichzeitig die Regierung kritisieren und trotzdem Soleimani zu den beliebtesten Personen im Regime zählen und um ihn trauern.

Die meisten Iraner lehnen die Herrschaft der Mullahs ab, aber auch die regierungskritischen Demonstranten verbitten sich amerikanische Einmischung. Sie sind Nationalisten, stolz auf ihre jahrtausendealte Geschichte und Zivilisation. Man kann sich vorstellen, was die Aussage Trumps bei ihnen auslöste, Irans Kulturstätten bombardieren zu wollen. Für Iraner ist Iran *god's own country*. Gott lebte nicht in Frankreich besonders gut, sondern genau hier, in Iran. Diesen kulturellen Stolz, man könnte auch sagen: Chauvinismus, teilen alle Iraner, ganz gleich, welche politische Ausrichtung sie haben, welcher Religion sie folgen, welche Sprache sie sprechen, welcher ethnischen Gruppe sie angehören.

Über 50 Prozent der Iraner sprechen Persisch nicht als Muttersprache. Von ihren Eltern lernen sie Aseri, Arabisch, Belutschi, Turkmenisch, Armenisch, Assyrisch, Lori oder Tati, sprechen also semitische, indoeuropäische oder Turksprachen. Ein Iraner kann sich vom anderen äußerlich so markant unterscheiden, dass man beide kaum als Angehörige derselben Nation erkennt. In Aserbaidschan sind viele groß, oft blond und blauäugig, am Golf tiefschwarz. Zwischen Irans Norden und Süden herrschen permanent mehr als 40 Grad Temperaturunterschied. «Ardabil minus 10 Grad, Bandar Abbas 30 Grad», hört man oft in der Wettervorhersage. Iraner essen anders, tanzen und musizieren anders, heiraten anders, kleiden sich anders als andere Iraner. Sie gehören unterschiedlichen Konfessionen des Islams an und sind Angehörige von mindestens fünf verschiedenen Weltreligionen. Geordnet nach der Zahl ihrer Anhänger sind dies: Islam, Bahaiismus, Christentum, Zoroastrismus, Judentum. Weitere wie die Ahl-e Haqq kommen hinzu.

Und doch hält so einiges dieses Land zusammen. Dazu gehört die Aversion gegen Einmischung von außen. Jahrhundertelang wehrten die Menschen Eroberungsversuche von außen ab, zum Teil, indem die Eroberer einfach iranisiert wurden. Das galt für die Araber und Mongolen ebenso wie für die vielen Turkvölker, die kamen und blieben und sogar herrschten. Das Arabische hat anders als in vielen Ländern, die unter islamische Herrschaft gelangten, in Iran nie das Persische verdrängt.

Auch dem wirtschaftlichen Ausverkauf des Landes an Fremde widersetzte man sich. Schöner als der erfolglose Widerstand gegen die britische Übervorteilung bei der Öl-Konzession lässt sich die Geschichte des Tabakboykotts erzählen: 1891 veräußerte Schah Naseroddin das Tabakmonopol an den Briten Talbot, weil er Geld für seine Luxusreisen nach Europa brauchte. Daraufhin erließ die wichtigste schiitische Autorität, Ayatollah Shirazi, eine Fatwa, die das

Rauchen verbot. Alle Iraner folgten seiner Order, sogar die Frauen des Schahs. Wasserpfeifen waren bei ihnen schon damals in Mode. Doch die Damen des Harems verzichteten, *for the greater good*. Der Schah musste nachgeben und das Tabakmonopol zurückkaufen.

In der Literatur über die Revolution von 1978/79 gilt dies als erster religiös gesteuerter Massenprotest des Landes. Die Erhebung, die zum iranischen Gottesstaat führte, war der Höhepunkt langer Auflehnung gegen Einmischung von außen. Als US-Präsident Jimmy Carter Schah Mohammad Reza Pahlavi als «unseren Gendarmen am Golf» bezeichnete, hatte er Amerikas Einflussnahme vor aller Ohren als Faktum bestätigt. Iran befand sich in beinahe kolonialer Abhängigkeit von den USA. Die Amerikaner ließen die Iraner spüren, dass sie sie für ihre Vasallen hielten. Ein Iraner, der aus Versehen einen amerikanischen Hund überfuhr, hatte mit einer höheren Strafe zu rechnen als ein Amerikaner, der einen Iraner anfuhr. Als Mohammad Reza Pahlavi durch eine Revolution gestürzt wurde, war dies auch eine Reaktion auf amerikanische Fremdherrschaft – und Überheblichkeit.

Die meisten Iraner sind mit den Folgen der Revolution unzufrieden. Aber sie halten das Anliegen, die Idee, noch immer für richtig. Es ging um Unabhängigkeit, Selbstbestimmung und Freiheit. Die Revolution war ein nationaler Konsens. Er ist bis heute nicht ganz verschwunden. Und bedeutet geteilte Geschichte nicht geteiltes Leid? Alle Iraner erinnern sich an den Iran-Irak-Krieg und das Gefühl, von allen verlassen zu sein, ohne Beistand, obwohl sie angegriffen worden waren. Es wäre nie zu dem gekommen, was heute ist, zu dieser Diktatur, wenn es diesen Krieg nicht gegeben hätte. Er zerstörte das Potenzial zum Widerstand.

Zum nationalen Konsens gehört seit Jahrhunderten und über alle Ethnien hinweg die Überzeugung, Persisch sei die schönste Sprache der Welt. Das Persische stiftet die iranische nationale Identität. Die Sprache, nicht die Revolution, nicht die offizielle antiamerikanische Rhetorik, schon gar nicht die antiisraelische Polemik. *Farsi shekar ast*, Persisch ist zuckersüß, schrieb Mohammad Ali Dschamalzadeh.

Mit Ferdowsis sechzigtausend Verse umfassendem Epos *Schahname* («Buch der Könige»), spätestens mit den Dichtungen von Hafez waren die Iraner eins geworden, ein Volk. Da sich das Neupersische im Laufe der letzten Jahrhunderte kaum verändert hat, verstehen heutige Iraner noch Ferdowsis Nationalepos, obwohl der Dichter vor 1000 Jahren starb. Und sie finden kaum etwas schöner als die Lyrik von Hafez. Andere Dichter kommen dazu, Molana Rumi, Omar Chajjam und Saadi. Saadis Zeilen schmücken die Eingangshalle der Vereinten Nationen in New York. Das, sagen Iraner stolz, haben wir der Welt gegeben:

Die Menschenkinder sind als Glieder fest verbunden,
Da sie der Schöpfung aus einer Perl' entstunden.
Fügt nur ein einziges Glied Leid hinzu der Welt,
Die anderen Glieder solches Tun in Aufruhr hält.
Dir, der dich Not und Pein der andren nicht berührt,
Geziemt es nicht, dass dir der Name «Mensch» gebührt.

Literatur

Abu Talib, Ali ibn: *Nahj al-balagha* [Der Pfad der Beredsamkeit], Herausgegeben von Feiz ol-Eslam Esfahani, Tehran 1972.
Ahmed, Leila (1992): *Women and Gender in Islam: Historical Roots of a Modern Debate*, New Haven.
Amirpur, Katajun (2000): Interview mit Bahman Ghobadi (unveröff. Manuskript).
Amirpur, Katajun (2000a): Interview mit Hasan Eshkevari für den WDR, in Teilen gedruckt in *die tageszeitung* vom 06.05.2000 unter dem Titel «Ich bin sehr optimistisch», online: https://taz.de/Ich-bin-sehr-optimistisch/!1234707/.
Amirpur, Katajun (2002): «Shahla Lahiji – ein Radioporträt», Deutschlandfunk, 24.10.2002, online: https://www.deutschlandfunk.de/shahla-lahiji-ein-radioportraet-100.html.
Amirpur, Katajun (2005): «Frustration im Gottesstaat», Deutschlandfunk, 16.06.2005, online: https://www.deutschlandfunk.de/frustration-im-gottesstaat-100.html.
Amirpur, Katajun (2006): «Die Weltsicht des iranischen Präsidenten Ahmedinejad», Deutschlandfunk, 23.01.2006, online: https://www.deutschlandfunk.de/die-weltsicht-des-iranischen-praesidenten-ahmadinejad-100.html.
Amirpur, Katajun (2010): «Strategie der langsamen Schritte. Frauenrechte im Iran», *Qantara*, 17.01.2010, online: https://de.qantara.de/inhalt/frauenrechte-im-iran-strategie-der-langsamen-schritte.
Amirpur, Katajun (2010a): «Der Glaube an die eigene Stärke», *Qantara*, 29.01.2010, online: https://de.qantara.de/inhalt/interview-mit-mohsen-kadivar-der-glaube-an-die-eigene-starke.
Alavi, Nasreen (2005): *Wir sind der Iran: Aufstand gegen die Mullahs – die junge persische Weblog-Szene*, Köln.
Batebi, Ahmad (2009): YouTube-Video der Solidaritätsveranstaltung für den inhaftierten Studentenführer Majid Tavakoli, https://www.youtube.com/watch?v=bo5yc52ego.
Bazoobandi, Sara: *Iran's Rising Unemployment Crisis*, Arab Gulf States Institute Washington, 11.12.2018, online: https://agsiw.org/irans-rising-unemployment-crisis/.
Bower, Eve: «New protest statement builds in Iran – men in hard scarves»,

CNN, 14.12.2009, online: https://edition.cnn.com/2009/WORLD/meast/12/14/iran.headscarf.protest/index.html.

Cheheltan, Amir Hassan (2015): «Schreiben ist eine gefährliche Sache», in: *Frankfurter Allgemeine Zeitung* vom 07.04.2015.

Cheheltan, Amir Hassan (2019): *Teheran, Revolutionsstraße*, 2. Auflage, München.

CNN (2009), Zitierung von Dabashi, Hamid: siehe: Bower, Eve.

Dehghani, R. & Amiri, M. (2016): «Addiction: A big challenge of social security in Iran», in: *International Journal of Epidemiologic Research*, online: http://ijer.skums.ac.ir/article_21148_0.html.

Ebadi, Shirin (2003a): «Die Zeit des Hasses ist vorbei». Interview von Romain Leick, in: *Der Spiegel*, Ausgabe vom 13.10.2003, online: https://www.spiegel.de/spiegel/a-269395.html.

Ebadi, Shirin (2003b): Interview von Amir Taheri, in: *Al-Sharq Al-Awsat*, London, 19.10.2003, online: https://honestlyconcerned.info/2003/10/29/interview-mit-shirin-ebadi/.

Ebadi, Shirin (2006): *Mein Iran. Ein Leben zwischen Revolution und Hoffnung*, München und Zürich.

Eshkevari, Hasan Yussufi (2006): N. N. [Die online-Publikation Rooz veröffentlichte am 16.02.2006 dieses von Maryam Kashani geführte E-Mail-Interview mit Eshkevari. Das Interview ist nicht mehr online.]

Frankfurter Allgemeine Zeitung vom 16.07.2009: siehe Lerch, Günter.

Golschiri, Huschang (1997): «Bericht einer Feder», in: *Lettre International*, Heft 38 III. 1997, Berlin.

Golschiri, Huschang (1999): Dankesrede bei der Verleihung des Erich-Maria-Remarque-Friedenspreises Osnabrück, 03.07.1999, online: https://www.golshirifoundation.com/english/golshiri/media3G.html.

haGalil onLine: 29.06.2000: «Das Urteil in Shiraz: Üble Nachrede außer Kontrolle geraten», online: https://www.hagalil.com/archiv/2000/06/iran.htm.

Lerch, Günter: «Unter der Asche lodert die Glut. Die Fatwa des Großajatollahs», in: *Frankfurter Allgemeine Zeitung*, 16.07.2009, online: https://www.faz.net/aktuell/feuilleton/die-fatwa-des-grossajatollahs-unter-der-asche-lodert-die-glut-1826262.html?profillogin.

Manuchehr Irani (Pseudonym für Golschiri, Huschang) (1998): *Der König der Schwarzgewandeten*, Frankfurt.

Habermas, Jürgen (2002): «Das Bild von einer verstummten Gesellschaft passt nicht: Eindrücke von einer Reise nach Iran.» Interview von Christiane Hoffmann, in: *Frankfurter Allgemeine Zeitung*, 13.06.2002.

Jahanbegloo, Ramin (2006): «Iranische Moderne: Ideen, deren Zeit gekommen ist». Gespräch mit Daniel Post, in: *Blätter für deutsche und internationale* Politik 9/2006, Bonn.

Kadivar, Mohsen (2000): «Das Volk kann nicht in Ketten ins Paradies geschleppt werden» von Christiane Hoffmann, in: *Frankfurter Allgemeine Zeitung* vom 2. August 2000.

Kadivar, Mohsen (2001): *Nazariha-ye doulat dar feqh-e shi'e* [Staatstheorien im schiitischen Recht], Teheran.

Kadivar, Mohsen (2002): *Hokumat-e vela'i* [Regierung, der die Führungsbefugnis (des Rechtsgelehrten) zugrunde liegt], Teheran.

Kadivar, Mohsen (2009): «Islam und Demokratie, ein Widerspruch?», in: K. Amirpur: *Unterwegs zu einem anderen Islam*, Freiburg.

Kadivar, Mohsen (2021): *Human Rights and Reformist Islam*, Edinburgh.

Khatami, Mohammed (1998): «Auch die Tradition ist nicht ewig», in: *Frankfurter Allgemeine Zeitung*, 01.08.1998, Nr. 176, S. 29.

Mandanipur, Shahriar (2010): *Eine iranische Liebesgeschichte zensieren*, Zürich.

Mir-Hosseini, Ziba (2006): «Muslim Women's Quest for Equality: Between Islamic Law and Feminism», in: *Critical Inquiry* 32 (2006), 629–645 (640).

Moghissi, Haideh (1998): «Women, Modernity, and Political Islam», in: *Iran Bulletin*, Nr. 19–20, (Herbst/Winter 1998), S. 42–44.

Montazeri, Hosein Ali (1998a): «Nezarat-e faqih [Die Aufsicht des Rechtsgelehrten]», in: *Rah-e nou* 18: 12–13, 21.08.1998.

Montazeri, Hosein Ali (1998b): «Nezarat-e faqih (2) [Die Aufsicht des Rechtsgelehrten (2)]», in: *Rah-e nou* 19: 10–11, 30.08.1998.

Montazeri, Hosein Ali (2000): «Hokumat-e mardomi va qanun-e asasi [Volksherrschaft und Verfassung]» (unpubliziertes Manuskript im Besitz der Autorin).

Montazeri, Hosein Ali (2001): «Das Land und die Regierung gehören dem ganzen Volk. Iran braucht Meinungsfreiheit – und muss mit der Unterdrückung Andersdenkender endlich aufhören», in: *Süddeutsche Zeitung*, 20.04.2001.

Montazeri, Hosein Ali (2004): «Resale-ye hoquq [Abhandlung über die Rechte]», Teheran.

Nafisi, Azar (2005): *Lolita lesen in Teheran*, München.

Nirumand, Bahman (2005): siehe Amirpur (2006).

Nirumand, Bahman (2021), Iran-Report 12/2021 der Heinrich-Böll-Stiftung. Berlin.

Paidar, Parvin (2001): «Gender of Democracy. The Encounter between Feminism and Reformism in Contemporary Iran», in: *Democracy, Governance and Human Rights Programme*, Paper No. 6, October 2001, 28.

Reissner, Johannes (2005): siehe Amirpur, Katajun (2006).

Reissner, Johannes (2007): «Iran: Wie sich die Politik von der Religion emanzipiert», in: Muriel Asseburg (Hg.) *Moderate Islamisten als Reformakteure*, Berlin, online: https://www.swp-berlin.org/publications/products/studien/2007_S05_ass_ks.pdf.

Shabestari, Mohammad (1996): *Hermenutik, ketab va sonnat* [Hermeneutik, das Buch und die Tradition], Teheran.

Shabestari, Mohammad (1997): *Iman va azadi* [Glaube und Freiheit], Teheran.

Shabestari, Mohammad (2000): *Naqdi bar qara'at-e rasmi az din* [Eine Kritik an der offiziellen Lesart der Religion], Teheran.

Shariati, Ali (1980): *Ommat va emamat* [Islamische Gemeinde und Imamat], Teheran.

Soroush, Abdolkarim (1996): «Tahlil-e mafhum-e hokumat-e dini» [Analyse des Begriffs der religiösen Regierung], in: *Kiyan* 6 (1996) 32, S. 2–13.

Soroush, Abdolkarim (2006): Transkript eines Fernsehinterviews von Dariush Sajjadi mit Homa TV vom 9.3.2006, http://www.drsoroush.com/English/Interviews/E-INT-HomaTV.html.

Soroush, Abdolkarim (2007): Interview von Reza Khojasteh-Rahimi: «Khatami's Election Victory was Detrimental to Kiyan», 7.12.2007, http://www.drsoroush.com/English/Interviews/E-INT-Kian.html.

Tabrizi, Kian (2021): «Aus Schwäche wuchs ihre Macht. Die Sanktionen und die iranische Revolutionsgarde», in: *Iran Journal* vom 21.2.2021, Berlin, online: https://iranjournal.org/wirtschaft/geschichte-der-revoltuionsgarde.

Taheri, Ahmad (1991): «Thyssen für die Mullahs – Zu Gast bei der verdorbenen West-Kultur», in: Die Zeit, 19.09.1991, online: https://www.zeit.de/1991/39/thyssen-fuer-die-mullahs?utm_referrer=https%3A%2F%2Fwww.google.com%2F.

Tohidi, Navereh (2006): «‹Islamic Feminism›: Negotiating Patriarchy and Modernity in Iran», in: *The Blackwell Companion to Contemporary Islamic Thought*, Ibrahim M. Abu-Rabi' (Hg.), 624–643 (635).

United Nations (2020): Afghanistan Opium Survey 2020 – Cultivation and Production, online: https://www.unodc.org/documents/crop-monitoring/Afghanistan/20210503_Executive_summary_Opium_Survey_2020_SMALL.pdf

Dank

Ich danke allen im Buch genannten und nicht genannten Menschen, die mir in den letzten drei Jahrzehnten Iran nahe gebracht und erklärt haben. Außerdem gilt mein besonderer Dank meiner wissenschaftlichen Mitarbeiterin Ingrid Overbeck und Ulrich Nolte, seinem Engagement und Wirken für dieses Buch.

Personenregister

Abdi, Abbas 101, 175
Abtahi, Mohammad Ali 156
Abu Zayd, Nasr Hamid 79
Adorno, Theodor W. 134
Afshari, Ali 84
Agha Soltan, Neda 158, 193
Ahadi Samadi, Ali 157
Ahmadinedschad, Mahmud 24, 76, 110, 125–134, 142–146, 149f., 154, 156, 158f., 187, 191, 194, 205–207, 212, 215
Ahmed, Leila 167, 169
Alavi, Nasrin 73f.
Albright, Madeleine 215
Ali 83, 141, 153, 231
Alidusti, Taraneh 14f.
Alinejad, Masih 13
Amanpour, Christiane 67, 194f.
Amini, Ebrahim 110
Amini, Jina Mahsa 10, 14f.
Ardalan, Nilufar 177
Arendt, Hannah 75f.
al-Ashtar, Malik 141, 153
Ashton, Catherine 195
al-Assad, Baschar 207
Austen, Jane 31f.
Avenarius, Tomas 70
Avicenna 219

Bacon, Francis 145
Badamchi, Meyssam 50
Badamchian, Asadollah 115
Bani Etemad, Rakhshan 62, 186f., 224

Bani Sadr, Abolhasan 164f.
Barth, Karl 80
Batebi, Ahmad 172
Bayat, Asef 11f., 49f., 223
Behbahani, Simin 62
Behrangi, Samad 211
Ben Ali, Zine el-Abidine 147
Benhabib, Seyla 80
Berlin, Isaiah 109
Beyzai, Bahram 30, 111f.
Bolton, John 216
Borudscherdi, Ashraf 101
Braque, Georges 145
Bruni, Carla 156
Buchta, Wilfried 138
Bush, George W. 99, 119

Carter, Jimmy 115, 228
Chajjam, Omar 229
Chehabi, Houchang 137
Cheheltan, Amir Hassan 28
Choi, Abolqasem 105
Clarke, Gemma 177
Clinton, Bill 35, 215
Cole, Juan 128

Dabashi, Hamid 173
Daei, Ali 14f.
Dalí, Salvador 145
Daneshvar, Simin 224
Dariush 211
Diba, Farah 144
Dschalaipur, Hamid Reza 158
Dschalaipur, Mohammad Reza 158

Dschalili, Said 191
Dschamalzadeh, Mohammad Ali 228
Dschawadi Amuli, Abdollah 54

Ebadi, Shirin 19, 59–61, 65, 77, 111–115, 172, 180, 193
Ebtekar, Masume 106
Erdogan, Recep Tayyib 146
Eshkevari, Hasan 85, 87–89, 138, 179
Eshraqi, Zahra 117
Eskandari, Parvaneh 71

Fanon, Frantz 168
Fardid, Ahmad 132–134, 194
Farhadi, Asghar 194
Faridzadeh, Raed 204
Fatima 219
Faurisson, Robert 129
Ferdousipur, Adel 14
Ferdowsi 25, 229
Finke, Roger 222
Fischer, Helene 212
Fischer, Joschka 195
Fitzgerald, F. Scott 31
Foroughi, Fereydoun 150
Forouhar, Dariush 71
Forouhar, Leila 212
Forouhar, Parastou 71 f.
Freud, Sigmund 134

Gadamer, Hans-Georg 75, 80–82
Gandschi, Akbar 52, 74–77, 84 f., 175, 193
al-Ghannoushi, Rashid 146
Ghassemi, Parmida 14
Ghobadi, Bahman 29 f.
Golschiri, Huschang (Manuchehr Irani) 27–29, 32, 39 f., 42
Golsorkhi, Masoud 164
Googoosh 211

Habermas, Jürgen 108 f.
Haeri Yazdi, Abdolkarim 103
Hafez, 229
Hajipour, Shervin 10 f.
Hajjarian, Said 77 f., 155 f., 175
al-Hakim, Muhsin 182
Harandi, Mohammad Hosein 144
Hashemi Rafsandschani, Faezeh 15
Heidegger, Martin 132–134
Hoffmann, Christiane 108 f.
Hugo, Victor 109
Huntington, Samuel P. 71
Hussein 153, 157
Hussein, Saddam 68, 103–105, 210, 217

Jahanbegloo, Ramin 76, 108 f.
James, Henry 31
Johansson, Scarlett 156
Jolie, Angelina 156

Kadivar, Mohsen 53–57, 88, 106, 138, 154, 156, 175
Kant, Immanuel 81, 108
Kapuscinski, Ryszard 109
Kar, Mehrangiz 63, 171
Karim Khani, Behzad 21
Karrubi, Mehdi 89, 91, 147, 156, 158, 192
Kazemeini Borudscherdi, Hossein 135 f., 139 f.
Kazemi, Zahra 15
Kemal Atatürk, Mustafa 221
Khadem, Sara 14
Khaladschi, Mehdi 106
Khamenei, Ali 15 f., 19, 23, 36–38, 41, 68, 73, 88 f., 91 f., 99, 104–106, 111, 128, 138, 146 f., 150 f., 153–155, 157, 159, 189 f., 195 f., 208, 219
Khamenei, Badri 15
Khamenei, Boshra 152
Khatami, Mohammad 23, 38–42,

49–52, 55, 67–72, 74, 77–79,
88–90, 92, 95 f., 99, 101, 106,
108 f., 111 f., 114, 125 f., 128,
131 f., 138, 144 f., 156, 191, 215
Khatami, Mohammad Reza 88, 110,
  117, 119
Khomeini, Hosein 112
Khomeini, Ruhollah (Musawi) 9, 16,
  18 f., 24, 33, 35, 37, 42–44, 52,
  54–56, 58, 69 f., 88 f., 103, 107,
  117, 128–131, 137, 146, 148,
  152, 158, 167, 185, 196 f., 222
Khosravani, Nazanin 194
Kiarostami, Abbas 30
Küng, Hans 75
Kyros II. 22–24, 134

Lahidschi, Shahla 59, 63 f., 90, 114,
  180
Leylaz, Saeed 205 f.
Lichtenstein, Roy 145
Lilla, Mark 223
Loren, Sophia 156

Madschidifar, Amin 19
Magister, Sandro 104
al-Mahdi 133, 135, 143
Makarem Shirazi, Naser 54, 227
Makhmalbaf, Samira 62
Mandanipur, Shahriar 173 f.
Mann, Michael 195
Mardiha, Morteza 78
Maroufi, Abbas 28, 39
Marx, Karl 134
Marzieh 211
Matisse, Henri 145
Merkel, Angela 205
Mesbah Yazdi, Mohammad Taqi 54,
  76, 131, 144
Mills, Charles Wright 222
Mir-Hosseini, Ziba 171, 174
Miró, Joan 145
Moghissi, Haideh 170

Mohadscherani, Ataollah 42
Mohammed 22
Mohseni Eje'i, Gholam-Hossein 89
Moin, Nasrollah 211
Monroe, Marilyn 156
Montazeri, Hosein Ali 37, 52 f.,
  55 f., 88, 92–95, 107, 136, 138 f.,
  141 f., 153 f., 183, 185, 193
Moradchani, Farideh 15
Mossadegh, Mohammad 213 f.
Motahhari, Mortaza 178 f.
Moti', Nahid 175
Movahed, Vida 13
Mubarak, Hosni 147–149
al-Mulk, Nizam 151
Müller, Heiner 30
Müller, Herta 224
Musavi, Mir Hosein 145–147, 151,
  156, 158, 165, 191–193

Nabavi, Ebrahim 156
Nabokov, Vladimir 31
Nafisi, Azar 31 f.
an-Na'im, Abdullahi 174
Naini, Mirza Hosein 53, 135
Naji, Kasra 129
Najmabadi, Afsaneh 169 f., 175
Naseroddin Schah 227
Nasr, Vali 105
Nassiri, Mehdi 17
Nateq-Nuri, Ali Akbar 41, 90
Nezami 211
Nirumand, Bahman 24, 121, 127
Nuri, Abdallah 72 f., 88, 90, 138
Nuri, Khashayar 120

Obama, Barack 149, 194 f., 198
Omrani, Mohammad 14

Pahlavi, Mohammad Reza 22, 29,
  166, 182, 204, 214, 222, 225, 228
Pahlavi, Reza 166, 221 f.
Paidar, Parvin 174 f.

Panahi, Dschafar 181, 215
Picasso, Pablo 145
Piramun, Saeed 14
Pollock, Jackson 145
Popper, Karl 45, 75, 134

Qomi, Hasan 137

Rafsandschani (Hashemi), Akbar 9, 15, 28, 35–38, 49, 69, 74, 125 f., 131, 190
Rahimi, Babak 104
Rahman, Fazlur 176
Rahnavard, Madschidreza 20
Rahnavard, Zahra 145
Raisi, Ebrahim 24, 205
Rakabi, Elnaz 14
Reissner, Johannes 126 f., 196 f.
Renoir, Pierre-Auguste 145
Ricoeur, Paul 109
Rohani, Hasan 12, 177, 190–195, 198 f., 201, 205 f., 208, 212, 216
Rorty, Richard 109
Rosen, Barry 101
Rumi 49, 229

Saadi 229
as-Sadat, Anwar 115
Sahabi, Ezzatollah 84
Salehi, Tomadsch 18
Sanei, Yousef 102, 180, 183–185
Sarkouhi, Faraj 28, 79
Schleiermacher, Friedrich 75
Sedighi, Hila 159, 161
Sepehri, Fatemeh 15
Shabestari, Mohammad 80–83, 178–180, 183, 223
Shahrestani, Dschavad 106
Shahriyar 211
Shahrudi (Hashemi), Mahmud 89
Shamsolvaezin, Mashallah 52, 119
Shariati, Ali 25, 168
Shariatmadari, Hasan 135

Sharifi, Fereshte 123 f.
Shekari, Mohsen 20
Sherkat, Shahla 63 f., 89, 169, 171
Sistani, Ali 104–106
Soleimani, Kazem 226
Soroush, Abdolkarim 23, 41–50, 54, 79, 133 f., 174 f., 178, 221, 223
Spinoza, Baruch de 134
Stalin, Josef 30
Stark, Rodney 222

Tabatabai, Mohammad Hossein 179
Tabatabai, Shahin 58
Tabrizi, Kian 207 f.
Tabrizian, Abbas 219
Taheri, Dschalaleddin 101, 110, 192 f.
Talbot, Gerald F. 227
Taleqani, Azam 64
Tavakoli, Madschid 164 f., 171 f.
Tehrani, Mansour 150
Tehrani, Reza 75
Tillich, Paul 75, 80
Tocqueville, Alexis de 16
Tohidi, Masoomeh 186
Tohidi, Nayereh 171
Trump, Donald 202, 206, 212 f., 215–217, 219, 226

Vafi, Fariba 224
Vahidnia, Mahmoud 159
Visser, Reidar 104

Warhol, Andy 145
Weber, Max 134

Yezid 153
Yussefpur, Ali 115

Zam, Mohammad Ali 125
Zanjani, Reza 137
Zarafshan, Homa 186
Zarghami, Ezzatollah 144
Zarif, Mohammad Dschavad 195
Zibakalam, Sadegh 206